Racine et les trois publics de l'amour

# Faux Titre

ÉTUDES DE LANGUE ET LITTÉRATURE FRANÇAISES

*Sous la direction de / Series Editors*

Keith Busby
Sjef Houppermans
Paul Pelckmans
Emma Cayley
Alexander Roose

VOLUME 449

The titles published in this series are listed at *brill.com/faux*

# Racine et les trois publics de l'amour

*par*

Delphine Calle

BRILL

RODOPI

LEIDEN | BOSTON

Cover illustration: Gustave Doré, *Racine Performed before the Court of Versailles* 1695.
Lithograph National Gallery of Victoria, Melbourne Gift of Sir Lionel Lindsay, 1954 (3115.14-4).

Library of Congress Cataloging-in-Publication Data

Names: Calle, Delphine, author.
Title: Racine et les trois publics de l'amour / par Delphine Calle.
Description: Leiden ; Boston : Brill Rodopi, 2021. | Series: Faux titre,
    0167-9392 ; volume 449 | Includes bibliographical references and index.
Identifiers: LCCN 2021005186 (print) | LCCN 2021005187 (ebook) | ISBN
    9789004458871 (hardback ; acid-free paper) | ISBN 9789004458888 (ebook)
Subjects: LCSH: Racine, Jean, 1639-1699—Criticism and interpretation. |
    Love in literature. | Tragedy.
Classification: LCC PQ1908.L68 C35 2021 (print) | LCC PQ1908.L68 (ebook) |
    DDC 842/.4—dc23
LC record available at https://lccn.loc.gov/2021005186
LC ebook record available at https://lccn.loc.gov/2021005187

Typeface for the Latin, Greek, and Cyrillic scripts: "Brill". See and download: brill.com/brill-typeface.

ISSN 0167-9392
ISBN 978-90-04-45887-1 (hardback)
ISBN 978-90-04-45888-8 (e-book)

Printed by Printforce, the Netherlands

# Table des matières

# Remerciements

Ce livre se fonde sur une thèse de doctorat soutenue en 2018 à l'Université de Gand. Il n'aurait pas été écrit sans la direction intelligente et la générosité d'Alexander Roose, mon directeur de thèse. Je tiens également à exprimer ma profonde gratitude aux membres de mon jury, Michael Moriarty, Jennifer Tamas, Florence Dumora, Pierre Schoentjes et Stéphanie Biquet pour leurs fines lectures et leurs conseils stimulants qui m'ont permis de repenser et de remanier la thèse en vue de cette monographie. Je remercie particulièrement Jennifer Tamas de m'avoir accueillie à Rutgers University, où ce livre a pris forme, et la Belgian American Educational Foundation de m'avoir accordé un fellowship pour cette année de rédaction dans les institutions et bibliothèques américaines. Je suis reconnaissante envers Paul Pelckmans qui a bien voulu accueillir cette étude dans la collection « Faux Titre » et qui eut la bienveillance de relire ces pages avec soin. Enfin, ce livre s'est enrichi grâce à l'inspiration et aux encouragements de Thierry.

# Note préliminaire

Sauf indication contraire, nous citons les textes de Racine de l'édition des *Œuvres complètes* dans la « Bibliothèque de la Pléiade ». *OC I* renvoie au premier tome, « Théâtre-Poésie », édité par Georges Forestier en 1999. *OC II* renvoie au second tome, « Prose », édité par Raymond Picard en 1966.

Nous employons en outre les abréviations suivantes :

NCR      *Nouveau Corpus Racinianum. Recueil – inventaire des textes et documents du XVIIe siècle concernant Jean Racine*, éd. Raymond Picard, Paris, Éditions du Centre National de la Recherche Scientifique, 1976.

Pléiade  Gallimard, coll. « Bibliothèque de la Pléiade »

PU       Presses Universitaires

PUF      Presses Universitaires de France

UP       University Press

# Introduction

L'Amour, « le plus charmant des Dieux »[1], occupera la plume de Racine pendant toute sa vie. Même après s'être retiré du théâtre, Racine le retrouve qui inspire les éloges du *Banquet* qu'il est alors en train de traduire. Le dramaturge de l'amour se penche sur le plus célèbre dialogue sur l'amour, mais le cœur n'y est pas. La lettre qui accompagne cette traduction stipule que Racine ne l'a faite que pour obéir à Madame de *** et que, pire, il supplie Boileau de « n'oublie[r] rien pour [l]e délivrer de cette corvée »[2]. Racine n'achèvera donc pas sa traduction du texte platonicien, interrompue avant le discours du médecin Éryximaque, au sujet duquel il exprime ses réserves :

> Il dit, à la vérité, de très belles choses, mais il ne les explique point assez ; et notre siècle, qui n'est pas si philosophe que celui de Platon, demanderait que l'on mît ces mêmes choses dans un plus grand jour[3].

Racine est à l'affût de ce que demande son siècle[4]. En ce qui concerne l'amour, il a préféré mettre, lui, « ces mêmes choses dans un [*très*] grand jour ». La lettre et la traduction partielle du *Banquet* sont communément datées d'entre 1678 et 1686[5], soit pendant les années qui suivent les grands succès de théâtre de Racine et les grandes amours, d'*Andromaque* à *Phèdre*.

Que Madame de Montespan, à qui la traduction était destinée, s'intéresse donc à ce texte « si philosophe » montre que la passion amoureuse préoccupait la Cour et les beaux esprits du XVIIe siècle en France. Comme les personnages du *Banquet*, ces beaux esprits confèrent sur la nature, les origines et les fins de l'amour. Âge d'or de la galanterie et des joies de la passion, cette époque est cependant également celle du sombre règne de l'amour-propre. Les philosophes, les moralistes et les courtisans discutent dans les salons et s'opposent par lettres, romans et vers interposés, mais l'arène par excellence de ce débat est la salle de théâtre. Dramaturges et critiques perspicaces s'y disputent la faveur

---

1  Jean Racine, *Traduction du Banquet de Platon*, OC II, p. 888.
2  Jean Racine, « Lettre de Racine à Despréaux, en lui envoyant le *Banquet* de Platon », OC II, p. 881.
3  *Id.*
4  Roy C. Knight explique ainsi les critiques inattendues de Racine à l'adresse de Platon : « Racine ne songe-t-il pas avant tout à l'accueil du public ? […] ici il s'agit d'empêcher quelqu'un d'autre de trahir la cause commune en livrant Platon à des censures qu'il faudrait prévenir. » (Roy C. Knight, *Racine et la Grèce*, Paris, Boivin, 1950, p. 233-234).
5  Sur la situation de la traduction, voir : Raymond Picard, « Notes », OC II, p. 1135-1136.

ou le salut du public, particulièrement friand d'intrigues amoureuses. C'est
dans ces circonstances que le talent et la carrière de Racine se développent.
Élevé sur les terres sacrées de Port-Royal, imprégnées de l'amour de Dieu et
de la haine du théâtre, le dramaturge grandit vite dans le Pays de Tendre, où :

> La racine fit des merveilles,
> Surtout lorsque son suc plein de mille douceurs
> Était versé dans les oreilles[6].

Véritable *pharmacon*, c'est-à-dire remède et poison à la fois, ce doux suc de
la passion amoureuse a de quoi arroser les *sym-posiums* du Grand Siècle. Il
constitue l'essence de l'œuvre racinien pour Barbier d'Aucour, qui composa
cette *Allégorie critique* en 1675. Le portrait de l'amour dans le théâtre de Racine
charme et irrite donc en même temps. Barbier d'Aucour raille cet amour omniprésent dans les tragédies, mais est contraint de le reconnaître comme la
source même du succès de Racine. Au XVIIe siècle, théoriciens et censeurs du
théâtre débattent fiévreusement du rapport entre la passion amoureuse et le
théâtre, entre la représentation sur scène de l'une et l'attrait de l'autre.

Les moralistes y excellent : ils condamnent les deux. Le théâtre et la passion amoureuse sont vicieux, chacun pris séparément, mais plus encore quand
ils unissent leurs pouvoirs corrupteurs[7]. À la suite de Tertullien et d'Augustin,
ils considèrent tout théâtre comme un vain divertissement, « une volupté
interdite aux chrétiens », qui « nous éloigne de Dieu »[8]. Selon Pierre Nicole,
la « Comédie »[9] est « une école et un exercice de vice, puisque c'est un art où

---

6   Jean Barbier d'Aucour, *Apollon charlatan. Allégorie critique sur les ouvrages de M. Racine*, OC I,
     p. 768.
7   Les moralistes augustiniens ne sont pas les seuls : dans la seconde moitié du XVIIe siècle tous
     les ordres religieux condamnent l'amour au théâtre, les points de vue du théâtre augustinien
     et thomiste – défendant les avantages moraux et divertissants du théâtre – étant d'accord sur
     les risques. Pour un exemple de ce point de vue thomiste, voir : Pierre de Villiers, *Entretien sur
     les tragédies de ce temps*, OC I, p. 775.
8   Le prince de Conti cite ici Tertullien dans son *Traité de la Comédie et des spectacles* (1666)
     (inclus dans Pierre Nicole *et al.*, *Traité de la Comédie et autres pièces d'un procès de théâtre*, éd.
     Laurent Thirouin, Paris, Champion, 1998, p. 185-215, p. 214). Ce traité comprend un dossier sur
     les « Sentiment des Pères d'Église sur la Comédie et les spectacles », où Conti se réfère, entre
     autres, à Tertullien et à Augustin. Citation à comparer avec : Tertullien, *Les Spectacles*, éd. et
     trad. Marie Turcan, Paris, Cerf, 1986, chapitres 25 et 27.
9   Le terme « Comédie » est souvent utilisé comme synonyme de « poème dramatique » :
     « Nous comprenons dans ce mot [Comédie] tout ce qui est Dramatique, & qui se représente
     sur la Scene, soit Tragique, soit Comique, soit Satyrique. » (L'abbé de Pure, *Idée des Spectacles
     anciens et nouveaux*, Paris, M. Brunet, 1668, p. 162).

il faut nécessairement exciter en soi-même des passions vicieuses »[10]. Le problème majeur du théâtre, selon ses adversaires, est l'impact qu'il a sur les comédiens et les spectateurs, « l'impression » que forment ces passions représentées et incarnées[11]. Parmi ces passions est principalement visée celle de l'amour, la plus pernicieuse et la plus contagieuse de toutes :

> Comme la passion de l'amour est la plus forte impression que le péché ait faite dans nos âmes, ainsi qu'il paraît assez par les désordres horribles qu'elle produit dans le monde, il n'y a rien de plus dangereux que de l'exciter, de la nourrir, et de détruire ce qui la retient[12].

Or voilà précisément ce que fait la Comédie : elle diminue, voire détruit l'aversion pour la passion de l'amour que le spectateur devrait éprouver, car « au lieu de la rendre horrible, [la Comédie] est capable au contraire de la faire aimer »[13]. « [L]es folles amours et les autres dérèglements [...], on prend plaisir à les envisager »[14]. Par l'entremise de la Comédie, le péché de la passion amoureuse est excité dans le cœur des hommes et y répond à ce « fond de corruption »[15]. Ainsi se propage le vain « amour de l'amour », car la passion y paraît acceptable, agréable et même glorieuse. Le théâtre rehausse la passion amoureuse ; la passion amoureuse rehausse le théâtre.

Racine n'ignore pas ce parallèle soigneusement élaboré par son ancien professeur d'humanités des Petites Écoles à Port-Royal, celui qui, entre autres, lui ayant appris le plaisir de la lecture, lui défendait celle d'Ovide ou d'Héliodore[16], celui également contre lequel il dirige en 1666 sa belliqueuse « Lettre à l'auteur des *Hérésies imaginaires* et des deux *Visionnaires* » pour

---

10   Pierre Nicole, *Traité de la Comédie*, dans Pierre Nicole *et al.*, *Traité de la Comédie, op. cit.*, p. 13-111, chap. I, p. 38. Nous citerons toujours la première édition du *Traité de la Comédie* qui date de 1667 et non celle, retravaillée, de 1675.

11   Sur « l'impression » du théâtre sur les spectateurs, voir notamment : Laurent Thirouin, *L'Aveuglement salutaire. Le réquisitoire contre le théâtre dans la France classique*, Paris, Champion, 1997, p. 138 : « L'impression, c'est l'idée contagieuse ».

12   Pierre Nicole, *Traité de la Comédie, op. cit.*, chap. II, p. 38.

13   *Id.*

14   *Ibid.*, chap. XII, p. 60.

15   *Ibid.*, chap. XII, p. 58.

16   Voir la biographie de Georges Forestier : *Jean Racine*, Paris, Gallimard, 2006, p. 69-72. Pour la conception pédagogique de Nicole et sa méfiance envers tous les « livres des hommes », car ils « nous rempliss[ent] insensiblement des vices des hommes », voir : Pierre Nicole, *De la manière d'étudier chrétiennement*, dans *Essais de Morale*, choix d'essais introduits et annotés par Laurent Thirouin, Paris, Les Belles Lettres, 2016, p. 267-284, chap. IX, p. 274.

défendre ce qui est devenu, entretemps, *son* art dramatique[17]. Racine n'ignore donc pas les critiques de Nicole. Au contraire, il les prend au pied de la lettre, exploitant magistralement les forces séductrices et proprement dramatiques de l'amour, sa capacité à « imprimer » des passions. Les amours se multiplient et s'imposent dans ses vers, leur apportant beaucoup plus que de simples épisodes ou sujets. Les amours chez Racine fondent sa dramaturgie, bâtie sur ce plaisir combiné des expériences dramatique et amoureuse, ce fruit défendu de sa jeunesse dont il domestiquera le « poison » et commercialisera le « doux suc ».

Depuis quelques décennies, l'attention portée aux effets, réels ou escomptés, des tragédies de Racine et des passions représentées a considérablement augmenté[18]. Il est devenu inconcevable en effet d'omettre le caractère théâtral de son œuvre[19]. Les études dramaturgiques ou théâtrales des tragédies de Racine dominent la production critique, analysant les actes de langage[20], les corps agissants[21] ou la réception et les mises en scène du XVIIe siècle à nos jours[22]. À l'instar de ces études, notre analyse s'intéresse autant aux mobiles de l'émetteur-rhétoricien et aux effets du message auprès du récepteur, qu'au

---

17   Racine y répond anonymement à la « première lettre des *Visionnaires* » adressée à Desmarets de Saint-Sorlin, où Nicole appelle tout auteur de fiction un « empoisonneur public » (Pierre Nicole, « Lettre XI ou première Visionnaire », dans *Les Visionnaires ou Seconde partie des lettres sur l'hérésie imaginaire*, Liège, A. Beyers, 1667, p. 31-67, p. 51). Voir également : Jean Racine, *Lettre à l'auteur des Hérésies imaginaires et des deux Visionnaires*, dans Pierre Nicole *et al.*, *Traité de la Comédie, op. cit.*, p. 225-232.

18   Christian Biet, *Racine ou la passion des larmes*, Paris, Hachette, 1996 ; John D. Lyons, *Kingdom of Disorder. The Theory of Tragedy in Classical France*, West Lafayette, Purdue UP, 1999 ; Georges Forestier, *Passions tragiques et règles classiques. Essai sur la tragédie française*, Paris, PUF, 2003.

19   David Maskell, *Racine. A Theatrical Reading*, Oxford, Clarendon Press, 1991.

20   Jennifer Tamas, *Le Silence trahi. Racine ou la déclaration tragique*, Genève, Droz, 2018. Sur la rhétorique de Racine, voir également : Peter France, *Racine's Rhetoric*, Oxford, Clarendon Press, 1965 ; Gilles Declercq, « Représenter la passion : la sobriété racinienne », *Littératures classiques*, 11, 1989, p. 69-93 ; Michael Hawcroft, *Word as Action. Racine, Rhetoric and Theatrical Language*, Oxford, Clarendon Press, 1995.

21   Sylvaine Guyot, *Racine et le corps tragique*, Paris, PUF, 2014.

22   Voir notamment : Nicholas Cronk et Alain Viala (éds), *La Réception de Racine à l'âge classique : de la scène au monument*, Oxford, Voltaire Foundation, 2005 ; Karel Vanhaesebrouck, *Le Mythe de l'authenticité. Lectures, interprétations, dramaturgies de Britannicus de Jean Racine en France (1669-2004)*, Amsterdam, Rodopi, 2009 ; Sylvaine Guyot, « Les mises en scène modernes de Racine », dans Jean Racine, *Théâtre complet*, éds Alain Viala et Sylvaine Guyot, Paris, Classiques Garnier, 2013, p. 1143-1172.

message, au texte racinien à proprement parler, où la passion amoureuse a donné lieu à des lectures stylistiques[23], poétiques[24], « mythiques »[25].

Or, étant donné l'« ethos caméléonesque »[26] de l'émetteur, qui connaît parfaitement les goûts de « son siècle », il nous semble nécessaire de compléter l'approche dramaturgique de l'œuvre de Racine par une approche plus contextualisante. Au siècle précédent, Erich Auerbach en a frayé le chemin, liant les plans dramaturgique et socio-historique, pour comprendre le « public » du XVIIe siècle et celui de Racine en particulier[27]. Dans son sillage, il importe ici de *remplir* la catégorie du récepteur et de comprendre l'univers dans lequel et pour lequel Racine crée ses tragédies. Le siècle de Racine est dominé simultanément par le nouveau pouvoir monarchique et l'essor d'une Cour « honnête », et par l'augustinisme ou le jansénisme[28] de Port-Royal. Ces deux mondes politique ou mondain et religieux constituent le prisme d'analyse pour beaucoup de lectures de l'œuvre de Racine et des passions représentées[29]. L'amour et le pouvoir étant indissociables depuis Barthes, la passion chez Racine et les choix amoureux donnent lieu à des lectures sociopolitiques[30]. L'interprétation

---

23   Leo Spitzer, « L'effet de sourdine dans le style classique : Racine », dans *Études de style*, Paris, Gallimard, 1970, p. 208-335.

24   Jean Starobinski, « Racine et la poétique du regard », dans *L'Œil vivant*, Paris, Gallimard, 1999, p. 71-92.

25   Roland Barthes, *Sur Racine*, Paris, Seuil, 1963 ; Charles Mauron, *L'Inconscient dans l'œuvre et la vie de Jean Racine*, Paris, Champion, 1957 ; Mitchell Greenberg, *Racine. From Ancient Myth to Tragic Modernity*, Minneapolis, University of Minnesota Press, 2010.

26   Alain Viala, *Racine. La Stratégie du Caméléon*, Paris, Seghers, 1990.

27   Erich Auerbach, *Le Culte des passions. Essais sur le XVIIe siècle français*, éd. et trad. Diane Meur, Paris, Macula, 1998.

28   Notons d'emblée les connotations péjoratives du terme « janséniste » à l'époque de Racine. Saint-Simon note que « le nom de jansénisme et de janséniste est un pot au noir de l'usage le plus commode pour perdre qui on veut » (*Mémoires*, t. III, éd. Gonzague Truc, Paris, Pléiade, 1951, année 1711, chap. XII, p. 1018). Dans la présente étude, nous utiliserons plutôt le terme « augustinisme » pour qualifier les pensées des moralistes et des membres du cercle de Port-Royal.

29   Combinent les deux : Paul Bénichou, *Morales du Grand Siècle*, Paris, Gallimard, 1948 ; Lucien Goldmann, *Le Dieu caché. Étude sur la vision tragique dans les Pensées de Pascal et dans le théâtre de Racine*, Paris, Gallimard, 1959 ; Philip Butler, *Classicisme et baroque dans l'œuvre de Racine*, Paris, Nizet, 1959 ; Marie-Florine Bruneau, *Racine. Le Jansénisme et la modernité*, Paris, Corti, 1986.

30   Voir entre autres : Jean-Marie Apostolidès, *Le Prince sacrifié. Théâtre et politique au temps de Louis XIV*, Paris, Minuit, 1985 ; Gilles Revaz, *La Représentation de la monarchie absolue dans le théâtre racinien : analyses socio-discursives*, Paris, Kimé, 1998 ; Richard E. Goodkin, *Birth Marks. The Tragedy of Primogeniture in Pierre Corneille, Thomas Corneille, and Jean Racine*, Philadephia, University of Pennsylvania Press, 2000.

augustinienne ou janséniste, quant à elle, est plus ancienne. La passion amoureuse chez Racine serait doublement « janséniste », premièrement parce qu'elle
incarne le *fatum*, une force contre laquelle on ne peut rien, et secondement
parce que son caractère égoïste la rapproche de l'amour-propre de l'homme
déchu et abandonné de Dieu[31]. Ces dernières décennies, en revanche, le débat
s'est déplacé vers la question de savoir si l'amour racinien était réellement janséniste ou si elle portait plutôt l'empreinte du christianisme de l'époque en
général[32]. Toujours est-il que la critique s'accorde à prendre en compte la perspective religieuse pour enquêter sur le théâtre profane de Racine ; ses contemporains le faisaient aussi.

En ce sens, le rapprochement à l'ouverture de cette étude entre la dramaturgie racinienne et les critiques morales de Nicole ne se veut pas l'annonce d'une
lecture augustinienne de l'amour chez Racine. Il introduit plutôt une lecture
qui s'inspire et tire sa raison d'être de la pensée contemporaine sur l'amour
et le théâtre. La voix des moralistes n'est alors pas la seule à être entendue,
certes, mais elle est particulièrement présente et éloquente. Aussi fournit-elle
non seulement le fond contre lequel la passion chez Racine peut se muer en
amour-propre (comme le suggèrent les critiques mentionnées ci-dessus) : la
pensée moraliste sous-tend ici avant tout la *logique* de notre étude. En effet,
« par un déplacement un peu pervers de leurs intentions, on peut lire », avec
Laurent Thirouin, « les traités [des moralistes] comme une des méditations
les plus abouties – quoique hostile – sur l'efficacité du théâtre »[33]. Celle-ci

---

31    Voltaire « sa[vait] de science certaine qu'on accusa Phèdre d'être janséniste » (*Cor-*
      *respondance,* dans *Les Œuvres complètes de Voltaire.* t. 106, éd. Theodore Besterman,
      Genève/Oxford, Institut et Musée Voltaire/Voltaire Foundation, 1972, p. 404). Au siècle
      précédent, les spécialistes associaient toujours couramment les tragédies de Racine au
      déterminisme janséniste : Paul Mesnard dans ses « Notices » accompagnant son édition
      des *Œuvres complètes* de Racine (Paris, Hachette, 1929-1932) ; Paul Bénichou, *op. cit.* ;
      Lucien Goldmann, *op. cit.* ; les études de Rohou comme son articulation récente (voir
      notamment : *Jean Racine. Entre sa carrière, son œuvre et son Dieu*, Paris, Fayard, 1992 ;
      *Avez-vous lu Racine ? Mise au point polémique*, Paris, L'Harmattan, 2000).

32    Philippe Sellier critique la « jansénisation » de Racine (« Les tragédies de Jean Racine et
      Port-Royal », *Carnet Giraudoux-Racine*, 3, 1997, p. 41-61, p. 47 ; « Le jansénisme des tragé-
      dies de Racine : réalités ou illusion ? », *Cahiers de l'Association internationale des études*
      *françaises*, 31, 1979, p. 135-148, p. 136). Pour d'autres remises en question et des synthèses
      du débat, voir : Maurice Delcroix, *Le Sacré dans les tragédies profanes de Racine*, Paris,
      Nizet, 1970 ; et plus récemment, John Campbell, *Questioning Racinian Tragedy*, Chapel
      Hill, University of North Carolina Press, 2005, p. 151-204.

33    Laurent Thirouin, « Introduction générale », dans Pierre Nicole *et al.*, *Traité de la Comédie*,
      *op. cit.*, p. 10. Voir également son ouvrage *L'Aveuglement salutaire*, *op. cit.*, p. 160-166. Les
      moralistes étaient conscients que leurs critiques pourraient être prises pour des trophées.
      Partisan de Nicole dans la querelle des *Hérésies imaginaires*, Goibaud du Bois ironise

s'explique principalement par l'interaction complexe et bilatérale entre la représentation et le spectateur. Nicole craint les effets de la passion amoureuse sur les spectateurs (cf. *supra*), mais cette passion corruptrice est d'autant plus dangereuse qu'elle répond à ce qui se trouve être déjà corrompu dans le fond du cœur des hommes. Les dramaturges excitent *et nourrissent* le vice. Pire, ils représentent l'amour *parce qu*'il interpelle les spectateurs, *parce que* ceux-ci le connaissent et l'apprécient[34]. L'amour que peint un Racine dans ses tragédies influence toujours le public, mais la façon dont il le peint est en même temps influencée par ce public, par ses goûts et par ses repères – mondains et religieux – en amour.

Aussi convient-il de réintégrer les tragédies de Racine dans ce siècle obnubilé par la question de l'amour et des passions, de les resituer dans les débats des artistes, des critiques littéraires, des philosophes, des théologiens et des courtisans. Les historiens du Grand Siècle ont tous souligné l'importance de la conception de l'amour, de la passion érotique et des passions en général pour comprendre l'époque. La réflexion philosophique antique, le christianisme et les topiques amoureux littéraires de plus de deux millénaires ont durablement influencé la mentalité et la vision du monde classique[35]. À partir du moment où Descartes impose la césure entre le corps et l'âme, la réflexion sur le rôle des passions devient cruciale[36]. Connotées positivement par les penseurs cartésiens[37], les passions doivent en revanche être supprimées ou cachées, bon

---

sur l'indignation de Racine d'être traité d'« empoisonneur public » : « je crois qu'on vous fâcherait encore davantage, si l'on vous disait que vous n'empoisonnez point, que votre muse est une innocente, qu'elle n'est pas capable de faire aucun mal, qu'elle ne donne pas la moindre tentation [...] » (« Réponse à l'auteur de la lettre contre les *Hérésies imaginaires* et les *Visionnaires* », dans Pierre Nicole *et al.*, *Traité de la Comédie, op. cit.*, p. 233-248, p. 234). Pourtant les adversaires du théâtre ne sont pas les seuls à reconnaître l'efficacité du théâtre. Sur le discours apologétique du théâtre, voir : Clotilde Thouret, *Le Théâtre réinventé. Défenses de la scène dans l'Europe de la première modernité*, Rennes, PU de Rennes, 2019.

34    Nous reviendrons sur ce mouvement circulaire, ce paradoxe de l'identification dans le premier chapitre.

35    Denis de Rougemont, *L'Amour et l'Occident*, Paris, Plon, 1939 ; Simon May, *Love. A History*, Yale, Yale UP, 2011.

36    Voir : Susan James, *Passion and Action. The Emotions in Seventeenth-Century Philosophy*, Oxford, Oxford UP, 1997 ; Pierre-François Moreau, *Les Passions à l'âge classique*, Paris, PUF, 2006.

37    Sur l'importance de l'amour dans la philosophie morale, voir également : Alexandre Mathéron, *Études sur Spinoza et les philosophes de l'âge classique*, Lyon, ENS Éditions, 2011 ; Denis Kambouchner, *L'Homme des passions. Commentaires sur Descartes*, Paris, Albin Michel, 1995, 2 vol. ; Carole Talon-Hugon, *Les Passions rêvées par la raison. Essai sur la théorie des passions de Descartes et de quelques-uns de ses contemporains*, Paris, Vrin, 2002 ; Jean-Luc Marion, *Questions cartésiennes. Méthode et métaphysique*, Paris, PUF,

gré mal gré, par les courtisans honnêtes hommes[38], et sont, par conséquent, généralement suspectes, corrompues pour les moralistes[39]. Pour ces derniers, toutefois, l'amour occupe une place à part. Rigoureusement divisée, selon la pensée augustinienne, entre l'amour-propre et le désir concupiscent d'une part et le pur amour ou l'amour divin de l'autre, la notion leur est nécessaire pour sortir d'une impasse théologique et d'une crise existentielle[40].

L'amour domine la pensée et alimente les arts. De nombreux critiques littéraires ont expliqué comment les passions, l'amour et la galanterie constituaient le thème crucial de la littérature à succès au cours du XVIIe siècle et en dictaient le style[41]. Le roman pastoral et précieux, le genre libertin et les romans – fondateurs du genre – de Madame de Lafayette : tous mettent en scène des héros explorant les délices et les affres de la passion érotique[42]. Pour Racine, ce travail reste largement à faire. Le constat est paradoxal, certes, l'amour étant un des traits les plus commentés de son œuvre, mais très rares sont les études qui prennent l'amour même comme point de départ pour analyser le fonctionnement des tragédies de Racine, ses ressorts dramaturgiques et son interaction et sa réception auprès du public contemporain.

---

1991 ; Gábor Boros, Herman De Dijn et Martin Moors (éds), *The Concept of Love in 17th and 18th Century Philosophy*, Leuven, Leuven UP, 2007 ; Lucie Desjardins et Daniel Dumouchel, *Penser les passions à l'âge classique*, Paris, Hermann, 2012.

38    Voir notamment les trois volumes dans lesquels Norbert Elias décrit « le processus de la civilisation » : *La Société de cour* (1974), *La Civilisation des mœurs* (1973) et *La Dynamique de l'Occident* (1975) (tous les trois traduits par Pierre Kamnitzer et publiés à Paris par Calmann-Lévy). Voir également : Emmanuel Bury, *Littérature et politesse. L'invention de l'honnête homme 1580-1750*, Paris, PUF, 1996.

39    Voir, entre autres, les travaux de Michael Moriarty (*Fallen Nature, Fallen Selves. Early Modern French Thought II*, Oxford, Oxford UP, 2006 ; *Disguised Vices. Theories of Virtue in Early Modern French Thought*, Oxford, Oxford UP, 2011). Voir également Louis Van Delft, *Le Moraliste classique. Essai de définition et de typologie*, Genève, Droz, 1982.

40    Michel Terestchenko, *Amour et désespoir. De François de Sales à Fénelon*, Paris, Seuil, 2000 ; Jacques Le Brun, *Le Pur Amour. De Platon à Lacan*, Paris, Seuil, 2002 ; Jacques Le Brun, *La Jouissance et le trouble*, Genève, Droz, 2004. Sur Pascal, voir également : Alberto Frigo, *L'Esprit du corps. La doctrine pascalienne de l'amour*, Paris, Vrin, 2016.

41    Voir : Jean-Michel Pelous, *Amour précieux, amour galant (1654-1675). Essai sur la représentation de l'amour dans la littérature et la société mondaines*, Paris, Klincksieck, 1980 ; Alain Viala, *La France galante. Essai historique sur une catégorie culturelle, de ses origines jusqu'à la Révolution*, Paris, PUF, 2008 ; Carine Barbafieri, *Atrée et Céladon. La galanterie dans le théâtre tragique de la France classique (1634-1702)*, Rennes, PU de Rennes, 2006.

42    Dans l'ordre des genres mentionnés : Jean-Pierre Van Elslande, *L'Imaginaire pastoral du XVIIe siècle*, Paris, PUF, 1993 ; Michel Jeanneret, *Éros rebelle. Littérature et dissidence à l'âge classique*, Paris, Seuil, 2003 ; Jean-Michel Delacomptée, *Passions. La Princesse de Clèves*, Paris, Arléa, 2012.

La question à laquelle notre étude se propose de répondre est de savoir comment Racine se sert des différentes conceptions contemporaines de l'amour pour séduire son public. L'approche contextualisante, analysant la façon dont Racine se rapporte aux catégories amoureuses historiques, philosophiques et théologiques, sera ainsi doublée d'une approche dramaturgique, qui questionne, pour chacune de ces formes adoptées ou adaptées par Racine, leurs fonctions au sein du théâtre. Cette double enquête est toujours soutenue par une attention particulière au texte et une lecture détaillée des aspects stylistiques, rhétoriques et théâtraux. Les évidences textuelles des effets escomptés de l'amour sont alors complétées par – ou confrontées à – des documents contemporains théoriques – dramaturgiques ou rhétoriques –, et pratiques – des comptes rendus des représentations, des critiques, des discours préfaciels. Ce faisant, l'étude vise premièrement à montrer que les conceptions contemporaines de l'amour permettent de mieux saisir les multiples facettes de cet « amour racinien », traditionnellement décrit comme foncièrement hostile et destructeur. En partant des différentes déclinaisons contemporaines de l'amour – le désir charnel, l'amour-propre, la charité, le pur amour, la volonté de plaire et d'être aimé... – le problème de « l'amour racinien », au singulier, est largement évacué[43]. Plutôt que de ramener les différentes amours à un seul prototype – ou à deux, comme l'on fait généralement depuis Barthes[44] –, l'étude montrera que Racine a appris à maîtriser tous les registres, les rouages et les nuances du spectre amoureux, et que ses tragédies en bénéficient. Dans un second temps, cette contextualisation permet de comprendre le paradoxe qui oppose la nécessaire condamnation de la passion coupable et l'expérience théâtrale vécue comme une célébration de l'amour.

La nouveauté de cette étude réside dans le fait qu'elle propose de comprendre la séduction du théâtre racinien en des termes strictement amoureux, forgés dans des débats contemporains sur l'amour. Pour la première fois, une étude partira des multiples formes d'amour pour rendre compte de la nature

---

43 John Campbell pose la même question pour « la tragédie racinienne » : il dénonce le mythe courant de l'uniformité et de la cohérence de l'œuvre de Racine ou de la « vision » dite « racinienne » en faveur de questions particulières dans les tragédies individuelles (*Questioning Racinian Tragedy, op. cit.*).

44 Dans leurs études célèbres des années 1690, Barthes, Goldmann et Mauron (*op. cit.*) ont tenté de ramener les tragédies à un seul « mythe » ou « schéma ». Quant à l'amour, le schéma de Barthes est sans doute le plus célèbre, distinguant d'une part un amour réciproque, tendre et heureux – « l'Éros sororal » – et d'autre part une passion violente, non réciproque et destructrice – « l'Éros-Évènement » (*Sur Racine, op. cit.*, p. 22-26). Sur cette conception binaire de l'amour racinien, voir notamment : Volker Schröder, *La Tragédie du sang d'Auguste. Politique et intertextualité dans Britannicus*, Tübingen, Gunter Narr, 1999, p. 207-211.

des relations amoureuses représentées par Racine et de leurs répercussions sur le plan théâtral. Le livre établit donc un parallèle audacieux entre l'expérience amoureuse des personnages et l'expérience théâtrale du public, pour aboutir à une meilleure compréhension des mécanismes ingénieux et de l'attrait extraordinaire de cette « passion racinienne » quasi mythique.

• • •

L'étude s'organise autour de trois concepts amoureux clefs de l'époque, empruntés à ses plus fins observateurs : 1. l'amour-propre ou la concupiscence, 2. le pur amour ou l'amour divin, 3. le désir de plaire ou l'amour-propre éclairé. Bien que portant l'empreinte de l'opposition rigoureuse augustinienne – « l'amour de soi jusqu'au mépris de Dieu » et « l'amour de Dieu jusqu'au mépris de soi »[45], ce choix ne relève pas d'une perspective exclusivement religieuse ou morale. La tripartition proposée nous semble, au contraire, couvrir la complexité de la pensée sur les relations interhumaines, profanes et intéressées, religieuses et exaltées, mondaines et médiocres. Ainsi les deux premiers chapitres, construits en diptyque, sont-ils à même de traduire le paradoxe de la vie et de la carrière de Racine, de Port-Royal à la Cour, des tragédies profanes aux pièces bibliques. Ces deux chapitres s'opposent, l'un portrayant le vice et son attrait pour les spectateurs qui s'identifient aux héros tragiques, l'autre décrivant la vertu, enchantant le public par un procédé d'aliénation. Le troisième chapitre explique enfin pourquoi la tragédie racinienne reste cohérente, malgré ces passions opposées. Le désir d'être aimé relie les deux, tenant le milieu entre le vice et la vertu, permettant une identification heureuse, humaine.

Le premier chapitre confronte les relations amoureuses dans les tragédies de Racine aux conceptions contemporaines de l'amour-propre. Dans une perspective théologique, l'amour-propre est compris dans sa forme brute, c'est-à-dire comme l'ensemble des pulsions égoïstes qui détournent l'homme de Dieu et le poussent à chercher une jouissance pervertie dans le monde. Le lien avec le théâtre, ce vain divertissement condamné pour les mêmes raisons, se laisse entrevoir. La volupté, la curiosité et la *libido dominandi*, ces trois concupiscences héritées de la *Première Épître de Jean,* II, 16 sont thématisées dans les tragédies de Racine comme les excès pernicieux de l'amour, mais en même temps, Racine en explore la séduction proprement théâtrale. Sans qu'il s'en aperçoive, le public est invité à s'identifier aux personnages désireux

---

45    Augustin, *La Cité de Dieu,* t. II/1, éd. et trad. Gustave Combès et Goulven Madec, Paris, Institut d'Études augustiniennes, « Nouvelle bibliothèque augustinienne » 4/1, 1994, XIV, 28, p. 228.

de *voir* et de *sentir*, de *connaître* les arcanes du cœur des autres, et enfin, de *dominer* et de *posséder* en amour. Racine se sert précisément de ces traits qui servent ordinairement à incriminer l'amour – les concupiscences – pour plaire à son public.

Le deuxième chapitre définit le rapport entre l'amour profane et le pur amour dans les tragédies de Racine. Ce pur amour sera d'abord compris comme l'amour de Dieu ou des hommes en Dieu, la charité. Emblèmes d'une forme d'amour exemplaire, *Esther* et *Athalie* constituent alors la référence pour sonder les parallèles entre la représentation de l'amour divin et celle de l'amour profane. Ces parallèles révèlent par endroits des éclats d'un « pur amour profane ». La notion est moins paradoxale – moins sacrilège – qu'il n'y paraît, car au cours de la seconde moitié du XVIIe siècle s'opère un changement dans la conception théorique de l'amour, qui se reflète dans un glissement lexicologique. Alors que les *concupiscences* s'opposaient à l'*amour divin*, prenant pour critère l'*objet* des convoitises ou de l'amour – terrestre ou céleste –, le *pur amour* s'oppose à l'*amour-propre*, en ce que ces deux notions mettent l'emphase sur le *sujet* convoitant[46]. La perspective devient plus psychologique et dépasse l'opposition initiale entre créateur et créature :

> Il ne s'agit plus de dénoncer l'autolâtrie de la créature déchue, en opposition à l'amour de Dieu, mais l'égocentrisme avidement intéressé, en opposition à l'amour bienfaisant envers les autres, dans une anthropologie sociologique et non plus théologique[47].

Aussi pessimiste qu'elle puisse être, la notion de l'amour-propre ouvre ainsi, par opposition, la voie à une qualification plus positive des relations humaines en dehors de Dieu. Chez Racine, les topoi de l'oubli de soi et du sacrifice, courants dans ses tragédies bibliques *et* profanes, permettent de tester cette possibilité souvent refusée aux personnages profanes. Ainsi il s'agira dans ce deuxième chapitre de vérifier l'hypothèse que Racine laisse entrevoir une idée de pur amour profane, ou du moins d'une expérience amoureuse qui frôle celle

---

46    Sur cette évolution, voir : Michael Moriarty, *Fallen Nature, Fallen Selves, op. cit.*, p. 189 : « [T]he viciousness of a sinful act or desire resides in its relation to the subject ». Voir également : Gérard Ferreyrolles qui nuance l'acception péjorative de la notion de « concupiscence » en soulignant qu'elle « est valorisée selon l'objet sur lequel elle porte » (« Augustinisme et concupiscence : les chemins de la réconciliation », dans Roger Marchal et François Moureau (éds), *Littérature et séduction, mélanges en l'honneur de Laurent Versini*, Paris, Klincksieck, 1997, p. 171-182).

47    Jean Rohou, *Le XVIIe siècle, une révolution de la condition humaine*, Paris, Seuil, 2002, p. 316.

d'un culte – blasphématoire pour les moralistes –, où la passion a pris la place de Dieu. L'idée du culte de la passion permet alors de rendre compte de l'expérience théâtrale du spectateur, qui se rapproche, en l'occurrence, de l'expérience religieuse, quasi mystique, représentée sur scène. Cette expérience se définit par une sorte d'extase et une communion de larmes devant l'intensité nouvelle de la passion représentée.

Poursuivant la perspective de la sécularisation, le troisième chapitre place l'amour chez Racine dans un cadre plus mondain, structuré par l'idéal de l'honnêteté : ces codes de politesse et de savoir-vivre sous-tendent un désir de plaire aux autres, un désir d'être aimé, sinon des autres, du moins de soi-même. Alors que ce désir de plaire, une nécessité à la Cour, prend une heureuse apparence de vertu, les moralistes en condamnent sévèrement la feintise et l'amour-propre : « la plus générale inclination qui naisse de l'amour-propre est le désir d'être aimé »[48]. Dans ce dernier chapitre, les observations acerbes des moralistes fournissent les outils pour disséquer l'image de soi des amoureux, prêts à tout pour plaire ou, au contraire, considérant l'amour comme leur dû.

Ce chapitre s'intéresse à la place centrale du désir d'être aimé dans l'œuvre de Racine. Ce désir structure les tragédies, inspirant les scènes les plus poignantes des déclarations d'amour et menant ensuite irrévocablement mais tout aussi vraisemblablement à la catastrophe finale. L'« amour-propre éclairé » est érigé en principe dramaturgique, et incarne la faute tragique, la *hamartia*, qui fait sympathiser le public avec ses héros « ni tout à fait bons, ni tout à fait méchants »[49] et donc pleinement reconnaissables. De fait, le désir de plaire des personnages raciniens est une mise en abyme : de celui des spectateurs d'abord – qui lisent les traités de l'honnêteté et les maximes morales et doivent donc démasquer ce désir de plaire et d'être aimé comme le leur –, de celui du dramaturge même ensuite, qui l'a appelé sa « principale Règle »[50]. La quête de l'amour et de l'estime, universelle dans l'univers de Racine, en devient métadramaturgique[51] :

---

48    Pierre Nicole, *De la charité et de l'amour propre*, dans *Essais de Morale, op. cit.* p. 415-450, chap. III, p. 421.

49    Jean Racine, « Préface à *Andromaque* », OC I, p. 197-198.

50    « La principale Règle est de plaire et de toucher. Toutes les autres ne sont faites que pour parvenir à cette première » (Jean Racine, « Préface à *Bérénice* », OC I, p. 452).

51    Pour une lecture métathéâtrale des tragédies de Racine, voir : Jean-Christophe Cavallin, *La Tragédie spéculative de Racine*, Paris, Hermann, 2014. Cavallin part de l'hypothèse que « dans l'usage qu'en fait Racine, la tragédie elle-même n'est qu'une mise en abyme du conflit dans lequel est engagé l'auteur-narrateur de la préface de la tragédie » (p. 29).

Et ces noms, ces respects, ces *applaudissements*,
Deviennent pour Titus autant d'engagements,
Qui le li[e]nt, Seigneur, d'une honorable chaîne

*Bérénice*, v, 2, 1285-1287, nous soulignons

Contrairement à Titus, qui doit renoncer à l'amour pour plaire, Racine se lie
à son public par l'« honorable chaîne » de l'amour. C'est en effet l'amour qui
est sans cesse guetté, examiné et, finalement, décrié ou applaudi, que ce soit
par le public extra-scénique, dans la salle, ou par les personnages de la pièce,
où l'amoureux est lui-même le premier observateur de sa propre passion. Le
public des amours raciniennes se multiplie donc, sur scène comme dans la
salle. Le moi du personnage amoureux, l'autre qu'il aime et auquel il veut plaire,
et enfin les spectateurs et les lecteurs des tragédies de Racine sont ici les trois
publics, avides de voir et de *saisir* – dans le sens le plus large du mot – l'amour.

## CHAPITRE 1

# Les concupiscences applaudies

« [L]es passions volages de la concupiscence lui renversèrent l'esprit », lit-on sur l'épitaphe de Racine par le moraliste Michel Tronchai[1]. Que sont ces « passions volages de la concupiscence », puissantes au point d'avoir détourné le jeune Racine de la voie céleste qu'il avait commencé à emprunter à Port-Royal ? Dans son *Dictionnaire universel*, Furetière donne deux entrées pour « concupiscence » : selon la première, elle est « [c]onvoitise, passion desreglée de posseder quelque chose » tandis que la seconde ajoute : « On le dit plus particulierement des passions qui tendent à l'amour deshonneste, que Saint Paul appelle la concupiscence des yeux, de la chair »[2]. Voilà Racine donc corrompu par l'orgueil ou l'amour « déshonnête ». L'épitaphe de Tronchai précise la nature de ce « renversement » : « Bientôt devenu sans peine, mais malheureusement pour lui, le prince des poètes tragiques, il fit longtemps retentir les théâtres des applaudissements que l'on y donnait à ses pièces »[3]. Le problème pour le moraliste est que Racine est devenu homme de théâtre. Pire, il réussit au théâtre et y est célébré par des « applaudissements profanes qu'il ne s'était attirés qu'en offensant Dieu »[4].

Tronchai n'explicite pas comment la concupiscence a pu séduire le jeune homme et le conduire à créer des pièces de théâtre, mais son épitaphe suggère que le théâtre même – son métier, son expérience et son produit final – coïncide avec la concupiscence, en ce qu'il s'oppose à la dévotion[5]. L'usage du terme de « concupiscence » est connoté, en effet, religieusement. Après Paul, qui par *la* concupiscence entend principalement la convoitise[6], Jean distingue trois types de concupiscence : « [T]out ce qui est dans le monde est ou concupiscence de la chair, ou concupiscence des yeux, ou orgueil de la vie ; ce qui ne vient point du Père, mais du monde »[7]. En d'autres mots, Jean ramène tous les

---

1  Michel Tronchai, *Épitaphe de Racine* (avril 1699), NCR, p. 442.
2  Antoine Furetière, *Dictionnaire universel*, La Haye, A. et R. Leers, 1690, art. « Concupiscence ».
3  Michel Tronchai, *op. cit.*, p. 442.
4  *Id.*
5  L'épitaphe témoigne d'une vision binaire du monde : Racine pouvait mettre ses travaux soit au service de Dieu, soit au service du monde profane : « Il [Racine] frémit d'horreur au souvenir de tant d'années qu'il ne devait employer que pour Dieu, et qu'il avait perdues en suivant le monde et ses plaisirs » (*Id.*).
6  Voir entre autres : « Épître de saint Paul aux Galates », v, 16-17.
7  *1 Jean*, II, 16 (cité de *La Bible, traduite par Louis-Isaac Lemaître de Sacy*, éd. Philippe Sellier, Paris, Laffont, 1990, p. 1591).

vices terrestres, respectivement, au désir charnel, à la curiosité et à l'orgueil ou à l'envie de dominer et de posséder.

C'est via Augustin en particulier[8] et sa réception par Jansénius que cette triade biblique du vice entre au XVIIe siècle : « concupiscentiæ divisio in concupiscentiam carnis, oculorum, & superbiam vitæ : ex quibus omnia flagitia fluunt, & facinora »[9]. Dans ses *Pensées*, Pascal reprend cette idée et y ajoute une autre terminologie : « *Tout ce qui est au monde est concupiscence de la chair ou concupiscence des yeux ou orgueil de la vie. Libido sentiendi, libido sciendi, libido dominandi* »[10]. Concupiscence, concupiscences, convoitise, libido ou orgueil… : pour les moralistes de Port-Royal, ces termes se réfèrent tous à l'état misérable des hommes après la Chute[11]. Pascal explique qu'« ils sont plongés dans les misères de leur aveuglement et de leur concupiscence qui est devenue leur seconde nature »[12]. La concupiscence est donc ce qui a remplacé l'amour honnête et juste de Dieu dans l'âme des hommes[13] ; elle renvoie au désir des biens terrestres en opposition à l'amour divin, et recoupe en cela l'amour-propre[14]. Dans son traité *De la connaissance de soi-même*, Pierre Nicole explicite que l'amour-propre nourrit les trois concupiscences : « L'amour de nous-mêmes qui est le centre et la source de toutes nos maladies, nous donne

---

8    Augustin se concentre surtout sur le désir charnel, mais il souligne que la concupiscence ne s'y restreint pas. Il cite et développe les mots de Jean dans *La Vraie Religion*, XXXVIII, 70 (*Œuvres de saint Augustin*, t. 8 « La Foi chrétienne », éd. et trad. J. Pegon, Paris, Desclée de Brouwer et Cie, « Bibliothèque augustinienne », 1951, p. 127). Sur sa conception de la concupiscence, voir : François-Joseph Thonnard, « La notion de la concupiscence en philosophie augustinienne », *Recherches augustiniennes*, 3, 1965, p. 59-105.

9    Cornelius Jansenius, *Augustinus*, Louvain, J. Zegers, 1640, II, 8, p. 323. Trad. fr. : division de la concupiscence en concupiscence de la chair, des yeux et de la superbe : d'où découlent tous les vices et les crimes. Sur ces trois concupiscences au XVIIe siècle, voir : Charles-Olivier Stiker-Métral, *Narcisse contrarié. L'amour propre dans le discours moral en France (1650-1715)*, Paris, Champion, 2007, notamment p. 110-121.

10   Blaise Pascal, *Pensées*, dans *Pensées, opuscules et lettres*, éd. Philippe Sellier, Paris, Classiques Garnier, 2011, fr. 460, p. 395. C'est l'auteur qui souligne. Pour les variantes dans l'interprétation de la tripartition de Jean, voir : Geneviève Rodis-Lewis, « Les trois concupiscences », *Chroniques de Port-Royal*, 11-14, 1963, p. 81-92.

11   « concupiscentia ista, seu libido, seu cupiditas, seu voluptas, seu delectatio, quocunque ex istis nominibus appellare malis » (*Augustinus, op. cit.*, II, 7, p. 317).

12   Blaise Pascal, *Pensées, op. cit.*, fr. 182, p. 241.

13   « [L']ame [de l'homme] qui estoit auparavant unie, & attachée à Dieu par une affection toute sainte, & un amour tout divin, s'est toute tournée vers les creatures » (Antoine Arnauld, *Apologie de Monsieur Jansenius evesque d'Ipre*, t. I, s.l.n.é., 1644, p. 79).

14   Pour certains penseurs augustiniens, comme pour Jean-François Senault, « l'Amour propre n'est autre chose que la Concupiscence » (*L'Homme criminel ou la corruption de la nature par le péché selon les sentimens de S. Augustin*, Paris, Veuve J. Camusat et P. Le Petit, 1644, p. 63).

une inclination violente pour les plaisirs, pour l'élévation, et pour tout ce qui nourrit notre curiosité »[15].

C'est cette triple « inclination » qui aurait poussé Racine à envisager une carrière au théâtre. Sans doute pouvait-il par cette voie assouvir ses pulsions, sa curiosité intellectuelle et littéraire et son désir de s'élever. Or, plus généralement, c'est le théâtre qui présente, lui, une sorte de miroir pour les désirs sensoriels et l'orgueil. Nicole, cette fois dans son *Traité de la Comédie*, n'adopte plus la tripartition connue des concupiscences, mais y fait sans aucun doute allusion. Aussi part-il de la doctrine augustinienne de l'homme déchu pour condamner le théâtre :

> Les gens du monde, spectateurs ordinaires des Comédies, ont trois principales pentes. Ils sont pleins de concupiscence, pleins d'orgueil, et pleins de l'estime de la générosité humaine, qui n'est autre chose qu'un orgueil déguisé[16]. Ainsi pour les Poètes, qui doivent s'accommoder à ces inclinations pour leur plaire, sont obligés de faire en sorte que leurs pièces roulent toujours sur ces trois passions, et de les remplir d'amour, de sentiments d'orgueil, et des maximes de l'honneur humain[17].

La publication du traité de Nicole en 1667 coïncide avec celle d'*Andromaque* et donc avec la naissance de la « tragédie racinienne ». Racine a-t-il suivi les « conseils » de son ancien précepteur et a-t-il effectivement rempli d'amour ses pièces pour « flatte[r] les inclinations corrompues des lecteurs, ou des spectateurs »[18] ? L'objectif du chapitre est double : premièrement il s'agit de déterminer quel rapport les amours entretiennent chez Racine avec chacune des trois concupiscences, la volupté, la curiosité et la *libido dominandi* ; dans un second temps, nous tenterons de comprendre leur fonction théâtrale, pour le public et pour les lecteurs. Comment l'expérience dramatique peut-elle profiter d'une mise en scène de la passion amoureuse viciée ? L'étude suivra l'ordre traditionnel des trois concupiscences, qui est porteur de sens puisque, d'après Jansénius, « la réforme de l'homme devra aller du plus facile au plus ardu, de la volupté à l'orgueil »[19].

---

15   Pierre Nicole, *De la connaissance de soi-même*, dans *Essais de morale, op. cit.*, p. 339-412, II, 3, p. 378.

16   Sur cet orgueil déguisé en « générosité humaine », voir le chapitre 3 sur le désir de plaire et d'être aimé.

17   Pierre Nicole, *Traité de la Comédie, op. cit.*, chap. XVII, p. 68.

18   *Id.*

19   « La concupiscence de la chair, est le premier ennemy, que l'on trouve à côbattre, lors que l'on entre dans la voye de cette reformation spirituelle » (Cornelius Jansenius, *Discours de*

## 1    La volupté

Le printemps est de retour ;
Fuyons le bruit de la ville ;
[...]
La campagne est plus tranquille :
Allons-y faire l'amour.
[...]
[Ah !] jouissons des plaisirs
Où le beau temps nous convie ;
Les oiseaux et les zéphirs,
Loin de nous porter envie,
Animeront nos soupirs[20].

Ces vers de jeunesse simples respirent une insouciance galante et un goût du plaisir remarquables par leur contraste avec la gravité de l'expression des passions dans les tragédies de Racine. Le désir charnel n'est pas aussi explicite dans le théâtre. S'il l'est, il est réservé aux personnages dits monstrueux, tels Néron, Ériphile et Phèdre, ou encore à Athalie, car la *libido sentiendi* surpasse la concupiscence sexuelle.

En effet, la concupiscence de la chair est, pour Augustin, ce qui « réside dans la délectation de *tous* les sens et de *toutes* les voluptés, et [ce] dont se font les esclaves pour leur perte ceux qui s'éloignent de [Dieu] »[21]. Aussi, la première concupiscence comprend-elle également les tentations du goût, c'est-à-dire « les ruines journalières du corps par le boire et le manger »[22], les tentations de l'odorat, celles de l'ouïe, particulièrement séductrices dans la musique, et finalement les tentations de la vue ou l'attachement aux « formes belles et variées, [aux] couleurs vives et fraîches [qui] font les délices des yeux »[23]. La *libido sentiendi* est en somme l'attachement à la beauté terrestre ou artificielle, qui

---

la réformation de l'homme intérieur, trad. Robert Arnauld d'Andilly, Paris, Veuve J. Camusat, 1642, p. 28). Voir également Philippe Sellier, *Pascal et saint Augustin*, Paris, Armand Colin, 1970, p. 171.

20   Jean Racine, « Chanson », OC I, p. 38.

21   Augustin, *Les Confessions*, t. I, dans *Œuvres de saint Augustin*, t. 14, éd. et trad. M. Skutella *et al.*, Paris, Desclée de Brouwer, « Bibliothèque augustinienne », 1962, X, 35, 54, p. 239. Nous soulignons.

22   *Ibid.*, X, 31, 43, p. 217.

23   Pour l'énumération des différentes formes de la volupté, voir : *ibid.*, X, 30, 41-X, 34, 53, p. 213-237. C'est sous l'angle de cet enchantement répréhensible du regard, que Pascal, au XVIIe siècle, se retourne contre toute création artistique et contre la luxure (voir notamment : fr. 74 sur la peinture et fr. 486 sur la beauté).

se passe de l'éloge de Dieu. Au début du XVIIᵉ siècle, François de Sales semble confirmer cette définition englobante en la reformulant par sa négation :

> La chasteté [...] se perd par tous les sens extérieurs du corps, et par les cogitations et désirs du cœur. C'est impudicité de regarder, d'ouïr, de parler, d'odorer, de toucher des choses déshonnêtes, quand le cœur s'y amuse et y prend plaisir[24].

Plus encore que la tentation de l'ouïe et de la parole, c'est cette « impudicité » visuelle qui résonne merveilleusement dans les vers de Racine[25]. Les yeux contaminent la chasteté de celui qui voit ou est vu. Se fonde ainsi une érotisation du regard : « aimer c'est voir »[26]. Après le coup de foudre oculaire, le regard répond également de la viabilité d'une passion. Celui qui aime veut voir et être vu : Néron reproche à Junie de lui « avoir si longtemps caché [sa] présence » (II, 3, 540), Pyrrhus assure Andromaque que « [a]nimé d'un regard », il peut « tout entreprendre » (I, 4, 329), et Bérénice implore Titus : « Voyez-moi plus souvent, et ne me donnez rien » (II, 4, 578). Sur une scène bienséante, les regards sont ce qu'il y a physiquement de plus intime entre deux personnages amoureux. Ce sont ces mêmes regards qui véhiculent la perversité sexuelle de Néron, le chantage de Pyrrhus, ou la tension entre l'étreinte et la séparation dans *Bérénice*.

Ce sont également ces regards qui distinguent ces vers tragiques des vers galants de la chanson citée ci-dessus. L'œil libidineux de Néron et les regards langoureux de Bérénice ne hantent pas uniquement les vers, ils sont recréés sur la scène théâtrale où ils tissent ou rompent les chaînes entre les corps physiques des acteurs. En effet, si la tragédie racinienne – et la tragédie classique en général – est principalement un théâtre du récit et de l'écoute, les vers sont aussi une source inépuisable de directions de mise en scène, comprenant des informations sur les entrées en scène, les expressions du visage et les actions représentées[27]. Au théâtre, le public n'est jamais exposé qu'aux plaisirs

---

24  François de Sales, *Introduction à la Vie Dévote*, dans *Œuvres*, éd. André Ravier et Roger Devos, Paris, Pléiade, 1969, p. 3-317, III, 13, p. 168.

25  Dans son essai séminal sur l'importance du regard dans le théâtre racinien, Jean Starobinski soutient que le regard domine même la parole : « La parole ne semble exister alors que pour accompagner et prolonger les intentions du regard. Elle sert d'intermédiaire entre le silence du premier regard et le silence des derniers regards. » (Jean Starobinski, *op. cit.*, p. 78-79).

26  Roland Barthes, *Sur Racine*, *op. cit.*, p. 22.

27  Les travaux cités plus haut de David Maskell et de Sylvaine Guyot ont attiré l'attention dans les études raciniennes sur la théâtralité, les mouvements et les interactions des corps sur scène. Plus récemment voir : Jennifer Tamas, « L'art de défaillir : les effets pathétiques

de l'ouïe, mais également à ceux de la vue. Dans sa *Pratique du théâtre*, l'abbé d'Aubignac souligne (littéralement) le fait que le théâtre est « un *Lieu où on Regarde ce qui s'y fait*, et non pas, où l'*on Écoute ce qui s'y dit* »[28]. Aussi ce théoricien conseille-t-il de « ne point cacher derrière la Tapisserie les discours et les passions qui peuvent éclater par leur bouche [des acteurs] »[29]. Pour assurer la vraisemblance, d'Aubignac ajoute néanmoins que le dramaturge doit bien motiver ces plaintes amoureuses montrées sur scène :

> Un Amant paraît sur le Théâtre dans une violente passion, c'est en faveur des Spectateurs [...]. Il faut donc chercher une couleur qui l'oblige à se plaindre dans le lieu de la Scène : autrement c'est aller contre la vraisemblance[30].

Les spectateurs se délectent donc des discours emportés et passionnés des personnages amoureux *sur scène*, des discours et des passions *montrés*. En d'autres termes, le plaisir que prennent les spectateurs au théâtre est un plaisir concupiscent, un plaisir de concupiscence partagée. Indispensable et indéniable au sein d'un théâtre peuplé de personnages désirants, la concupiscence est également inhérente à l'expérience théâtrale, où le plaisir de la vue et de l'ouïe constitue l'essence même du divertissement. Racine le sait et intègre de façon vraisemblable le plus grand nombre possible de discours passionnels dans son théâtre. La passion se fait donc toujours voir, mais avec des degrés : Racine maintient l'équilibre entre un spectacle de corps *décrits* et de corps *montrés*, entre ce que le spectateur devra imaginer – à partir des événements *rapportés* verbalement par des descriptions très vives et des hypotyposes –, et ce qu'il voit être *représenté* devant ses yeux.

## 1.1      *La concupiscence suggérée : l'hypotypose*

> [I]l [le poète] fait paraître fort peu d'Actions sur son Théâtre ; elles sont presque toutes supposées, du moins les plus importantes, hors le lieu de la Scène ; et s'il en réserve quelque chose à faire voir, ce n'est que pour en tirer occasion de faire parler ses Acteurs. Enfin, si on veut bien examiner cette sorte de Poème, on trouvera que les Actions ne sont que dans

---

de la didascalie racinienne », *Europe*, 98, 1092, Tristan Alonge and Alain Génetiot (eds), « Racine », 2020, p. 106-117.

28      L'abbé d'Aubignac, *La Pratique du théâtre,* éd. Hélène Baby, Paris, Champion, 2011, IV, 2, p. 407.

29      *Ibid.*, IV, 1, p. 403.

30      *Ibid.*, I, 6, p. 84.

l'imagination du Spectateur, à qui le Poète par adresse les fait concevoir comme visibles, et cependant qu'il n'y a rien de sensible que le discours[31].

Si d'Aubignac insiste sur le côté visuel du théâtre, il conseille en même temps au dramaturge de rechercher cet effet non pas par des actions représentées sur scène, mais par un discours qui évoque l'image souhaitée : « *Parler*, c'est *Agir* »[32]. Le discours doit tenir lieu de chose physique et sensible. Spécialement conçue à cet effet est la figure de style de l'hypotypose, dont le théoricien contemporain de la rhétorique racinienne, Bernard Lamy, écrit qu'« elles [les hypotyposes] figurent les choses, et en forment une image qui tient lieu des choses mêmes »[33]. Cette figure sert donc à rendre présent ce qui est absent. Voilà, explique Lamy, pourquoi la figure excelle en l'expression des passions : « Les objets de nos passions sont presque toujours présents à l'esprit. Nous croyons voir et entendre ceux à qui l'amour nous attache »[34].

Dans le sillage de d'Aubignac et de Lamy, Racine utilise des descriptions vives et détaillées pour rendre compte des expériences passionnelles comme des coups de foudre[35]. Néron décrit sa première rencontre avec Junie dans une hypotypose où son désir sexuel est à peine voilé[36]. Il avoue avoir l'image de

---

31    *Ibid.*, IV, 2, p. 408.

32    *Ibid.*, IV, 2, p. 407.

33    Bernard Lamy, *La Rhétorique ou l'art de parler*, éd. Benoît Timmermans, Paris, PUF, 1998, p. 200. Dans ce qui suit, l'hypotypose est comprise comme la définit Lamy, c'est-à-dire dans ce sens large de description exceptionnellement vive, qui met en image à des fins affectives. De nombreux théoriciens de la rhétorique utilisent, quant à eux, une définition plus précise de la figure, la distinguant plus nettement de la description, à la fois formellement et thématiquement (voir entre autres les *Dictionnaire de rhétorique* de Moliné ou de Morier), mais il n'est pas question ici d'entrer dans les débats que suscite depuis des siècles la relation entre l'hypotypose et les notions de l'*enargeia*, de l'*ekphrasis*, de l'*évidence* ou encore de la *diatypose*. L'acception de Lamy suffira pour la présente analyse, et traduit, en outre, mieux le contexte rhétorique de l'époque, où s'opère un retour vers la persuasion sensible (voir : Thomas M. Carr, Jr., *Descartes and the Resilience of Rhetoric*, Carvondale, Southern Illinois UP, 1990).

34    Bernard Lamy, *op. cit.*, p. 200.

35    Sur l'hypotypose racinienne et son pathétique inhérent, voir l'étude de Gilles Declercq, qui passe par l'*Institution oratoire* de Quintilien pour en démontrer les fonctions argumentatives (« À l'école de Quintilien : l'hypotypose dans les tragédies de Racine », *Op. cit. – Littératures française et comparée*, 5, 1995, p. 73-88).

36    Voir II, 2, 385-406. Jennifer Tamas a bien montré comment les effets stylistiques et la métrique de ces vers traduisent l'excitation sexuelle de Néron (voir : « La déclaration d'amour chez Racine : un discours emphatique entre épanchement et brièveté », dans Mathilde Levesque et Olivier Pédeflous (éds), *L'Emphase : copia ou brevitas ?*, Paris, Presses de l'Université Paris-Sorbonne, 2010, p. 85-98, p. 89-93).

Junie sans cesse sous les yeux : « De son image en vain j'ai voulu me distraire. /
Trop présente à mes yeux je croyais lui parler » (II, 2, 400-401). Après l'hypotypose qu'il vient de conter à Narcisse, l'empereur en explicite le mécanisme inhérent : autrement dit, après avoir recréé Junie devant les yeux de Narcisse – et de
là, ce qui est plus important, devant ceux du public de la pièce –, Néron rappelle que cette vision, ce souvenir, cette image le travaille sans cesse. Absente,
Junie est néanmoins triplement *présente* dans la scène : dans les fantasmes de
Néron, qui ne peuvent que se transcrire formellement en une hypotypose permettant aux auditeurs intra- et extra-scéniques de visualiser la princesse. Et
Néron d'y re-prendre part en imagination. De même, Bérénice *revoit* et *revit* la
soirée de l'enterrement de Vespasien, qu'elle fête dans tous ces détails, accentuant la gloire de son amant. Après l'hypotypose qu'elle en fait à sa confidente
(I, 5, 301-316), elle semble revenir aux faits : « Mais, Phénice, où m'emporte un
souvenir charmant ? » (317). Tel est l'effet escompté des hypotyposes « qui nous
transportent sur les lieux et qui, par un enchantement agréable, font que nous
croyons voir les choses »[37]. Bérénice et Néron commentent ainsi, pourrait-on
suggérer, leurs propres talents rhétoriques, en se présentant comme les plus
touchés par leurs propres hypotyposes.

Ainsi le spectateur et le lecteur sont-ils invités à partager l'expérience
amoureuse des personnages sur scène. Le public voit ce qui n'est pas présent
et s'imagine les scènes de coup de foudre, comme Junie est « présente [aux]
yeux » de Néron et comme Phèdre suscite Hippolyte dans des hypotyposes et
croit le voir partout où elle va :

> J'adorais Hippolyte, et *le voyant sans cesse*,
> Même au pied des Autels que je faisais fumer,
> J'offrais tout à ce Dieu, que je n'osais nommer.
>> I, 3, 286-288. Nous soulignons

La passion de Phèdre est plus concupiscente encore par l'excès de son sacrilège,
substituant l'image de l'homme qu'elle aime à celle des dieux. C'est justement
ce que les moralistes, à la suite d'Augustin, condamnent dans l'amour terrestre.
Pascal reproche à ses amis de « s'attacher à [lui], car il faut qu'ils passent leur
vie et leurs soins à plaire à Dieu ou à le chercher »[38]. Pour Pierre Nicole aussi,
il faut réserver tout son amour à Dieu, qui « ne veut point d'un cœur partagé » :

---

37     Bernard Lamy, *op. cit.*, p. 226.
38     Blaise Pascal, *Pensées, op. cit.*, fr. 15, p. 163.

[Q]uelque honnêteté qu'on se puisse imaginer dans l'amour d'une créature mortelle, cet amour est *toujours vicieux et illégitime*, lorsqu'il ne naît
pas de l'amour de Dieu ; et il n'en peut naître lorsque c'est un amour de
passion et d'attache, qui nous fait trouver notre joie et notre plaisir dans
cette créature[39].

Augustin a pourtant confessé avoir connu lui-même les plaisirs de la chair :
« j'aimais à aimer », écrit le père de l'Église, « Aimer et être aimé, c'est plus doux
pour moi si je pouvais jouir aussi du corps de l'être aimé »[40]. De toutes les tentations des sens, il précise que, pour lui, « l'union charnelle » constitue un des
plus grands défis, précisément par le rôle que joue l'imagination, consciente ou
non, dans la hantise des pensées voluptueuses :

Elles m'assaillent à l'état de veille sans aucune force, il est vrai, tandis que
dans le sommeil, elles vont non seulement jusqu'à la délectation mais
jusqu'au consentement et à quelque chose qui ressemble fort à l'acte
lui-même. Et l'illusion de l'image a tant de force dans mon âme sur ma
chair, que ces visions irréelles obtiennent de moi pendant le sommeil ce
que la vision des réalités ne peut obtenir quand je suis éveillé[41].

Presque mot pour mot, Augustin formule ici l'idée de l'hypotypose : l'image
ou le rêve tient lieu de la chose ou de l'acte même. Par ses descriptions physiques et sensuelles, l'hypotypose rend merveilleusement compte du fantasme
sexuel[42], si bien que la figure seule peut inculper Néron, Bérénice, Phèdre et
tant d'autres, souillés avant même d'avoir entrepris quoi que ce soit. « La seule
pensée du crime y est regardée avec autant d'horreur que le crime même » :
dans la préface de *Phèdre*, Racine fait écho à François de Sales qui a observé
que « les mauvaises et voluptueuses pensées, lesquelles, bien qu'elles n'eussent
pas souillé son corps, avaient néanmoins contaminé le cœur »[43].

Les fantasmes érotiques sont doublement à craindre, car ils ne se soumettent pas à la volonté[44]. De même chez Racine, les personnages de Néron,

---

39  Pierre Nicole, *Traité de la Comédie, op. cit.*, chap. X, p. 54-56. Nous soulignons.
40  Augustin, *Les Confessions*, t. I, dans *Œuvres de saint Augustin*, t. 13, éd. et trad. M. Skutella
    *et al.*, Paris, Desclée de Brouwer, « Bibliothèque augustinienne », 1962, III, 1, 1, p. 363-365.
41  Augustin, *Les Confessions*, t. II, *op. cit.*, X, 30, 41, p. 213-215.
42  Pour Barthes, l'hypotypose évoque en effet « une sorte de transe », un « fantasme éro-
    tique » (*Sur Racine, op. cit.*, p. 29).
43  François de Sales, *Introduction à la Vie Dévote, op. cit.*, III, 13, p. 169.
44  Augustin explique cette insoumission comme une punition divine : « la désobéissance
    de cette passion, qui a soumis à ses seuls mouvements les membres génitaux et les a

de Bérénice ou de Phèdre sont emportés par leurs souvenirs sensuels, parfois malgré eux[45]. De cette absence de contrôle, Ériphile est peut-être le meilleur exemple, puisqu'elle aime son ennemi. Le souvenir des fureurs d'Achille qu'elle évoque sans arrêt devient alors très ambigu ; ce sont « les traits dont l'amour l'a gravé dans [son] âme » tonne Iphigénie (II, 5, 680-682), avec raison. Le tableau vivant par lequel Ériphile décrit à sa confidente son coup de foudre pour son ravisseur est glaçant :

> Dans les cruelles mains, par qui je fus ravie,
> Je demeurai longtemps sans lumière et sans vie.
> Enfin mes faibles yeux cherchèrent la clarté.
> Et me voyant presser d'un bras ensanglanté,
> Je frémissais, Doris, et d'un vainqueur sauvage
> Craignais de rencontrer l'effroyable visage.
> J'entrai dans son Vaisseau, détestant sa fureur,
> Et toujours détournant ma vue avec horreur.
> Je le vis. Son aspect n'avait rien de farouche.
> Je sentis le reproche expirer dans ma bouche.
> Je sentis contre moi mon cœur se déclarer,
> J'oubliai ma colère, et ne sus que pleurer.
> Je me laissai conduire à cet aimable guide.
> Je l'aimais à Lesbos, et je l'aime en Aulide.
>
> II, 1, 489-502

Dans les huit premiers vers, le ravisseur n'est que membres, distincts et monstrueux, déterminés par une multitude d'adjectifs (« cruel », « ensanglanté », « sauvage », « effroyable »), alors que dans la suite de l'hypotypose cette multitude est remplacée par le seul « aimable ». Le personnage d'Achille se recompose alors, tandis que celui d'Ériphile se décompose en larmes. Elle ne se reconnaît plus : son « cœur » et son « moi » sont désormais désunis. Le rythme du fragment accompagne cette évolution. Le vers 493, commençant par un enjambement avec rejet et se terminant sur un enjambement simple, dit la

---

soustraits à l'autorité de la volonté, montre assez quelle fut la punition de l'homme pour sa première désobéissance » (*La Cité de Dieu*, t. II/1, *op. cit.*, XIV, 20, p. 214).

45   Cette lecture contextualisante des hypotyposes raciniennes, les rapprochant de la pensée augustinienne, se distingue ainsi de l'observation de Declercq selon laquelle « [i]l faut se garder de voir ici des protagonistes submergés par leur passion ; celle-ci, certes, les anime, mais ils s'en servent en orateurs virtuoses pour créer des images dans des stratégies de persuasion complexes, voire retorses » (« L'hypotypose dans les tragédies de Racine », art. cit., p. 82).

frayeur extrême d'Ériphile. De même, l'énonciation abrupte et courte de « Je le
vis » rompt le rythme et produit un effet de choc : le changement qu'Ériphile
*sent* en elle est tangible. Racine a su traduire ces sensations dans une hypotypose particulièrement physique, passant du corps brutal d'Achille à la bouche,
au cœur et aux larmes d'Ériphile. Celle-ci se voit à nouveau, faible et sans vie,
dans les mains rugueuses d'un Achille couvert de sang. Elle sent la *pression* de
son bras contre son corps. Et comme le suggèrent les reproches d'Iphigénie par
la suite (II, 5), on comprend que c'est ce contact physique, désormais doublé
d'une tension érotique, qu'Ériphile recherche dans ses souvenirs.

C'est par ailleurs ce contact restitué entre Ériphile et Achille qui rend l'hypotypose si puissante en tant que fantasme érotique. L'on compare souvent ce
passage à l'hypotypose d'Andromaque se rappelant le sac de Troie : « Songe,
songe, Céphise, à cette Nuit cruelle » (III, 8, 1001). Également très imagé en
effet, ce récit se distingue néanmoins du discours d'Ériphile par l'absence de
contact physique entre Pyrrhus – fils d'Achille – et Andromaque. Dans le récit
de la première rencontre avec son agresseur et le fils du tueur de son mari,
Andromaque insiste sur les violences de Pyrrhus pour souligner sa haine
envers lui, alors qu'Ériphile conte les violences d'Achille parce qu'elles signifient le moment de leur seul contact tactile. Ainsi la passion d'Ériphile est-elle
d'autant plus extraordinaire, d'autant plus scandaleuse, que la violence
d'Achille est dirigée directement contre elle – elle *sent* le bras ensanglanté,
alors qu'Andromaque ne fait que le *voir* –, mais cette expérience ne suscite pas
de haine, comme chez Andromaque.

Un tel scandale ne pouvait être montré sur scène. Avec Boileau, Racine sait
qu'« il est des objets que l'Art judicieux / Doit offrir à l'oreille, et reculer des
yeux »[46]. Le dramaturge n'obéit que partiellement : par l'hypotypose, le discours du coup de foudre d'Ériphile s'adresse aux yeux à travers l'oreille. Lamy
l'explique : « L'hypotypose est une espèce d'enthousiasme qui fait qu'on s'imagine voir ce qui n'est point présent, et qu'*on le représente si vivement devant
les yeux de ceux qui écoutent, qu'il leur semble voir ce qu'on leur dit* »[47]. Ériphile
n'est donc pas la seule à revoir son enlèvement par Achille ; le récit qu'elle en
fait à Doris l'invite à le voir aussi nettement. Il en va de même pour les confidents de Néron, de Bérénice et de Phèdre, avec lesquels les orateurs amoureux veulent être « en symbiose affective et morale »[48]. La définition de Lamy
implique encore davantage le spectateur et le lecteur de ces tragédies. Par le

---

46    Nicolas Boileau-Despréaux, *L'Art poétique* dans *Œuvres complètes*, éd. Antoine Adam et
      Françoise Escal, Paris, Pléiade, 1966, p. 155-185, chant III, p. 170.
47    Bernard Lamy, *op. cit.*, p. 201. Nous soulignons.
48    Gilles Declercq, « L'hypotypose dans les tragédies de Racine », art. cit., p. 79.

biais de l'hypotypose, la concupiscence se répand non pas par la vue, mais par l'imagination sensible du spectateur. Lamy insiste sur la force rhétorique de l'hypotypose, par exemple dans un procès juridique :

> C'est dans la description [...] que triomphe l'éloquence. Ce sont particulièrement les hypotyposes, ou vives descriptions, qui produisent l'effet que l'on attend de son discours, qui font élever dans l'âme les flots de la passion dont on se sert pour faire aller les juges où l'on veut les mener[49].

Les juges chez Lamy deviennent les spectateurs chez Racine. Le dramaturge fait coïncider les moments les plus concupiscents avec les hypotyposes afin de désarmer son public d'un possible préjugé moral contre la volupté, et de lui inspirer, au contraire, des passions semblables[50]. Avec l'hypotypose du coup de foudre d'Ériphile, Racine manipule son spectateur. Rationnellement, celui-ci prend la passion d'Ériphile en horreur, et approuve, par la suite, la condamnation finale de la jeune fille ; émotionnellement, en revanche, le spectateur participe à l'expérience d'Ériphile et ressent de la pitié pour elle. C'est cette *com-passion*, le partage des émotions contre la raison, que redoutent les moralistes. Étant contre la concupiscence charnelle et contre le théâtre, ils n'ont pas de mots assez forts pour condamner la représentation de la passion amoureuse au théâtre, où elle atteint et corrompt la foule. François de Sales évoque une image aussi poignante que répugnante de la contamination par la concupiscence : « ces âmes puantes et cœurs infects ne parlent guère à personne, ni de même sexe ni de divers sexe, qu'elles ne le fassent aucunement déchoir de la pudicité : elles ont le venin aux yeux et en l'haleine comme les basilics »[51].

Les exemples de Néron, de Phèdre et d'Ériphile montrent que le discours imagé du désir charnel peut égaler et renforcer l'expérience de la concupiscence, pour ce personnage lui-même et pour le public. Le discours prononcé incarne les corps physiques et la tension érotique rêvée. L'hypotypose est un théâtre de corps imaginés au sein du théâtre, un lieu où sont permis des actions inadmissibles sur scène. Or si puissantes que les paroles puissent être,

---

49  Bernard Lamy, *op. cit.*, p. 230.
50  Declercq rapproche pareillement l'hypotypose du genre judiciaire : l'auditeur intrascénique est alors invoqué comme témoin, puis comme le juge moral, que l'hypotypose ne parviendrait jamais à persuader entièrement. Declercq conclut sur le niveau du public extra-scénique : « L'échec oratoire de l'hypotypose, flamboyant mais illusoire plaidoyer pour d'impossibles passions, a pour conséquence d'effacer le judiciaire au profit de l'*ekphrasis* : la figure s'adresse alors au regard esthétique du spectateur, et la rhétorique se résorbe en poétique » (« L'hypotypose dans les tragédies de Racine », art. cit., p. 83).
51  François de Sales, *Introduction à la Vie Dévote, op. cit.*, III, 13, p. 169.

au théâtre la chimie entre deux corps, cette force attractive ou répulsive doit également éclater dans les interactions aux yeux des spectateurs.

### 1.2     *La concupiscence montrée : le dialogue passionné*

Au théâtre, la parole de l'acteur, ses gestes et ses expressions doivent fonctionner comme les deux faces de la même médaille, tout comme pour le spectateur la vue accompagne l'ouïe. Aussi l'expression du désir charnel est-elle renforcée quand le récit est énoncé par des corps eux-mêmes offerts à la vue des spectateurs. Cela vaut pour les hypotyposes passionnelles énoncées aux confidents, mais plus encore pour la concupiscence qui perce dans les dialogues entre celui qui désire et celui qui est désiré. Le spectateur veut voir la passion après en avoir entendu parler.

Racine exploite ce genre de confrontations. À l'exception d'Ériphile, ses personnages révèlent leur passion d'abord à eux-mêmes ou à leur confident – la « pré-déclaration »[52], souvent sous la forme d'une hypotypose – pour ensuite passer à la déclaration véritable. S'étant confié à Narcisse, Néron déclare sa passion à Junie ; après un monologue, Antiochus s'explique devant Bérénice ; après le confident Arbate, c'est Monime qui apprend l'amour de Xipharès... Pour ces déclarations, Racine balaye la scène pour ne garder que le « couple » et la confidente de la femme. La présence physique des acteurs sur scène rajoute à la théâtralité et à l'efficacité de la concupiscence. En effet, le public est très sensible à cette proximité de corps désirants, et par conséquent l'entretien privé entre un homme et une femme sur scène est toujours scruté d'un œil méfiant par la critique.

Ce fut le sort – célèbre – du *Cid* de Corneille, dont la *querelle* a marqué une génération entière de dramaturges. Dans ses *Observations sur le Cid*, Georges de Scudéry critique particulièrement la scène où Rodrigue, l'épée ensanglantée en main, fait irruption dans l'appartement de Chimène. Il est, écrit-il, contre toute vraisemblance et bienséance que la solitude – en soi invraisemblable – de Chimène soit employée « à dire effrontement qu'elle ayme, ou plustost qu'elle adore (ce sont ses mots) ce qu'elle doit tant hair »[53]. Pourtant Scudéry fait remarquer, à regret, que c'est précisément cette scène qui « a fait battre des mains à tant de monde ; crier miracle, à tous ceux qui ne scavent pas discerner,

52    Nous empruntons ce néologisme à Jennifer Tamas (« La déclaration d'amour chez Racine : un discours emphatique entre épanchement et brièveté », art. cit.).

53    Georges de Scudéry, *Observations sur Le Cid*, dans *La Querelle du Cid*, éd. Jean-Marc Civardi, Paris, Champion, 2004, p. 367-431, p. 398.

le bon or d'avec l'alchimie, & qui seul a fait la fausse reputation du Cid »[54].
Corneille déploie le même argument de l'émotion du public en sa défense. Il
conclut son *Examen du* Cid en citant Horace : « ce qu'on expose à la vue touche
bien plus que ce qu'on n'apprend que par un récit »[55] et cela vaut par excellence pour les entretiens amoureux :

> [T]ous presque ont souhaité que ces entretiens se fissent ; et j'ai remar-
> qué aux premières représentations, qu'alors que ce malheureux Amant
> se présentait devant elle, il s'élevait un certain frémissement dans l'As-
> semblée, qui marquait une curiosité merveilleuse, et un redoublement
> d'attention pour ce qu'ils avaient à se dire dans un état si pitoyable[56].

Le public se régale de ces moments d'action passionnée montrés sur scène.
Racine en est sans doute conscient, mais les véritables incidents sont néanmoins peu fréquents dans son œuvre, conforme aux règles de la tragédie
classique[57]. De façon plus subtile, le dramaturge fait raconter les incidents
dans des hypotyposes[58], alors que dans les déclarations à proprement parler,
la passion, la tension et la concupiscence percent généralement plus dans
les mots que dans les actes. La grande exception à cette règle est *Phèdre*, où,
comme dans *Le Cid*, une épée donne un tour physique à la déclaration. Celle-ci
est d'autant plus puissante que l'incident est précédé d'une hypotypose – le
fameux fantasme du labyrinthe. Quand Phèdre revient à elle et voit la réaction
horrifiée d'Hippolyte, elle l'incite à la tuer :

> Voilà mon cœur. C'est là que ta main doit frapper.
> Impatient déjà d'expier son offense
> Au-devant de ton bras je le sens qui s'avance.

---

54    *Ibid.*, p. 396.
55    Pierre Corneille, « Examen du *Cid* » dans *Œuvres complètes*, t. I, éd. Georges Couton, Paris,
      Pléiade, 1980, p. 699-707, p. 706.
56    *Ibid.*, p. 702.
57    Dans la préface à *Britannicus*, Racine écrit encore qu'« une des règles du Théâtre est de ne
      mettre en récit que les choses qui ne se peuvent passer en action » (*OC I*, p. 374). Il défend
      ainsi l'apparition sur scène de Junie après la mort de Britannicus. Racine a dû cependant
      admettre que cette apparition était en effet superflue, car il supprime la scène dans l'édi-
      tion suivante.
58    Toutefois l'hypotypose est également limitée par la « pudeur classique » car, comme
      le remarque Morier, le genre de la tragédie répudie les termes bas (sensoriels) et réa-
      listes (Henri Morier, *Dictionnaire de poétique et de rhétorique*, Paris, PUF, 1961, art.
      « Hypotypose », p. 507-508).

Frappe. Ou si tu le crois indigne de tes coups,
Si ta haine m'envie un supplice si doux,
Ou si d'un sang trop vil ta main serait trempée,
Au défaut de ton bras prête-moi ton épée.
Donne.

II, 5, 704-711

Cette scène a été beaucoup commentée par la critique qui a insisté sur la dimension furieusement érotique, corporelle et en cela monstrueuse de l'épisode[59], mais les vers décrivent aussi une des scènes les plus actives et les plus *théâtrales* du théâtre racinien. Goldmann glose le mouvement des corps sur scène : « L'être que cette rencontre des deux univers a laissé terrorisé, et sans force, ce n'est pas Phèdre, c'est Hippolyte. [...] Aussi puisque Phèdre ne fuit pas, il ne reste à Hippolyte qu'à fuir lui-même »[60]. En effet, les vers seuls – car il n'y a pas de didascalies – indiquent une mise en scène où Phèdre persécute Hippolyte, où malgré ses refus et malgré la distance qu'il essaie d'installer entre eux, elle veut désespérément être touchée par lui, sinon par son bras, du moins par son épée.

Cette distribution des rôles est une invention de Racine, qui pourtant s'est inspiré de Sénèque pour cette scène[61]. L'usage de l'épée et l'action physique se trouvent, en effet, préfigurés dans la pièce antique :

PHÈDRE. – [P]artout où tu porteras tes pas, là je serai poussée par ma démence. À nouveau, être atelier [*superbe*], je me roule à tes genoux.

---

59    Pour Charles Mauron le geste de Phèdre qui s'empare de l'épée d'Hippolyte est « castrateur » (*L'Inconscient dans l'œuvre et la vie de Racine*, op. cit., p. 162) et correspond au viol dont Œnone accusera Hippolyte (*Phèdre*, Paris, Corti, 1968, p. 89). À la suite de Sénèque, Mauron et Barthes soulignent la dimension contagieuse du désir de Phèdre contaminant l'épée (*Ibid*, p. 89-91 ; Roland Barthes, *Sur Racine*, op. cit., p. 117). Comme Phèdre elle-même, plusieurs critiques ont associé le corps désirant de la reine aux monstres présents dans la tragédie : pour Orlando le monstre est l'inceste même « [m]ais le châtiment invoqué était difficile à distinguer d'un supplice d'amour » (Francesco Orlando, *Lecture freudienne de Phèdre*, trad. Danièle et Thomas Aron, Paris, Les Belles Lettres, 1986, p. 92-93) ; Williams y voit la tentative de Phèdre de réaliser le fantasme héroïque d'Hippolyte (Wes Williams, *Monsters and their Meanings in Early Modern Culture*, Oxford, Oxford UP, 2011, p. 293).

60    Lucien Goldmann, *Le Dieu caché*, op. cit., p. 434-435.

61    Dans sa préface Racine met en avant l'exemple d'Euripide, mais la critique contemporaine n'est pas dupe et a directement repéré l'influence de Sénèque (voir : *Dissertation sur les tragédies de Phèdre et Hippolyte*, OC I, p. 889). Sur l'influence à la fois présente et réprimée de Sénèque dans la *Phèdre* de Racine, voir : Roy C. Knight, *op. cit.*, p. 334-367, William Levitan, « Seneca in Racine », *Yale French Studies*, 76, 1989, p. 185-210 ; Helen Slaney, *The Senecan Aesthetic. A Performance History*, Oxford, Oxford UP, 2016, p. 146-163.

HIPPOLYTE. – Bien loin de mon corps pur, écarte ton contact impudique... Qu'est-ce là? Elle ose se précipiter pour m'étreindre? Tirons notre épée, qu'elle subisse jusqu'au bout un supplice qu'elle a mérité. Allons, tordant ses cheveux, j'ai, de ma main gauche, renversé en arrière sa tête impudique : jamais un sang n'a été plus légitimement offert à tes autels, déesse qui portes l'arc. (v. 702-709)[62]

Face à la déclaration de Phèdre, l'Hippolyte de Sénèque explose de rage. Recourant à la violence, il prononce, lui, la menace de mort. Phèdre s'y soumet avidement, il est vrai, et exprime son désir de signifier quelque chose pour Hippolyte. L'accent dans la scène se déplace néanmoins de la passion coupable de Phèdre à la colère et la haine d'Hippolyte. Contrairement à l'Hippolyte interdit de Racine, celui de Sénèque reprend le contrôle, repousse Phèdre et quitte la scène en premier. Dans ses *Remarques sur les tragédies de Jean Racine*, Louis Racine défend l'adaptation de son père contre Sénèque, qui au XVIIe siècle représente « l'obscénité » et la « violence sexuelle »[63] :

[I]l n'a garde de suivre un si mauvais Original, en mettant Phèdre aux genoux d'Hippolyte, & même voulant l'embrasser. [...] Le Poëte François ne suit pas de pareils modeles : si tôt que Phèdre se voit rebutée, elle doit pour sauver sa gloire, [...] demander la mort, & se la vouloir donner, en se jetant sur l'épée d'Hippolyte[64].

Par gloire, ou par fureur amoureuse – mais certainement pas par pudeur –, la Phèdre de Racine ne se met pas aux genoux d'Hippolyte, et Racine a également omis le contact physique initié par ce dernier. Il s'ensuit que les corps de Phèdre et d'Hippolyte ne se touchent pas pendant la scène, mais se frôlent et s'esquivent seulement. Racine a écarté ainsi la corporalité de l'exemple romain, mais – et il le sait très bien – il ne l'a fait qu'en apparence[65]. Il se crée un puissant champ d'énergie entre ces personnages, augmentant la tension érotique,

---

62 Sénèque, *Phèdre*, dans *Tragédies*, t. I, éd. et trad. François-Régis Chaumartin, Paris, Les Belles Lettres, 1996, p. 197-253, p. 231.

63 Helen Slaney, *op. cit.*, p. 148.

64 Louis Racine, *Remarques sur les tragédies de Jean Racine*, t. II, Amsterdam, M.M. Rey/ Paris, Desaint et Saillant, 1752, p. 171-172.

65 « Superficially, Racine claims to be translating and even improving a Euripidean text, with the associated cachet of Greek cultural refinement, but even in the prologue he cannot avoid a glimpse of Latin corporeality, breaking the glittering surface like a shark's fin. » (Helen Slaney, *op. cit.*, p. 148). Levitan soutient le même argument à propos de la violence caractéristique de Sénèque dans le récit de Théramène (*op. cit.*, p. 206-210).

qui éclate au moment où Phèdre s'empare de l'épée. La chorégraphie de ces deux corps en émoi est merveilleusement rendue dans la gravure de Gravelot, incluse dans l'édition de 1768 des *Œuvres de Racine*[66]. Déterminée, Phèdre y tire l'épée du fourreau d'Hippolyte alors que celui-ci se détourne d'elle avec horreur[67]. Aussi l'image de ce livre, en ce qu'elle traduit la fureur amoureuse de Phèdre s'élançant vers Hippolyte, sert-elle de compensation pour le lecteur qui ne peut voir la scène incarnée au théâtre. Le théâtre, en effet, occupe une position intermédiaire dans la concurrence antique entre les arts poétiques et les arts picturaux, où l'*ekphrasis* disputait à la peinture le privilège de mieux rendre compte des choses[68]. Surtout dans la tragédie classique, nous l'avons vu, la parole peut effectivement se substituer aux actions, mais l'expérience théâtrale ne peut entièrement se passer de la vue. La gravure satisfait donc le désir de *voir* du lecteur, dans la mesure où elle peut compléter les visions voluptueuses imaginées grâce aux descriptions vives[69].

En ce qui concerne la réception dans la salle du théâtre, on ne s'étonnera pas que l'épisode de l'épée et son spectacle de tension érotique ne soient pas passés inaperçus, le spectateur du XVIIe siècle portant une grande attention

---

66    Sur la gravure en question, conservée au Musée du Petit Palais, voir notamment : Marie-Claire Planche, *De l'iconographie racinienne. Dessiner et peindre les passions*, Turnhout, Brepols, 2010.

67    « La composition qui affiche une certaine violence, propose des mouvements suffisamment expressifs dans lesquels le bras tendu, le poing serré et la bouche ouverte de Phèdre témoignent de sa détermination » (Marie-Claire Planche, « Ombre et lumière dans *Phèdre* de Jean Racine », *Textimage*, « Varia 3 », 2013 [en ligne, consulté le 18 décembre 2019]).

68    Au XVIIe siècle, le prince de Conti distingue l'imitation théâtrale de celle des récits : « [L]a Comédie [...] est une véritable peinture : les paroles y peignent les pensées ; et l'action [y peint] les actions et les choses. Et si cette définition peut convenir en quelque sorte à l'histoire et à la fable, le poème dramatique a cela de différent d'elles, qu'outre qu'elles ne lui servent que de matière, *il nous fait voir les choses comme présentes*, que l'histoire et la fable nous racontent comme passées ; et qu'il les représente d'une manière vive, animée, et pour ainsi dire personnelle, au lieu que l'histoire et la fable ne nous les font voir que d'une manière morte et sans action. » (*op. cit.*, p. 196, nous soulignons). Chapelain prescrivait en effet que « l'imitation en tous poèmes doit être si parfaite qu'il ne paraisse aucune différence entre la chose imitée et celle qui imite ». Bien que valable pour « tous les genres de la poésie », cette prescription « semble particulièrement encore regarder la scénique en laquelle on ne cache la personne du poète que pour mieux surprendre l'imagination du spectateur et pour le mieux conduire sans obstacle à la créance que l'on veut qu'il prenne en ce qui lui est représenté » (Jean Chapelain, *Lettre sur la règle des vingt-quatre heures*, dans *Opuscules critiques*, éd. Alfred Hunter et Anne Duprat, Genève, Droz, 2007, p. 222-234, p. 223-224).

69    Ainsi l'on comprend mieux le choix du sujet des gravures, qui reprennent généralement les scènes les plus théâtrales, qu'elles aient eu lieu sur scène (l'évanouissement d'Esther ou d'Atalide) ou non (la mort d'Hippolyte).

à la corporalité des acteurs et personnages[70]. Une telle composition ambiguë de corps, montrée sur scène, a de quoi s'attirer les critiques. Comme pour *Le Cid*, la présence de l'épée accompagnée de déclarations passionnelles et criminelles subit des attaques fondées sur la vraisemblance et la bienséance, que Racine aurait abandonnées au profit du plaisir de son public :

> [C]ette scène [...] serait assurément une des plus belles du Théâtre, si elle n'était souillée par le crime détestable qu'elle étale avec tant d'art à nos yeux, et par les infâmes idées d'inceste qu'elle nous renouvelle à chaque Vers, et si elle n'était enfin gâtée par l'épée que Phèdre tire du côté d'Hippolyte, pour se tuer de honte et de désespoir [...]. Cette épée tirée est un incident à faire pitié, qui n'a ni fondement, ni vraisemblance ; car si M. Racine a eu quelque sujet d'exposer à nos yeux cette violente action, c'est assurément pour donner un beau jeu à sa Pièce[71].

L'auteur anonyme de cette *Dissertation sur les tragédies de Phèdre et Hippolyte* signale deux problèmes dans la scène en question : en premier lieu la violence sexuellement connotée comprise sous le terme d'inceste, et en second lieu l'incident de l'épée qui confirme la domination de Phèdre – « Il n'est pas vraisemblable [...] qu'Hippolyte demeure comme une souche après qu'on lui a pris son épée »[72]. Racine savait sans aucun doute qu'il prenait un risque à intégrer ce double héritage de Sénèque dans sa pièce. À titre de comparaison, son contemporain Jacques Pradon a jugé plus prudent de ne pas faire mention de l'épée dans son adaptation rivale de l'histoire de Phèdre et Hippolyte, et sa Phèdre – comme celle de Gabriel Gilbert (dans son *Hipolyte ou le Garçon insensible*, 1647) et celle de Mathieu Bidar (dans *Hippolyte*, 1675) – n'est pas encore mariée à Thésée, de sorte qu'il n'est pas question d'inceste ou d'adultère[73].

---

70  À titre indicatif, un sonnet de 1677 ridiculisant la *Phèdre* de Racine comporte une description très physique de La D'Ennebaut qui joue Aricie : « Une grosse Aricie au cuir rouge, aux crins blonds, / N'est là que pour montrer deux énormes tétons. » (*Sonnet* (1677), NCR, p. 96).

71  *Dissertation sur les tragédies de Phèdre et Hippolyte, op. cit.*, p. 889.

72  *Id.*

73  Voir : Guérin de La Pinelière, Gabriel Gilbert et Mathieu Bidar, *Le Mythe de Phèdre. Les Hippolyte français du dix-septième siècle*, éd. Allen G. Wood, Paris, Champion, 1996. Quant à l'adaptation de Racine, Knight estime que le sujet étant autant « détruit » au cours des dernières années, « [t]out invitait l'interprète attiré d'Euripide à intervenir [...]. Les textes, latin et grec, délaissés, Racine y revient ; non cependant sans que sa pièce ne conserve maint souvenir de Gilbert et même de Bidar et même de Tristan [i.e. de sa tragédie *La Mort de Chrispe*, où la reine Fauste tombe amoureuse de son beau-fils Chrispe] » (Roy C. Knight, *op. cit.*, p. 336-337). Racine emprunte à eux l'idée de l'Hippolyte amoureux,

De toute évidence, la scène de la déclaration de Phèdre chez Pradon est beaucoup moins fidèle à Sénèque. Le jeune dramaturge a altéré la structure de la pièce et a combiné en une scène la déclaration de Phèdre et l'aveu d'Hippolyte de son amour pour Aricie. Par conséquent, la jalousie rageuse de Phèdre éclate en même temps que sa passion :

PHÈDRE
Tremble : je la connais. Phèdre dans son malheur
Lui fera voir dans peu sa rivale en fureur ;
Car dans mon désespoir et ma douleur extrême
Je rougirais, ingrat, de dire que je t'aime.

HIPPOLYTE
Moi, Madame ?

PHÈDRE
                    Oui, toi. C'en est fait pour jamais ;
Je t'aimais, il est vrai, barbare, et je te hais...
Mille fois dans mes yeux ma flamme a dû paraître.
Infidèle à Thésée, et toute [sic] entière à toi,
Tu lui volais mon cœur, mes serments et ma foi.
Oui, cruel ; et c'est-là ce qui me désespère.
Rends-moi mon cœur, ingrat, pour le rendre à ton père.
                    III, 4, 1003-1014[74]

La Phèdre de Pradon n'est que reproches et menaces de vengeance. Comme l'indique l'usage des temps verbaux : elle *aimait*, mais à présent ne fait plus que *haïr*. Elle réclame d'Hippolyte le cœur qu'il lui aurait volé, là où la Phèdre de Racine supplie Hippolyte de faire l'inverse : de regarder, de saisir et de percer son cœur. S'ensuit une tension et une scénographie sensuelles chez Racine, alors que la seule diction chez Pradon ne réussit pas à animer les corps – la matérialité corporelle est limitée à la rougeur et à d'autres expressions faciales.

---

alors qu'il aurait également pu suivre les adaptations plus fidèles à Sénèque de Garnier (1573) et de La Pinelière (1637). Le compromis de Racine montre, selon Forestier, qu'il est conscient du fait qu'il fallait « contrebalancer l'horreur des sentiments de Phèdre » (*Jean Racine, op. cit.*, p. 542). Sur l'influence du théâtre français dans *Phèdre*, voir notamment : Tristan Alonge, *Racine et Euripide. La révolution trahie*, Genève, Droz, 2017, chap. V « *Phèdre* ou Euripide abandonné ».

74   Jacques Pradon, *Phèdre et Hippolyte*, dans *Théâtre du XVIIe siècle*, t. III, éd. Jacques Truchet et André Blanc, Paris, Pléiade, 1992, p. 95-154.

Le spectacle renforce pourtant la passion. Pradon a voulu se montrer prudent en polissant la théâtralité et l'amour de la pièce antique ; or la passion renforce également le spectacle en retour.

Aussi Pradon n'échappe-t-il pas non plus à la critique. Donneau de Visé écrit dans *Le Nouveau Mercure Galant* que « c'est ne l'avoir pas traité [le sujet d'*Hippolyte*], que d'avoir éloigné l'image de l'amour incestueux qu'il faloit necessairement faire paroistre »[75]. La passion de la Phèdre de Pradon n'est que banale, selon Donneau de Visé – « on n'a besoin que de suivre le train ordinaire des choses » –, alors qu'il faut « l'adresse d'un grand Maistre » pour s'attaquer à la représentation d'une passion criminelle, telle que celle de la véritable Phèdre[76]. Même si Pradon se félicite lui-même du succès inattendu de sa pièce, il ne faisait aucun doute à l'époque qu'elle ne pouvait réellement concurrencer celle de Racine[77].

Comme le suggèrent les critiques du *Cid* et de la *Phèdre* de Racine, les incidents choquants montrés sur scène, ces actions passionnelles théâtrales ont beau être réprouvées par les censeurs, les spectateurs, eux, les vivent tout autrement. La force de la *Phèdre* de Racine est d'avoir maintenu le scandale ainsi que la théâtralité qui souligne la concupiscence brûlante du personnage éponyme. Les comparaisons avec la tragédie modèle et rivale ont montré que la particularité de Racine réside dans la tension érotique mise en spectacle. En témoignent également les mises en scène modernes de la tragédie. En 1942 par exemple, Jean-Louis Barrault crée une *Phèdre* dans laquelle le désir charnel saute aux yeux : face à un Hippolyte qui ressemble à « un Saint-Sébastien que Phèdre va percer de ses flèches » et qui, « terrifié, s'étire comme s'il voulait échapper à Phèdre verticalement », il imagine une Phèdre qui « s'étire, elle aussi, mais de désir : en se cambrant en arrière », une Phèdre qui « en se déchirant ses vêtements, [...] découv[re] une partie de son sein »[78]. De même, une mise en scène plus récente par Patrice Chéreau souligne cette pulsion érotique incommensurable de Phèdre, qui dénude sa poitrine sur scène. Le metteur en scène peut ainsi augmenter la théâtralité de l'événement et créer un effet de choc non seulement pour Hippolyte[79], mais également pour les spectateurs. Leur expérience se rapprocherait ainsi de ce qu'a dû ressentir le public du

---

75     Jean Donneau de Visé, *Le Nouveau Mercure Galant*, janvier-mars 1677, Paris, Th. Girard, 1677, p. 21.

76     *Ibid.*, p. 20-21.

77     Sur cette confrontation des deux *Phèdre* et les attestations erronées du triomphe de Pradon, voir Georges Forestier, *Jean Racine, op. cit.*, p. 549-559.

78     Jean-Louis Barrault, *Mise en scène de Phèdre de Racine*, Paris, Seuil, 1946, p. 120-123.

79     Voir : Michael Hawcroft, « Comment jouait-on le rôle d'Hippolyte dans la *Phèdre* de Racine ? », *Dix-septième Siècle*, 231, 2006, p. 243-275, p. 259.

XVII<sup>e</sup> siècle devant l'entretien de Phèdre et d'Hippolyte et devant la représentation charnelle de la passion[80].

Une telle démonstration scandaleuse sur scène en entraîne nécessairement une autre : une Phèdre qui, contre toute convention, montre sa *libido* sur scène doit également, contre toute convention, expier sa faute et mourir sur scène. Dans le monde de références chrétiennes de Racine, la concupiscence ne va pas sans punition.

### 1.3    *La condamnation :* Esther *et* Athalie

Il n'est pas difficile de faire une lecture moralisante de l'usage de la concupiscence dans *Phèdre* et les autres tragédies[81]. Racine suivrait alors une vision du monde augustinienne, selon laquelle la concupiscence est née de la première désobéissance de l'homme. Le désir charnel n'est alors rien d'autre qu'une punition infligée par Dieu semant la désobéissance dans l'âme et le corps de l'homme : « Qu'importe la raison pour laquelle notre chair autrefois soumise nous est à charge par sa révolte, pourvu qu'on y voie un effet de la justice de Dieu notre Maître auquel nous, ses sujets, nous avons refusé d'obéir »[82]. Après un péché d'orgueil, l'esprit de l'homme perd le contrôle du corps ; l'âme est en « désaccord avec la passion corporelle »[83].

Ce désaccord entre le corps et l'âme est transposé dans les tragédies de Racine en une lutte permanente entre le cœur et la raison. De même, la passion amoureuse est plus d'une fois perçue comme une punition. Pour les personnages d'Ériphile et de Phèdre, le parallèle avec la Chute se développe même davantage, car comme les descendants d'Adam et Ève, elles portent la faute de leurs parents – leur concupiscence illicite – dans leur sang et sont en proie à une force qu'elles n'ont pas déclenchée elles-mêmes. Cette concupiscence se produit en outre après un choc visuel, égal à celui éprouvé par les premiers hommes lorsque le désir charnel s'installe dans le monde. Les mots de la Genèse sont célèbres : « Leurs yeux s'ouvrirent à tous deux ; ils s'aperçurent qu'ils étaient nus »[84]. Pour Adam et Ève, ce moment signifie le début de leur

---

80    « Barrault [...] tente de restituer sur scène la passion dans toute son existence charnelle : certains critiques hurlent à la trivialité devant le jeu de Marie Bell. » (Anne-Françoise Benhamou, « Racine, de Copeau à Vitez : des rencontres sous le signe du paradoxe », dans Gilles Declercq et Michèle Rosellini (éds), *Jean Racine 1699-1999, Actes du colloque du tricentenaire de Racine*, Paris, PUF, 2003, p. 41-52, p. 44).

81    Voir, entre autres, les lectures de *Phèdre* par Chateaubriand, Mesnard, Goldmann...

82    Augustin, *La Cité de Dieu*, t. II/1, *op. cit.*, XIV, 15, p. 206.

83    *Id.*

84    *Ibid.*, XIV, 17, p. 209. À comparer avec la traduction de Lemaître de Sacy : « leurs yeux *furent* ouverts à tous deux ; ils reconnurent qu'ils étaient nus » (*Genèse*, III, 7, dans *La Bible, op. cit.*, p. 9, nous soulignons).

mortalité ; pour les personnages consumés par la passion chez Racine, ce choc annonce une mort imminente.

C'est ainsi que Racine justifie le spectacle de la volupté : par la punition finale. Selon cette lecture moralisante qui condamne tout amour profane excessif, les deux tragédies bibliques de Racine, en opposition aux pièces profanes, devraient offrir et défendre la solution salvatrice de l'amour de Dieu. Or, la sensualité corporelle n'est pas tout à fait éliminée dans *Esther* et *Athalie*, ce qui n'étonne pas vraiment. Au début du siècle, François de Sales adopte un point de vue accommodant et modéré sur l'amour (physique) entre deux êtres humains, car il reconnaît les vertus de l'amour conjugal, la « pépinière du Christianisme »[85]. L'amour physique, source de *plaisir*, n'est pas évacué de son discours. L'union corporelle du couple est leur « devoir nuptial »[86], et même les simples caresses amoureuses s'avèrent importantes :

> Le grand saint Louis, également rigoureux à sa chair et tendre en l'amour de sa femme, fut presque blâmé d'être abondant en telles caresses, bien qu'en vérité il méritât plutôt louange de savoir démettre son esprit martial et courageux à ces menus offices requis à la conservation de l'amour conjugal ; car bien que ces petites démonstrations de pure et franche amitié ne lient pas les cœurs, elles les approchent néanmoins, et servent d'un agencement agréable à la mutuelle conversation[87].

C'est dans ce sens qu'il faut comprendre la relation conjugale entre Esther et le roi Assuérus, où la sensualité corporelle tient une place centrale. Au milieu de cette pièce, Esther est contrainte d'interpeller son sévère époux pour lui demander le salut du peuple juif. D'abord d'un air farouche, Assuérus s'étonne qu'elle ose le déranger, mais quand il voit Esther s'évanouir, il est aussitôt attendri. Esther a séduit son époux par ses charmes corporels : dans sa grâce convergent la séduction profane et l'influence divine. En effet, Assuérus a du mal à déterminer l'origine de son intérêt pour Esther : « Je ne trouve qu'en vous *je ne sais quelle* grâce, / Qui me charme toujours, et jamais ne me lasse. » (II, 7, 669-670, nous soulignons). Dans les vers suivants, il touche pourtant, sans le savoir, à l'essence même du « charme » sublime d'Esther :

---

85   François de Sales, *Introduction à la Vie Dévote, op. cit.*, III, 38, p. 233.
86   Voir : *ibid.* III, 39, p. 241.
87   *Ibid.*, III, 38, p. 237.

> De l'aimable Vertu doux et puissants attraits !
> Tout respire en Esther l'innocence, et la paix.
> Du chagrin le plus noir elle écarte les ombres,
> Et fait des jours sereins de mes jours les plus sombres
>     II, 7, 671-673

La *vertu* d'Esther n'est rien d'autre que son amour pour le Dieu des Juifs, qui fait également qu'elle se prononce pour la *paix* dans le royaume. Aussi la tendresse que ressent Assuérus pour Esther provient-elle d'une inspiration divine. Le chœur explique la réaction bienveillante du roi ainsi : « Dieu, notre Dieu sans doute a versé dans son cœur / Cet esprit de douceur » (II, 8, 725-726). Cette intervention céleste est aussi la raison pour laquelle l'amour d'Assuérus pour Esther dépasse la simple concupiscence : dans les effets bénéfiques de cet amour intervient la main de Dieu. Aidée par lui, Esther est capable de dissiper non seulement la colère de son époux, mais également la mélancolie de ses journées les plus sombres. On est alors à l'extrême opposé du désenchantement qui accompagne ordinairement la concupiscence :

> Pour contenter ses frivoles désirs,
> L'homme insensé vainement se consume.
> Il trouve l'amertume
> Au milieu des plaisirs.
>     II, 8, 794-797

Alors que l'amour de Dieu est un rayon de lumière aux moments sombres, la concupiscence ne crée que « l'amertume / Au milieu des plaisirs ». Dans ce chant du chœur Racine glisse une condamnation de la volupté, mais la pièce et surtout sa vertueuse héroïne éponyme n'en seront pas moins critiquées pour cette même volupté. Bien que mise au profit de la religion, la sensualité d'Esther est controversée, car le personnage séduit non seulement son époux, mais également le public, comme l'a bien montré Sylvaine Guyot[88]. En cela, le charme du corps d'Esther – le personnage – est doublé de celui des jeunes et vertueuses élèves de Saint-Cyr – les actrices. En effet, comme la scène de l'épée dans *Le Cid* et dans *Phèdre*, l'évanouissement d'Esther est une action physique et passionnelle qui se produit sur scène, sous les yeux des spectateurs (et sous ceux des lecteurs, grâce à la gravure de Le Brun, qui accompagne les éditions de 1689 et de 1697[89]). Malgré ses ambitions chrétiennes, *Esther* est un véritable

---

88    Sylvaine Guyot, *Racine et le corps tragique, op. cit.*, p. 60-67, et p. 219-220.
89    Pour une reproduction de la gravure, voir : *OC I*, p. 952.

spectacle, un spectacle augmenté de musique et de chants, qui plus est. Et comme tout ce qui est beau et plaît aux sens peut susciter la première concupiscence auprès des spectateurs, Racine doit néanmoins craindre les critiques, non pas au niveau du texte, cette fois-ci, mais au niveau de la mise en scène. C'est pourquoi le prologue essaie d'attirer l'attention vers le message chrétien pour faire oublier la nature frivole et divertissante du spectacle :

> Et vous, qui vous plaisez aux folles passions,
> Qu'allument dans vos cœurs les vaines fictions,
> Profanes amateurs de Spectacles frivoles,
> Dont l'oreille s'ennuie au son de mes paroles,
> Fuyez de mes plaisirs la sainte austérité.
> Tout respire ici Dieu, la paix, la vérité. (65-70)

Cette tentative de déjouer la critique au niveau de la mise en scène échoue cependant. La réception d'*Esther* n'est pas unanime : alors que le janséniste Antoine Arnauld se permet d'applaudir dans la pièce « la grandeur de Dieu, [et] le bonheur qu'il y a de le servir »[90], d'autres critiquent amèrement le fait que des jeunes filles soient offertes en spectacle aux galants de la Cour. Les propos attribués à Madame de Lafayette expriment l'inquiétude et le doute à l'égard de l'effet de ces représentations sur les mœurs des filles :

> [Q]uelquefois les choses les mieux instituées dégénèrent considérablement et cet endroit qui, maintenant que nous sommes dévots, est le séjour de la vertu et de la piété, pourra quelque jour, sans percer dans un profond avenir, être celui de la débauche et de l'impiété. Car de songer que trois cents jeunes filles, qui y demeurent jusqu'à vingt ans, et qui ont à leur porte une cour de gens éveillés… de croire, dis-je, que de jeunes filles et de jeunes hommes soient si près les uns des autres sans sauter les murailles, cela n'est presque pas raisonnable[91].

La crainte de Madame de Lafayette sera confirmée par plus d'une « chronique scandaleuse » qui débite « mille petits contes » sur les filles de Madame de Maintenon, qui dirigerait la maison de Saint-Cyr comme si c'était « une manière de sérail »[92]. Le charme de la pièce de théâtre pure est aussi le charme des jeunes filles pures.

---

90    Antoine Arnauld, *Lettre au Landgrave Hesse* (13 avril 1689), NCR, p. 241.
91    Madame de Lafayette (attribués à), *Mémoires de la Cour de France* (1689), NCR, p. 247.
92    Gatien de Courtilz de Sandras, *Mercure Historique et Politique* (1692), NCR, p. 288.

Dans sa dernière tragédie, Racine semble donc ne plus prendre aucun risque : les dangereuses tentations de la volupté, ce dangereux basilic qui corrompt en un seul coup d'œil, seront finalement vaincues dans *Athalie*, par le personnage de Joas. « [D]u Méchant l'abord contagieux / N'altère point son innocence » (II, 9, 774-775) : le chœur d'Israélites loue la vertu de Joas, qui incarne l'attitude prescrite par Augustin face à la volupté. Comme la pièce est initialement conçue pour les filles de Saint-Cyr, il ne s'agit évidemment pas ici de la tentation sexuelle, mais des autres plaisirs sensuels, comme le lucre et la vanité, symbolisés par la reine Athalie : « pour l'or [elle a une] soif insatiable » (I, 1, 48). Quand Athalie demande à Joas, « Quel est tous les jours votre emploi » (II, 7, 661), Joas lui répond qu'il se contente d'« adore[r] le Seigneur » (662), car « [t]out profane exercice est banni de son Temple [de Dieu] » (672). Étonnée de son sérieux, Athalie essaie de le séduire, et l'invite à la suivre dans son palais où « [l]es plaisirs [...] [le] chercheront en foule » (687) et où elle pourrait lui « faire part de toutes [s]es richesses » (695). Joas décline la proposition : « Il brave le faste orgueilleux, / et ne se laisse point séduire » (II, 9, 753-754). Autant le chœur chante Joas et Dieu, autant il critique la suite d'Athalie :

> Rions, chantons, dit cette Troupe impie,
> De fleurs en fleurs, de plaisirs en plaisirs
> Promenons nos désirs.
> Sur l'avenir, insensé qui se fie.
> De nos ans passagers le nombre est incertain.
> Hâtons-nous aujourd'hui de jouir de la vie,
> Qui sait si nous serons demain !
>
> II, 9, 820-826

La boucle est bouclée. Comme dans *Esther*, le chœur dans *Athalie* imite le discours léger des plaisirs du sens et contient ainsi un vague souvenir des petites pièces galantes du jeune Racine incitant ouvertement aux jouissances frivoles. À la fin de sa carrière, Racine a recours au même schéma et aux mêmes motifs, mais cette fois pour condamner sévèrement la volupté. Racine s'est définitivement rangé. Désormais moraliste, chrétien dévot et père de famille exemplaire, Racine reste pourtant excellent dramaturge. Plus encore qu'*Esther*, plus même que *Phèdre*, *Athalie* n'est que spectacle et théâtralité, que des corps agissants, cachés derrière des rideaux pour être mieux étalés sur scène[93]. C'est la pièce qui dans tout l'œuvre racinien contient le plus de didascalies, dont la

---

93    Pourtant la source biblique ne se caractérise pas par sa dramaticité : on n'y lit rien sur ce
       moment précis dans le règne d'Athalie et il n'y a pas d'affrontement direct entre Athalie

plus importante est la suivante : « *Ici le fond du Théâtre s'ouvre. On voit le dedans du Temple, et les Lévites armés sortent de tous les côtés sur la Scène* » (v, 5, après le vers 1730). La représentation d'une telle embuscade sur scène satisferait tout « amateur de spectacles frivoles ». Racine se permet-il plus d'actions sur scène sous couvert d'un message chrétien ? Pour le spectateur en revanche, l'effet d'émerveillement d'une intervention divine ne diffère pas tant de celui visé par les machines des opéras profanes. Ainsi la concupiscence et tout désir frivole sont punis sur scène, mais le spectateur est incité, quant à lui, à prendre plaisir à voir et à entendre ces représentations.

· · ·

Racine connaît le discours sur la concupiscence, oculaire, désobéissante, mais surtout blâmable. Il est contraint de la condamner, en punissant les personnages les plus libidineux dans les tragédies profanes, et en proposant un contre-exemple vertueux dans les tragédies bibliques. Avant d'anéantir le désir charnel ou matériel de ses protagonistes cependant, Racine le fait voir. Il l'évoque par le biais des formulations, des images ou des gestes plus que suggestifs. Ayant recours aux hypotyposes, les héros tragiques dévoilent leur propre désir incontrôlable, se livrant sans cesse au fantasme érotique, tandis que leurs descriptions imagées entraînent avec eux les spectateurs qui se représentent l'action dans l'imagination. Par une contagion théâtrale de la concupiscence, le fantasme du personnage devient ainsi celui du spectateur. Appréhendées par les moralistes, ces *pensées* voluptueuses sont d'autant plus pernicieuses qu'elles n'obéissent à personne.

Racine ne masque toutefois pas toujours ses infractions à la vraisemblance ou à la bienséance sous une hypotypose ; parfois il étale la volupté sur scène, disposant des corps physiques de ses acteurs. Ainsi la prise de l'épée d'Hippolyte par Phèdre et l'évanouissement d'Esther rendent la concupiscence inévitable au niveau de l'histoire, tandis que ces incidents servent également à propager la sensualité de ses personnages au-delà du quatrième mur de la scène[94] et à contaminer le public. Dans les tragédies bibliques surtout, il y a ainsi un décalage entre d'une part l'expérience théâtrale de la mise en scène spectaculaire et de l'autre le message moral qui condamne explicitement les « frivoles

---

et son petit-fils. Sur la réorganisation de l'histoire par Racine afin d'augmenter les effets dramatiques, voir : Georges Forestier, *Jean Racine, op. cit.*, p. 715-718.

94   Le concept dramatique du quatrième mur virtuel ne sera formulé que le siècle suivant par Denis Diderot : « Imaginez, sur le bord du théâtre, un grand mur qui vous sépare du parterre ; jouez comme si la toile ne se levait pas » (*De la poésie dramatique*, dans *Œuvres esthétiques*, éd. Paul Vernière, Paris, Classiques Garnier, 1959, p. 179-287, p. 231).

désirs » des personnages représentés comme des spectateurs. La critique l'a fait remarquer sévèrement, mais les pièces n'en « charment » pas moins. En somme, Racine condamne en apparence la première concupiscence, mais en réalité s'en sert, en la mettant en scène et en l'orchestrant intelligemment pour susciter et garder l'intérêt de son public.

## 2    La curiosité

« Excité d'un désir curieux / Cette nuit je l'ai vue arriver en ces lieux » (II, 2, 385). Néron est étonné, excité, terrassé par Junie ; il est obsédé par elle. Il l'étudie, l'interroge, épie sa moindre expression. La volupté, cette première concupiscence, vient rarement non accompagnée dans les tragédies de Racine. Le personnage de Néron et cette excitation du « désir curieux » résument la deuxième concupiscence et expliquent en même temps pourquoi Augustin la joint souvent à la volupté :

> [U]ne autre sorte de convoitise [...] qui porte non pas sur une délectation prise dans la chair mais sur une expérience faite par la chair : c'est une vaine curiosité qui s'affuble du nom de connaissance et de science. Et comme elle réside dans le désir de connaître et que les yeux sont parmi les sens les principaux agents de la connaissance, l'oracle divin l'a nommée *concupiscence des yeux*[95].

Après la perversion érotique du regard, Augustin condamne l'instrumentalisation curieuse du regard. La deuxième concupiscence est une « passion d'expérimenter et de connaître »[96]. Il s'agit là de *tout* connaître, car la curiosité s'intéresse non simplement aux belles choses, comme le fait la volupté, mais tend également à recueillir toutes sortes d'impressions, même celles qui font le plus horreur, qui attristent, qui font pâlir. C'est par curiosité que l'on assiste à des pièces de théâtre, que nos yeux s'intéressent à la fiction. La curiosité est la motivation de tout vain divertissement, de la science et de la philosophie. Elle est concupiscence et condamnable parce qu'elle éloigne de Dieu. Au XVIIᵉ siècle, à la suite d'Augustin, Pascal appelle la curiosité « inquiète » et « inutile »[97] et la combat par la foi chrétienne et la confiance en Dieu. À la vue

---

95   Augustin, *Les Confessions*, t. II, *op. cit.*, X, 35, 54, p. 239.
96   *Ibid.*, X, 35, 55, p. 241.
97   Blaise Pascal, *Pensées, op. cit.*, fr. 618, p. 459-460.

des merveilles de l'univers, il convient mieux, écrit Pascal, de les admirer et de les « contempler en silence que [de] les rechercher avec présomption »[98].

Or chez Racine, la curiosité ne s'intéresse plus tant aux arcanes de la vie humaine ou aux mystères des travaux divins qu'elle se tourne vers l'homme et ses passions. Elle suit en cela l'évolution sécularisante que lui attribuent Blumenberg et Kenny[99] et illustre les observations de Foucault qui établit dans le premier tome de l'*Histoire de la sexualité*, intitulé *La volonté de savoir*, un rapport dès l'ère classique entre une curiosité institutionnelle – venant principalement des autorités religieuses – et l'abondance croissante des discours sur la sexualité. Désormais l'homme est appelé à tout dire, même et surtout ses pensées les plus intimes :

> [L]a Contre-Réforme [...] accorde de plus en plus d'importance dans la pénitence [...] à toutes les insinuations de la chair : pensées, désirs, imaginations voluptueuses, délectations, mouvements conjoints de l'âme et du corps, tout cela désormais doit entrer, et en détail, dans le jeu de la confession et de la direction[100].

En d'autres termes – toujours ceux de Foucault –, le christianisme « a imposé aux individus de manifester en vérité ce qu'ils sont, [...] [sous la forme] d'une manifestation en profondeur des mouvements les plus imperceptibles des "arcanes du cœur" »[101]. C'est ainsi que la « volonté de savoir » permet aux institutions du pouvoir de maintenir leur emprise sur la société et de la contrôler[102].

Contrairement aux grandes évolutions sociales repérées par Foucault, les tragédies de Racine se concentrent sur une microsociété d'une ou deux

---

98   *Ibid.*, fr. 230, p. 263.

99   Sur l'évolution ou la sécularisation de la perception de la curiosité à l'égard des secrets de la nature, voir : Hans Blumenberg, *La Légitimité des Temps modernes*, trad. Marc Sagnol *et al.*, Paris, Gallimard, 1999. Neil Kenny montre également que le xviie siècle marque un tournant dans la connotation de la curiosité, désormais moralement plus neutre, voire positive (*The Uses of Curiosity in Early Modern France and Germany*, Oxford, Oxford up, 2004, p. 4). Sur les différentes conceptions de la curiosité au xviie siècle, voir également : Nicole Jacques-Chaquin et Sophie Houdard, *Curiosité et Libido sciendi de la Renaissance aux Lumières*, Paris, ens Éditions, 1998, 2 vol.

100  Michel Foucault, *Histoire de la sexualité I : La volonté de savoir*, Paris, Gallimard, 1976, p. 27-28.

101  Michel Foucault, *Du gouvernement des vivants. Cours au Collège de France. 1979-1880*, éd. Michel Senellart, dir. François Ewald et Alessandro Fontana, Paris, Seuil/Gallimard, 2012, « Leçon du 6 février 1980 », p. 100.

102  En cela cette volonté de savoir – la curiosité – sert la troisième concupiscence de la *libido dominandi* (cf. *infra*, chap. 1, 3).

familles. L'exemple de Néron cité plus haut semble pourtant confirmer, au niveau personnel et familial, que la volonté de savoir vise principalement les « arcanes du cœur », dont la connaissance s'avère, en effet, influencer la distribution du pouvoir. Le détour par la pensée foucaldienne permet donc de mieux comprendre le lien entre l'amour et 1. la concupiscence de la chair, 2. la curiosité, 3. le désir de contrôle et de domination, la triade qui se trouve au cœur de ce chapitre. Ainsi, il s'agit moins ici de décoder les regards croisés des personnages sans cesse examinés et examinateurs[103], que de montrer que ces observations méfiantes et menaçantes sont essentiellement une histoire d'amour dramatisée.

Comme l'ont pressenti Augustin et Pascal, la quête curieuse – ici amoureuse – est une concupiscence, parce qu'elle détourne le personnage, obsédé par cette recherche, de toute autre chose. Ainsi de même, elle inspire le sujet de la pièce et prépare la fin tragique. La volonté de savoir met l'amour au cœur des tragédies : pour les personnages – qui désirent avant tout savoir s'ils sont aimés –, et pour les spectateurs et les lecteurs – qui suivent les péripéties de près. Pascal a raison : « Le plus souvent on ne veut savoir que pour en parler »[104]. La curiosité fait le récit chez Racine, fonctionnant comme le moteur de l'action ; et le récit fait la curiosité, tenant en haleine le spectateur, soit parce qu'il partage la curiosité des personnages, soit par l'intermédiaire de l'ironie tragique.

## 2.1      *La nature de la curiosité chez Racine : des arcanes aux replis du cœur*

Selon la conception chrétienne, tout véritable savoir de l'homme passe nécessairement par Dieu. Cette manifestation de foi – et de résistance à la curiosité – sont rares chez Racine, mais c'est bien la devise du grand-prêtre Joad dans *Athalie*. Même quand son temple et le reste de la dynastie juive sont sur le point d'être détruits, Joad ne chancelle pas. Sa confiance inébranlable

---

103    Avant *Histoire de la sexualité I : La volonté de savoir*, Foucault a publié *Surveiller et punir* (Paris, Gallimard, 1975), où il étudie le pouvoir particulier du *regard* surplombant et invisible, tel dans le panoptique imaginé par Bentham. De nombreux critiques ont fait le lien entre la scène racinienne et le panoptique benthamien : « *La tragédie peut se définir comme un spectacle sous le regard permanent de la divinité* [étant la "réalisation d'une justice absolue"] » (Lucien Goldmann, *Jean Racine. Dramaturge*, Paris, L'Arche, 1956, p. 17, c'est l'auteur qui souligne). Voir également l'analyse du sérail dans *Bajazet* par Barthes (*Sur Racine, op. cit.*, p. 99-105). Sur l'examen du visage de l'autre chez Racine, voir l'analyse des « corps sous surveillance » par Sylvaine Guyot (*Racine et le corps tragique, op. cit.*, p. 35-44). C'est également dans ce sens de visages « observés » ou « composés » qu'Hélène Merlin-Kajman mentionne la « nouvelle curiosité » du théâtre racinien (*L'Absolutisme dans les lettres et la théorie des deux corps. Passions et politique*, Paris, Champion, 2000, p. 317-318).

104    Blaise Pascal, *Pensées, op. cit.*, fr. 112 « Orgueil », p. 201.

en Dieu le guide et le garde de toute curiosité vaine. Enfin, la justice divine se réalise et Joad est récompensé par une révélation, une *vision* divine : « C'est lui-même. Il m'échauffe. Il parle. Mes yeux s'ouvrent, / Et les siècles obscurs devant moi se découvrent » (III, 7, 1131-1132). La parole de Dieu est décrite par la métaphore du feu ou de la flamme qui échauffe et éclaircit en même temps.

Or la révélation de Joad est néanmoins source de curiosité pour les autres habitants du temple. L'acte III, au cœur de la pièce d'*Athalie*, se termine par un chant du chœur où perce la « curiosité inquiète » des jeunes filles juives :

> TOUT LE CHŒUR *chante.*
> Ô promesse ! ô menace ! ô ténébreux mystère !
> Que de maux, que de biens sont prédits tour à tour !
> Comment peut-on avec tant de colère,
> Accorder tant d'amour ?
> > III, 8, 1212-1215

Le chœur semble moins curieux de connaître son propre sort que de comprendre la nature des décisions divines et le mystère des Juifs sans cesse persécutés. Comment concilier leur situation malheureuse et leur dévotion ? Inhérente à l'expérience religieuse, cette question peut quelquefois susciter des doutes et le désir de comprendre ce qui est « plac[é] hors de notre portée »[105]. En témoigne la suite du chant : deux des jeunes filles explorent les conséquences prédites pour Sion dans une série de répliques de craintes et d'espoirs interrompue par une troisième jeune fille :

> LA PREMIÈRE
> Je vois tout son éclat disparaître à mes yeux.
> LA SECONDE
> Je vois de toutes parts sa clarté répandue.
> [...]
> UNE TROISIÈME
> Cessons de nous troubler. Notre Dieu quelque jour
> Dévoilera ce grand mystère.
> TOUTES TROIS
> Révérons sa colère.
> Espérons en son amour.
> > III, 8, 1220-1229

---

105    Augustin, *Les Confessions*, t. II, *op. cit.*, X, 35, 55, p. 241.

Le secours divin est une nouvelle fois symbolisé par la métaphore visuelle de la lumière, l'éclat, la clarté, symbole du savoir et de la confiance. La troisième voix coupe cependant court aux échanges des deux autres : sans distinguer entre une issue favorable ou néfaste, elle semble réprimander la concupiscence des *yeux*, de celles qui s'imaginent et croient *voir* ce qu'elles ne peuvent savoir. Elle les implore d'être patientes et d'attendre la révélation de Dieu. Enfin, les trois jeunes filles se réconcilient en chantant et en louant l'amour divin. La beauté de la pièce réside peut-être dans ces chants du chœur, qui incarnent la *sym-phonie*, accordant les voix et les réconciliant en chantant l'amour de Dieu. Voilà au fond l'expression de la foi par excellence. Suit la conclusion du dialogue et de la scène, qui explique l'abolition de la curiosité et du doute par la foi et l'amour divin :

> UNE AUTRE
> D'un cœur qui t'aime,
> Mon Dieu, qui peut troubler la paix ?
> Il cherche en tout ta volonté suprême,
> Et ne se cherche jamais.
>
> III, 8, 1230-1233

En d'autres termes, celui qui croit ne peut être en proie à la curiosité. Dans son amour de Dieu, il se trouve toujours, se connaît toujours, et cela suffit. Dès lors apparaît clairement la raison pour laquelle les autres personnages chez Racine, au contraire, sont contraints de *se chercher* toujours, ou de *rechercher avec présomption* la réponse à leurs questions ou la preuve balayant leurs doutes. L'orgueilleuse Athalie, par exemple, ne supporte pas de ne pas savoir, de ne pas comprendre ou de ne pas avoir le contrôle de la situation. Elle est de ces héros qui incarnent ce régime moderne liant, selon Foucault, pouvoir et savoir. Aussi succombe-t-elle immédiatement à la curiosité de voir et de connaître l'enfant qui lui est apparu dans ses rêves : il lui faut à tout prix « *revoir* cet Enfant de plus près. / Il en faut à loisir *examiner* les traits » (II, 5, 585-586, nous soulignons). Ses proches, Mathan, Nabal, s'étonnent qu'elle soit tant sous le charme de l'enfant : « Ami, depuis deux jours je ne la connais plus. / Ce n'est plus cette Reine éclairée, intrépide » (III, 3, 870-871). En cherchant Joas, Athalie se cherche également elle-même, elle cherche à comprendre d'où viennent ses nouveaux doutes – « Elle flotte, elle hésite » (876) –, elle se demande d'où vient cette pitié malgré elle. Elle aura la réponse à la fin de la tragédie :

> Impitoyable Dieu, toi seul as tout conduit.
> C'est toi, qui me flattant d'une vengeance aisée,
> M'as vingt fois en un jour à moi-même opposée,

> Tantôt pour un enfant excitant mes remords,
> Tantôt m'éblouissant de tes riches trésors
>
> v, 6, 1774-1778

La double curiosité de l'orgueilleuse Athalie – pour l'enfant et pour le trésor, dont l'anaphore de « tantôt » accentue l'analogie – est un piège tendu par Dieu et signifiera sa perte. C'est l'effet de son secret rapport à l'enfant, de l'attraction inconsciente causée par un reste d'amour inattendu. C'est son identité refoulée de grand-mère qu'elle retrouve en se cherchant ; alors elle ne peut plus que « s'opposer à elle-même ». La curiosité répond d'un manque, principalement expliqué, dans les tragédies bibliques, par le manque d'amour pour Dieu, rempli par un intérêt démesuré pour les hommes.

Le manque d'amour déclenche également la curiosité dans les tragédies profanes. Ériphile s'intéresse plus aux amours d'Iphigénie et d'Achille qu'à la quête de sa propre identité (II, 2) ; Néron épie Junie avec Britannicus, car il ne peut, lui, prétendre à son amour ; Bérénice entreprend son enquête auprès de Titus quand il commence à la voir moins ; et quand Roxane et Mithridate doutent de la fidélité de Bajazet et de Monime, ils recourent à de véritables stratagèmes pour connaître les sentiments intimes à celui ou celle qu'ils aiment. Pour tous ces personnages curieux, l'issue est pourtant la même : par leur enquête ils veulent s'assurer de l'amour de l'autre, mais plus ils essayent de se rapprocher de l'être aimé, plus ils s'en éloignent, cette curiosité maladive étant la concupiscence qui incarne la vanité orgueilleuse[106]. Quand les curieux du théâtre racinien s'acharnent à découvrir la vie amoureuse de l'objet de leurs désirs, ils sont prêts à tout, multipliant les enquêtes et les chantages[107]. « Pour la dernière fois je le vais consulter. / Je vais savoir s'il m'aime » (I, 3, 259-260), dit Roxane avant d'offrir à Bajazet le choix entre un mariage et une mort certaine, – ce ne sera *pas* la dernière fois. Mithridate se propose exactement le même but que Roxane, mais se montre plus manipulateur encore avec Monime :

> Non, ne l'en croyons point. Et sans trop nous presser,
> Voyons, examinons. Mais par où commencer ?
> Qui m'en éclaircira ? Quels témoins ? Quel indice ?
> Le Ciel en ce moment m'inspire un artifice.
>
> III, 4, 1021-1024

---

106 « Orgueil – Curiosité n'est que vanité » (Blaise Pascal, *Pensées, op. cit.*, fr. 112 « Orgueil », p. 201).

107 Sur la quête amoureuse qui se change en véritable « inquisition » et en « scène judiciaire » recourant même à la « torture », voir : Jennifer Tamas, *Le Silence trahi, op. cit.*, p. 133-143.

Les verbes utilisés sont ceux de la recherche, de l'observation, les verbes de la science décriée par Augustin. Les personnages *examinent, consultent* et veulent être *éclaircis*. Inquiets, ils réclament des preuves, des témoins, des indices, mais avant tout ils se questionnent eux-mêmes sur leurs désirs dans des monologues remplis de doutes. Avant de blesser l'autre, la curiosité ronge d'abord le curieux, comme elle rongeait et divisait les jeunes Israélites du chœur d'*Athalie*. L'intérêt pour le for intérieur de l'autre et pour le sien a ainsi relayé la pratique des oracles et en adopte la terminologie « scientifique ». Désormais on consulte l'autre ou soi-même à la manière dont on consultait les Dieux en examinant les entrailles. Comparons la volonté de percer les sentiments de l'autre – de découvrir « l'anatomie de tous les replis du cœur »[108] – avec la scène du sacrifice rituel d'Iphigénie imaginée par Agamemnon :

> Un Prêtre environné d'une foule cruelle,
> Portera sur ma Fille une main criminelle ?
> Déchirera son sein ? Et d'un œil curieux
> Dans son cœur palpitant consultera les Dieux ?
>
> IV, 4, 1301-1304

Les vers d'Agamemnon rendent compte de la violence que peut exercer la curiosité. Par son emplacement à la fin du vers, l'adjectif « curieux » est associé aux deux adjectifs qui le précèdent, « cruel » et « criminel » à la fois visuellement et par l'assonance des sons « c » et « r », et des sons respectifs de « u » et de « i » que l'adjectif « curieux » réunit et accentue par la diérèse. L'enjambement renforce encore cet accent sur la curiosité, qui enveloppe outre Calchas la foule des soldats et Agamemnon lui-même, qui ose s'imaginer une telle scène. Agamemnon abhorre moins la pratique curieuse des oracles que le fait que sa fille soit offerte au spectacle, car c'est le prêtre et la « foule cruelle » qui se rendent coupables de la concupiscence *des yeux*, des yeux qui se délectent d'un tableau horrible, des yeux qui, seuls, sont prêts à *déchirer le sein* d'Iphigénie. De même, ce sont les yeux qui scrutent le visage de l'autre – faute de pouvoir percer leur cœur – pour observer (l'absence) des marques d'amour. Augustin a raison : la curiosité ne se limite pas à ce qu'elle *aimerait* voir ou apprendre, elle va jusqu'au bout, même si ses découvertes tourmentent

---

108   François de La Rochefoucauld, *Lettre au père Thomas Esprit*, 6 février 1664, dans *Réflexions ou Sentences et Maximes morales et réflexions diverses*, éd. Laurence Plazenet, Paris, Champion, 2005, p. 646 ; Sur la métaphore de l'anatomie chez les moralistes et surtout chez La Bruyère, voir : Louis Van Delft, *Littérature et Anthropologie. Nature humaine et caractère à l'âge classique*, Paris, PUF, 1993, chapitres X et XI.

le curieux. Ainsi la pulsion curieuse est propre à déclencher et à soutenir la tragédie. C'est un moteur de l'action.

## 2.2   *L'amour curieux, moteur de l'action*

Sur le plan dramaturgique, la curiosité des personnages est une mine. Elle motive les entrées en scène et les rencontres imprévues, les doutes et les délibérations qui créent des rebondissements dans l'histoire, ou encore – comme souvent dans le cas des découvertes d'ordre amoureux – des exclamations passionnées. En un mot, elle fournit cette « couleur » impérative selon d'Aubignac pour montrer impunément la passion sur scène[109]. Elle pousse les personnages dans des rôles offensifs ou défensifs et influence ainsi les discours et les actions. Taxile et Porus brûlent de connaître le sentiment d'Axiane à leur sujet et partent au combat pour elle ; Oreste, pour être enfin « sûr d[u] cœur » d'Hermione s'en va tuer Pyrrhus (IV, 3, 1235). Le désir de savoir, tyrannique ou manipulé, est partout et jamais sans conséquence. Tant que les doutes persistent, la tragédie continue.

Surtout dans *Bajazet*, l'enquête amoureuse est mise au premier plan[110] et, nous le montrerons, détermine et structure le développement de la pièce. La volonté de voir et de savoir est réellement à l'origine des péripéties amoureuses qui feront la tragédie, car Roxane s'éprend de son prisonnier Bajazet par curiosité. C'est le grand vizir Acomat, en fin psychologue, qui lui a inspiré ce désir de rencontrer cet homme réservé :

> Je plaignis Bajazet. Je lui vantai ses charmes,
> Qui par un soin jaloux dans l'ombre retenus,
> Si voisins de ses yeux, leur étaient inconnus.
> Que te dirai-je enfin ? La Sultane éperdue
> N'eut plus d'autres désirs que celui de sa vue
>
> I, 1, 138-142

Comme Dieu suscite la curiosité d'Athalie et la pousse dans le temple, dont elle soupçonne, à raison, que « dans le fond de ce vaste édifice / Dieu cachait un Vengeur armé pour son supplice » (I, 1, 55-56) –, comme donc une Athalie curieuse du « trésor » secret que recèlent les ombres du temple, ou un Néron jaloux de Britannicus qui a vu « [c]roître loin de [ses] yeux » les « charmes »

---

109    Voir *supra*, chap. 1, 1 : l'abbé d'Aubignac, *op. cit.*, I, 6, p. 84.

110    L'examen et la lecture erronée des traits de visage et des silences de Bajazet ont été beaucoup commentés par la critique. Voir entre autres : Sylvaine Guyot, *Racine et le corps tragique, op. cit.*, p. 122-123 ; Jennifer Tamas, *Le Silence trahi, op. cit.*, p. 125-129.

de Junie (II, 3, 544), Roxane veut voir ce Bajazet si charmant enfoui et enfermé
dans le sérail. La curiosité s'intéresse à ce qu'on semble vouloir lui cacher *jalou-
sement*, d'autant plus si cela se passe sous ses yeux. « La curiosité naît de la
jalousie » écrit Molière[111]. C'est une question d'orgueil. Dans le vers « *si voisins*
de ses yeux, [les charmes de Bajazet] leur étaient *inconnus* » l'opposition au
sein du vers et la personnification de l'organe visuel qui désigne, par méto-
nymie, Roxane même, portent atteinte à la toute-puissance de la sultane. La
scène d'exposition sert ainsi autant à informer le spectateur et le lecteur de
la situation qu'à les avertir du caractère orgueilleux et curieux de la Sultane,
principalement sur les questions d'amour.

Suivent plusieurs entretiens entre Roxane et Bajazet, durant lesquels Roxane
« veu[t] que devant [elle] sa bouche, et son visage, / [lui] découvrent son cœur,
sans [lui] laisser d'ombrage » (I, 3, 329-330). Dès le premier acte, Roxane doute
des sentiments de Bajazet et de ses « gages incertains » (I, 3, 286). Ses doutes
sont les marques de son impuissance, qu'elle essaie de compenser en rappelant
à Bajazet son pouvoir (II, 1). En réalité, c'est plutôt Atalide qui contrôle la situation, car contrairement à Roxane, elle voit clair dans les mouvements de cœur
de chacun : elle connaît la passion secrète de Roxane et est assurée du cœur
de Bajazet. La tragédie de *Bajazet* illustre ainsi ce régime du pouvoir-savoir :
« pensées, désirs, imaginations voluptueuses, délectations, mouvements
conjoints de l'âme et du corps », toute cette connaissance influence le pouvoir
des institutions dirigeantes[112].

Or Atalide perd vite ce pouvoir relatif, tombant, elle aussi, sous le coup des
doutes jaloux qui lui inspirent une curiosité maladive. Avec ses certitudes
amoureuses, son contrôle de la situation chancelle quand elle aussi commence
à croire à la feinte de Bajazet et à ses « regards éloquents, pleins d'amour »,
dont Acomat lui fait le récit (III, 2, 887). Ces gestes désespèrent Atalide, car lui
reproche-t-elle, ce sont ces « gages d'amour » qui feront de Bajazet *et* un époux
*et* un amant (III, 4, 967-974). Ironiquement, ce sont les véritables *regards
éloquents*, cette fois entre Atalide et Bajazet, qui alarment une nouvelle fois
Roxane, quand elle survient tout à coup : « De tout ce que je vois que faut-il que
je pense ? / [...] / N'ai-je pas même entre eux surpris quelque regard ? » (III, 7,
1065-1068).

*Bajazet* est une pièce tissée de regards – amoureux et curieux – qui motivent
les dialogues, font avancer l'intrigue et redistribuent les relations de pouvoir. La
curiosité alternée – de Roxane, d'Atalide puis de nouveau de Roxane – décide

---

111   Molière, *Don Garcie de Navarre*, dans *Œuvres complètes*, t. II, éd. Georges Forestier *et al.*,
      Paris, Pléiade, 2010, II, 5, 537, p. 749-816.
112   Michel Foucault, *Histoire de la sexualité I : La volonté de savoir*, *op. cit.*, p. 28 (cf. *supra*).

du sort de Bajazet. Désespéré par les reproches d'Atalide, il lui donne enfin une preuve écrite de son amour, interceptée par Roxane. Furieuse et blessée, Roxane exige pourtant un dernier entretien avec Bajazet (V, 4). Sa curiosité a cessé – elle sait désormais tout –, mais son dialogue avec lui continue pourtant dans la même veine, dans la même tentative de chantage. Sa question au dernier acte fait écho à son dessein du premier :

> Pour la dernière fois, veux-tu vivre et régner ?
>
> V, 4, 1545

> Pour la dernière fois je le vais consulter.
> Je vais savoir s'il m'aime.
>
> I, 3, 259-260

Toujours le sultan jaloux et meurtrier est sur le point de rentrer ; toujours Roxane offre une possibilité à Bajazet de se sauver. Dans le dernier acte, on est revenu au point de départ, ou presque. Les quatre premiers actes, entièrement construits sur la curiosité, ont bel et bien préparé l'arrêt de mort de Bajazet, et semblent même importer davantage pour Racine.

En effet, le dénouement tragique, le véritable sujet de la pièce – la mort de Bajazet – est conté en très peu de termes, dans un récit dense et même quelque peu chaotique, car Osmin présume que cette mort est connue de ses interlocuteurs. Cette étrange scène joue une fois de plus sur la curiosité[113]. La mort peu héroïque de Bajazet et celle de Roxane sont ainsi placées entre la longue enquête des deux femmes amoureuses d'un côté, et de l'autre, à la fin de la pièce, le suicide d'Atalide qui pleure « [s]es artifices, / [S]es injustes soupçons, [s]es funestes caprices » (V, 12, 1729-1730). Ainsi Racine revient donc à ce funeste désir de savoir, qui semble définitivement pousser à l'arrière-plan les enjeux politiques du sujet original, pourtant annoncés dans la préface[114].

Racine en fait en revanche une tragédie des abîmes du cœur humain, ces abîmes étant proprement tragiques. L'incohérence des décisions et des désirs du personnage d'Atalide structure en grande partie la tragédie. Contrairement à Roxane, Atalide n'a pas de véritables raisons justifiant sa méfiance et ses reproches jaloux. Racine lui fait payer cher cette démarche : après Atalide,

---

113    Sur cette « invers[ion d]es valeurs rattachées au traditionnel récit de mort du héros », voir : Tom Bruyer, « "On n'entre point dans les raisons de cette grande tuerie" : *Bajazet* ou la représentation d'une catastrophe orientale », dans Thierry Belleguic, Benoît De Baere et Nicholas Dion (éds), *Penser la catastrophe à l'âge classique*, t. II, Paris, Hermann, 2015, p. 217-230, p. 224-227.

114    La seconde préface, à partir de l'édition de 1676, insiste surtout sur les sources historiques du conflit et sur la dynastie des empereurs turcs.

seule Phèdre aura droit à un suicide sur scène[115]. Or plutôt que de condamner cette pulsion curieuse, le dramaturge semble avoir voulu explorer, à l'instar des moralistes, ses manifestations souvent contradictoires : Roxane est trompée, mais continue à croire à l'amour de Bajazet ; Atalide est aimée, mais reste méfiante. « Il n'est rien de plus naturel ni de plus trompeur que de croire qu'on est aimé » écrit La Rochefoucauld[116]. Ou encore : « Dans l'amour, la tromperie va presque toujours plus loin que la méfiance »[117]. Les maximes adoucissent la crédulité de Roxane. Dans le même temps, Atalide peut se reconnaître dans la maxime contraire : « Quand on aime, on doute souvent de ce qu'on croit le plus »[118]. Comme les *Maximes* de La Rochefoucauld se proposent de découvrir « l'anatomie des replis du cœur », *Bajazet* offre un regard hors pair dans la psyché de l'homme. Le théâtre de Racine, en devient-il un *amphithéâtre sanglant*[119], un théâtre anatomique qui offre en spectacle à une foule curieuse les cœurs palpitants ?[120] Toujours est-il que Racine, en tant que dramaturge, est contraint d'éveiller la curiosité de ses spectateurs, que ce soit au niveau du sujet ou de la construction dramaturgique et dramatique de la pièce.

### 2.3    *La curiosité du spectateur*

Le désir de savoir et de voir ce qu'il en est de ces amours prétendues occupe non seulement les personnages des tragédies de Racine, mais également ses spectateurs et lecteurs. Si la curiosité, selon Augustin, invite à prendre intérêt à toutes sortes de fictions, elle est tout aussi nécessaire pour entretenir l'attention au cours de la pièce. Racine s'assure de l'intérêt toujours ravivé de ses spectateurs et lecteurs par l'enquête sur l'amour réciproque qui obsède ses personnages. Cette enquête curieuse peut engendrer le plaisir du public à deux niveaux différents : soit le spectateur est ignorant, comme le personnage avec

---

115    Sur le thème du suicide chez Racine, voir : Tom Bruyer, *Le Sang et les Larmes. Le suicide dans les tragédies profanes de Jean Racine*, Amsterdam, Rodopi, 2012.

116    François de La Rochefoucauld, *Réflexions ou Sentences et Maximes morales* [dorénavant appelées *Maximes*], dans *Réflexions ou Sentences et Maximes morales et Réflexions diverses, op. cit.*, maxime écartée 53, p. 236.

117    *Ibid.*, max. 335, p. 176.

118    *Ibid.*, max. 348, p. 177.

119    Dans son recueil de nouvelles *L'Amphithéâtre sanglant*, Jean-Pierre Camus représente l'horreur à des fins didactique et morale, conformément aux principes réformistes. Conscient des dangers liés à l'imagination trop libre de ses lecteurs, Camus prend soin d'encadrer ses textes et de ne pas trop insister sur les passions. Remarquons la différence avec un théâtre où les personnages expriment leurs passions de façon entièrement libre.

120    Patrick Dandrey pense que oui et développe la métaphore pour *Phèdre* : « Molière et Racine : un théâtre d'anatomie ? », *Cahiers de l'Association internationale des études française*, 55, 2003, p. 347-362.

qui il enquête ; soit le spectateur est plus instruit que le personnage, de sorte que la curiosité du dernier crée l'ironie dramatique. Au théâtre classique, ces deux mécanismes convergent souvent, parce que les sujets tragiques comme ceux de *Phèdre*, d'*Andromaque* ou de *Mithridate* sont connus longtemps avant les créations raciniennes. Il revient alors au dramaturge de s'approprier l'histoire tout en respectant le sujet original ; c'est-à-dire de trouver un équilibre entre d'une part des inventions propres qui suscitent la curiosité du spectateur, et d'autre part des références familières qui installent une complicité entre le public instruit et le dramaturge.

Les nouveautés inventées par Racine sont très souvent d'ordre amoureux. Dans toutes ses tragédies profanes – pourtant des adaptations de sources connues –, Racine s'est employé à élaborer davantage les engrenages de la passion amoureuse. Il les renforce, invente ou modifie de façon plus ou moins radicale, de sorte que le spectateur est surpris de voir une Iphigénie véritablement éprise d'Achille, un rival de Titus qui aimait Bérénice avant cet empereur ou une Hermione qui aime non pas Oreste mais Pyrrhus qui, lui, ne l'aime pas. Racine se permet de renverser et d'assouplir les rapports amoureux des sources mythologiques et historiques, voire d'intégrer des personnages inventés : Junie, Ériphile et Aricie sont inspirées de quelques sources peu consultées, puis dotées d'un amour entièrement imaginé par Racine. Le spectateur veut connaître la suite, parce que de telles modifications amoureuses sont rarement sans conséquence.

Dans sa première tragédie, Racine imagine non seulement une véritable relation passionnelle entre Antigone et Hémon, il ose même mettre en scène un Créon amoureux de sa nièce. La critique s'en est étonnée. Si Mesnard trouvait encore l'invention « fâcheuse »[121], d'autres commentateurs tels Mauron et Barthes font de ce Créon amoureux un élément tout à fait central de *La Thébaïde*, et y voient déjà la plume du grand Racine[122]. En effet, Créon est plus qu'un personnage secondaire dans l'histoire de deux frères ennemis. Ses ambitions politiques, doublées de désirs amoureux, l'élèvent au premier plan de

---

121  « Racine [...] a comblé les vides [de sa tragédie] par les amours, peu intéressants, chez lui, d'Antigone et d'Hémon, et par la passion, plus fâcheuse encore, de Créon pour Antigone. Nous sommes loin du théâtre grec. » (Paul Mesnard, « Notice sur *La Thébaïde* », dans Jean Racine, *Œuvres*, t. I, éd. Paul Mesnard, Paris, Hachette, 1923, p. 387).

122  Mauron appelle la relation Créon-Antigone « ce que la Thébaïde nous offre de plus révélateur », car elle « introduit les thèmes propres à Racine » et « le conflit de générations » (*L'Inconscient dans l'œuvre et la vie de Racine, op. cit.*, p. 236). Barthes définit Créon comme étant le « point de pourrissement » de la tragédie. Par ses passions « il dessine le statut du premier homme racinien, qui ne reconnaît plus le Passé comme une valeur et ne veut puiser qu'en lui sa propre Loi » (*Sur Racine, op. cit.*, p. 72-73).

la tragédie. La critique, connaissant de bout en bout la tragédie et l'œuvre, l'a vu et analysé[123], mais les spectateurs et les lecteurs sont subtilement menés à l'entrevoir eux aussi, même si cette passion amoureuse ne sera explicitée qu'à la fin de la tragédie. Pour éveiller la curiosité de son public et augmenter l'attention prêtée aux ambitions mystérieuses de Créon, Racine sème des indices dans le premier acte, dans un entretien au sujet d'Hémon :

CRÉON
Je sais ce qui le rend innocent à vos yeux.
ANTIGONE
Et je sais quel sujet vous le rend odieux.
CRÉON
L'amour a d'autres yeux que le commun des hommes.
[...]
ANTIGONE
L'intérêt du public agit peu sur son âme [de Créon],
Et l'amour du pays nous cache une autre flamme,
Je la sais, mais, Créon, j'en abhorre le cours,
Et vous ferez bien mieux de la cacher toujours.

I, 5, 309-318

Antigone ne se laisse pas faire par son oncle, comme le montre sa première réplique, vive. Elle reprend délibérément les constructions verbales de Créon, mais se distancie néanmoins de lui en introduisant son commentaire par la conjonction « et ». L'anaphore et le parallélisme ne se font pas entièrement mais suffisent pour suggérer que les deux propositions subordonnées « ce qui le rend innocent à vos yeux » et « quel sujet vous le rend odieux » désignent la même chose. Créon et Antigone semblent se comprendre tandis que le public cherche à déchiffrer ce à quoi renvoient ces syntagmes cataphoriques[124]. Le nom en tête du vers suivant ne peut alors que donner la clef : l'amour. Implicite dans les vers, l'association se fait directement dans la tête du spectateur. Comment faire rimer ces mots de Créon avec l'accusation d'Antigone, sinon comme une défense ? Créon déclare-t-il effectivement son amour pour Antigone ? Ou parle-t-il de son amour paternel pour Hémon, une relation qu'il

---

123  Voir notamment Jennifer Tamas, « Cœur de renard : la politique incestueuse de Créon dans *La Thébaïde* », *Papers on French Seventeenth Century Literature*, 87, 2017, p. 231-245.
124  Sur ce procédé rhétorique, voir : Delphine Reguig, « Herméneutique contre dialectique : la rhétorique argumentative dans *La Thébaïde, Britannicus, Mithridate* », *Exercices de rhétorique*, 1, 2013 [en ligne, consulté le 23 décembre 2019].

a pourtant nommée « haine » auparavant (v. 290) ? Ou encore, l'amour dont il parle, est-ce l'amour qu'Antigone ressent pour Hémon, reprenant ainsi le cours de ses pensées (v. 309) sans prêter attention à la réplique de sa nièce ?

Toutes ces interprétations s'ouvrent au spectateur sans se concrétiser. Racine lui donne assez d'indices pour qu'il se méfie d'une passion secrète de Créon – flamme grotesque une nouvelle fois annoncée à mots couverts par Antigone dans les vers 316-317. Tout se passe comme si les personnages d'Antigone et de Créon, avec leurs discours volontairement vagues, se moquaient du spectateur ignorant. Antigone lève un coin du voile, abhorre ce qu'elle seule y voit – cette « flamme » –, pour ensuite conjurer l'autre de « la cacher toujours ». Le spectateur prévoit déjà que Créon n'obéira pas, mais il ne connaît pas encore les détails. Petit à petit, le voile se lève pour le spectateur, si bien qu'à la fin de la tragédie, quand la flamme est déclarée, il comprendra, à rebours, que c'est cette flamme inventée par Racine qui constitue en fait le « nœud de la tragédie »[125].

Bien que l'amour – suscitant la curiosité du spectateur – occupe ainsi une place cruciale dans *La Thébaïde*, Racine écrit dans la seconde préface que « [l]'amour qui a d'ordinaire tant de part dans les Tragédies, n'en a presque point ici »[126]. Le dramaturge essaie d'expliquer le peu de succès de sa première tragédie par un manque d'intrigues passionnelles. Aussi change-t-il de stratégie dramaturgique dans les tragédies qui suivent. Alors que l'amour de Créon n'est révélé qu'à la fin, ses prochains héros seront amoureux dès la scène d'exposition. Les amours d'Alexandre, de Porus, d'Antiochus, de Mithridate... toutes ces amours rajoutées par Racine au sujet tragique surprennent sans doute toujours le spectateur[127], mais maintenant dès le lever du rideau, de sorte que Racine puisse exploiter la curiosité du spectateur sur ce changement de caractère et lui prouver dans la pièce pourquoi cet amour a été nécessaire. Mieux, ces amours font parler la critique, ce qui augmente l'intérêt et la curiosité du public et des lecteurs.

Plus encore que Créon et Alexandre, l'Hippolyte de Racine suscite la curiosité. En tout point contraire au célibataire endurci d'Euripide et de Sénèque, de Garnier et de La Pinelière, l'Hippolyte de Racine est lui aussi, comme Alexandre et Porus, « asservi à une Princesse purement imaginée » et on l'apprend

---

125  Voir l'analyse de Jennifer Tamas, *Le Silence trahi, op. cit.*, p. 104-105.

126  Jean Racine, « Préface de 1675, 1687 et 1697 à *La Thébaïde* », *OC I*, p. 119.

127  Saint-Évremond décrit cette surprise dans sa *Dissertation sur le Grand Alexandre* : « je ne connais ici d'Alexandre que le seul nom », car « on parle à peine des Camps des deux Rois [Alexandre et Porus], à qui l'on ôte leur propre génie pour les asservir à des Princesses purement imaginées » (voir : Charles de Saint-Évremond, *Dissertation sur le Grand Alexandre, OC I*, p. 184 et 186). Sur la réception des héros historiques rendus galants, voir : Carine Barbafieri, *op. cit.*

dès l'exposition. Hippolyte y annonce son départ à Théramène, qui veut en connaître la cause. Devant la lucidité de son gouverneur le jeune prince multiplie les raisons, mais capitule finalement. D'abord il prétend chercher son père disparu, puis il annonce que Trézène lui est devenue insupportable depuis l'arrivée de Phèdre. Il se corrige une dernière fois :

> Sa vaine inimitié n'est pas ce que je crains.
> Hippolyte en partant fuit une autre Ennemie.
> Je fuis, je l'avouerai, cette jeune Aricie
>
>   I, 1, 48-50

Certes, ce n'est pas la première fois que les contemporains de Racine voient un Hippolyte amoureux – pour eux, ce personnage détonne donc moins que pour le spectateur et le lecteur de nos jours –, mais cette princesse leur est toutefois inconnue et a de quoi susciter leur intérêt[128]. Comment a-t-elle pu fléchir Hippolyte ? Racine teste la patience de son spectateur. Il mentionne cette jeune fille charmante dès la première scène de la pièce, mais les spectateurs devront attendre jusqu'au deuxième acte pour la voir et l'entendre. Le mystère et la tension autour d'Aricie sont d'autant plus grands que la fille serait – comme le dit Hippolyte – *plus à craindre* que Phèdre. Comment donc ? Quel est l'impact d'Aricie sur le déroulement de l'histoire ?

Le spectateur du XVIIe siècle, familier du sort d'Hippolyte, sait que le jeune homme commet une erreur en sous-estimant sa belle-mère, qui causera finalement sa mort. Tel est l'autre stratagème de Racine pour attacher le spectateur à lui : le revers de la curiosité, l'ironie tragique. Le dramaturge crée un lien de complicité avec le spectateur et le lecteur, qui eux, contrairement au personnage, connaissent les pensées des antagonistes, voire l'issue de la tragédie, mais qui restent néanmoins curieux de voir comment Racine traitera et révélera ces éléments connus. Dans *Phèdre*, Racine se sert à volonté de l'ironie tragique : dans le premier acte, Racine raille subtilement l'ignorance de ses personnages et cache dans les vers des propos à double sens dont se régalent ceux qui connaissent la suite. Ainsi Hippolyte rétorque à Théramène, qui évoque le cœur volage de Thésée : « Phèdre depuis longtemps ne craint plus de Rivale » (26). Cette phrase se révélera exacte, mais non pas dans le sens où Hippolyte l'entend. Phèdre ne craint pas de rivale dans le cœur d'Hippolyte :

---

128 Dans son *Hipolyte ou le Garçon insensible*, Gilbert avait déjà rendu Hippolyte amoureux… de Phèdre. Quelques décennies plus tard, Bidar conçoit un Hippolyte également amoureux, mais cette fois d'un nouveau personnage, Cyane, princesse de Naxe et amenée à la cour de Thésée par Phèdre. Voir *Le Mythe de Phèdre*, éd. cit.

« Il a pour tout le sexe une haine fatale. – Je ne me verrai point préférer de Rivale » (III, 1, 789-790). Le spectateur et le lecteur reconnaissent l'erreur de Phèdre, bien avant qu'elle ne le fasse elle-même. Quand Phèdre apprend enfin l'amour d'Hippolyte pour Aricie, sa jalousie renforce sa haine : « Hippolyte est sensible, et ne sent rien pour moi ! » (IV, 5, 1203). Elle était sur le point de le défendre, de le sauver peut-être, mais sa jalousie l'en détourne. Indirectement, Racine donne ainsi une place à Aricie et à l'amour d'Hippolyte dans la mort de ce dernier. Le spectateur, dès la scène d'ouverture, est un complice.

Souvent Racine fait confiance à son spectateur et l'informe des sentiments amoureux avant que la déclaration d'amour n'ait eu lieu. Si le désir de se savoir aimé fonctionne souvent comme un moteur au sein de la pièce tragique, le spectateur éprouve donc pour ainsi dire la contrepartie de cette curiosité, car il connaît et prévoit déjà la réponse. Ainsi, pour reprendre l'exemple de *Bajazet*, le spectateur ne peut prendre part à l'obsession curieuse de Roxane de connaître les amours de Bajazet, car il en est déjà informé à la fin du premier acte (I, 4). Toutes les scènes d'enquête et de doute, c'est-à-dire les moments clefs de la tragédie, sont ainsi appréciés par le spectateur à un autre degré. Elles ont un double sens, offrant à la fois une vue superficielle et en profondeur des mobiles des caractères. Contrairement aux personnages, il est permis au spectateur de voir derrière les masques, de percer les mensonges. Lui comprend tout de suite que Bajazet n'aime pas Roxane et pourquoi il ne peut feindre. Le spectateur prend alors plaisir à ce savoir, à sa propre lucidité face à l'aveuglement des personnages.

Or ce plaisir de l'ironie tragique, c'est-à-dire ce plaisir consistant à repérer immédiatement et à prédire l'erreur des personnages qui pourrait leur être fatale, ce *plaisir* inhérent à l'expérience dramatique est problématique. Augustin s'en indigne dans ses *Confessions* :

> Comment se fait-il qu'au théâtre l'homme veuille souffrir, devant le spectacle d'événements douloureux et tragiques, dont pourtant il ne voudrait pas lui-même pâtir ? Et pourtant il veut pâtir de la souffrance qu'il y trouve, en spectateur, et cette souffrance même fait son plaisir[129].

Ce genre de plaisir quelque peu malsain que l'on éprouve lorsqu'on assiste à une tragédie est pour Augustin intrinsèquement lié à la curiosité, car on *s'attend* à cette souffrance, codifiée dans le genre. Dans son chapitre sur la curiosité, Augustin se demande : « Quelle volupté y a-t-il en effet, à regarder dans un cadavre déchiqueté une chose qui fasse horreur ? Et pourtant, qu'il

---

129    Augustin, *Les Confessions*, t. I, *op. cit.*, III, 2, 2, p. 365.

s'en trouve un gisant quelque part des gens accourent en foule pour s'attrister, pour pâlir »[130]. Aussi la curiosité ne désigne-t-elle pas seulement le désir de voir et d'apprendre des choses nouvelles, mais également de voir confirmées ses attentes.

À la suite d'Augustin, l'on pourrait se demander concernant l'œuvre racinien : quelle volupté y a-t-il à regarder la mort d'Atalide, la calomnie de Phèdre et de sa nourrice ou la relation « déchiquetée » de Titus et Bérénice ? Tout le monde connaît l'histoire de la douloureuse séparation du couple. Au XVIIe siècle, même deux mises en scène différentes en sont offertes au public. Pourtant, en effet, des gens « accourent en foule pour s'attrister, pour pâlir ». Racine a beau répudier et punir les manifestations de la curiosité dans ses tragédies, il ne peut se défendre contre les reproches augustiniens du genre tragique : « Les larmes, voilà ce qu'on aime », écrit Augustin[131]. Racine ne cherche pas à nier le fait que ces tragédies cherchent effectivement à émouvoir. Au contraire, il se vante de ce que *Bérénice* « a été honorée de tant de larmes »[132].

Toutefois l'attrait de *Bérénice* dépasse ce désir de compatir devant les malheurs attendus du couple. Le succès de la pièce – à l'époque et de nos jours – tient au mélange de l'ironie tragique et de la volonté de (sa)voir : d'un côté le spectateur s'attend à la séparation de Titus et Bérénice, car il connaît l'histoire et est, en outre, informé de la décision de Titus bien avant Bérénice ; d'un autre côté, cette décision l'intrigue et augmente son attention pour la peinture des expressions amoureuses de Titus. Aime-t-il véritablement Bérénice comme il le prétend ? Mais pourquoi alors la quitter ? Le spectateur partage avec Bérénice la volonté de savoir si Titus l'aime. Cette curiosité partagée est exceptionnelle dans le répertoire de Racine : alors que le spectateur est assuré des passions de Bajazet, d'Hippolyte ou d'Hermione, il a lieu de douter, avec Bérénice, des déclarations amoureuses de Titus. Aussi les spectateurs accourent-ils voir *Bérénice* pour examiner de leurs propres yeux cet amour de Titus. Ils y retournent même : « la trentième représentation a été aussi suivie que la première », se vante Racine[133]. Même l'abbé de Villars, tout en critiquant la pièce, avoue être retourné voir *Bérénice* une seconde fois pour « ne [s]'attach[er] qu'à l'expression des passions »[134].

L'enquête sur les sentiments de Titus continue à occuper la postérité. Voltaire tranche en faveur de la sincérité de Titus, en lançant, à la suite de la

---

130    Augustin, *Les Confessions*, t. II, *op. cit.*, X, 35, 55, p. 241.
131    Augustin, *Les Confessions*, t. I, *op. cit.*, III, 2, 3, p. 367.
132    Jean Racine, « Préface à *Bérénice* », *OC I*, p. 451.
133    *Id.*
134    L'abbé de Villars, *La Critique de Bérénice*, *OC I*, p. 514.

Princesse Palatine, la légende selon laquelle la tragédie serait inspirée par la vie amoureuse de Louis XIV contraint de rompre avec Marie Mancini et plus tard avec Henriette d'Angleterre[135]. Cette interprétation a continué de charmer les critiques du siècle dernier, comme Jasinski et Mauron[136]. Roland Barthes, au contraire, donne beaucoup moins de crédit aux professions d'amour de Titus, en écrivant que « *Bérénice* n'est [...] pas une tragédie du sacrifice, mais l'histoire d'une répudiation que Titus n'ose pas assumer »[137]. En 2015, Nathalie Azoulai a refait polémique avec le titre de son roman *Titus n'aimait pas Bérénice*[138], l'occasion pour les critiques de refaire le point sur cette relation d'amour qui a – depuis sa création – suscité de la curiosité.

• • •

L'amour attise en effet la curiosité, celle du spectateur et celle du personnage. Ni l'un, ni l'autre se posent des questions sur les origines métaphysiques de l'univers, mais orientent leur enquête vers l'homme et son for intérieur. Le désir de découvrir l'amour de l'autre inspire les décisions des personnages et les péripéties de la tragédie racinienne. Ainsi les nombreuses nouvelles relations, inventées ou détournées par Racine, surprennent et sont propres à susciter la curiosité du spectateur, qui désire lui aussi percer à jour le for intérieur des personnages. Dans ce mystère qu'est souvent l'amour, le public se réjouit de pouvoir jeter un regard derrière l'écran. Sous la forme de l'ironie tragique, Racine offre cette possibilité dans la grande majorité de ses intrigues amoureuses.

Toutefois la curiosité n'est jamais entièrement assouvie. Les spectateurs continuent de voir le théâtre racinien pour y découvrir de nouvelles expressions amoureuses ; les metteurs en scène et les critiques littéraires testent toujours de nouvelles interprétations des relations d'amour désormais célèbres ; les personnages, quant à eux, se contentent rarement de ce qu'ils voient ou entendent et demandent à l'infini des preuves d'amour. Racine a bien senti que c'est cela que réprouvent les penseurs augustiniens dans cette *vaine* curiosité. Il veut la condamner aussi : *Athalie* nous apprend que seul un cœur qui aime Dieu « ne se cherche jamais » ; *Bajazet* montre que les doutes mal fondés en amour peuvent être fatals. Malgré ces tentatives, Racine ne désapprouve

---

135    Voltaire, *Siècle de Louis XIV*, dans *Les Œuvres complètes de Voltaire*, t. 13C, éd. Diego Venturino, Oxford, Voltaire Foundation, 2016, p. 21.

136    Voir : René Jasinski, *Vers le vrai Racine*, Paris, Armand Colin, 1958, p. 397-433 ; Charles Mauron, *L'Inconscient dans l'œuvre et la vie de Racine*, op. cit., p. 83. Plus récemment Georges Forestier a réfuté cette inspiration (*Jean Racine*, op. cit., p. 389).

137    Roland Barthes, *Sur Racine, op. cit.*, p. 98.

138    Nathalie Azoulai, *Titus n'aimait pas Bérénice*, Paris, P.O.L., 2015.

pourtant jamais entièrement la curiosité, qui est le moteur dramaturgique et dramatique de ses pièces : le public suit avidement ces personnages qui fouillent dans les arcanes les plus noirs du cœur humain *palpitant*. Cette « volonté de savoir » omniprésente découvre également les rapports de pouvoir. Ne pas savoir irrite l'orgueil des personnages, et quand l'amant-enquêteur n'obtient pas la réponse espérée, il procède au chantage, à la violence, le tout pour faire triompher sa *libido dominandi*.

## 3      L'orgueil ou la *libido dominandi*

Racine met à nu les pires côtés de la passion amoureuse. Outre le désir sexuel et la volonté de savoir vaine et destructrice, les personnages amoureux sont souvent habités par la *libido dominandi*, le désir de dominer, de posséder. Par cette peinture égoïste de la passion terrestre, Racine se joint selon toute apparence à la perspective moraliste sur les passions. Pour La Rochefoucauld l'amour ne revient en effet qu'à la *libido dominandi* :

> Il est difficile de définir l'amour. Ce qu'on en peut dire est que, dans l'âme, c'est une passion de régner, dans les esprits, c'est une sympathie et, dans le corps, ce n'est qu'une envie cachée et délicate de posséder ce que l'on aime après beaucoup de mystères[139].

Si les tragédies de Racine tentent de percer ces mystères, comme nous l'avons vu, n'est-ce que pour découvrir cette « envie cachée et délicate de posséder ce que l'on aime » ? Dès lors, comment la représentation de cet amour teinté de *libido dominandi* peut-elle plaire au public ? La *libido sentiendi* et la *libido sciendi* renferment en elles des mécanismes proprement dramatiques au service du spectateur, de sorte que l'expérience dramatique se greffe sur l'expérience amoureuse et l'imite. La *libido dominandi* en revanche ne peut interpeller les spectateurs et les lecteurs qu'indirectement. Imaginée à travers l'écran du théâtre et de la fiction, la représentation libidineuse de l'amour chez Racine ne peut coïncider avec le tableau sévère qu'en font les moralistes. Le message distillé par le public des textes des moralistes d'une part et des tragédies de l'autre est même opposé, reflétant l'écart du contexte de création, religieux ou profane, moralisant ou politique, cherchant à faire peur ou à divertir.

---

139    François de La Rochefoucauld, *Maximes, op. cit.*, max. 68, p. 143.

### 3.1    *Racine et les moralistes*

La troisième concupiscence – la *libido dominandi* ou le « désir d'une grandeur perverse »[140], – occupe une place non négligeable dans les tragédies de Racine. L'orgueil ou l'hybris incarnent par excellence la faute tragique. Dès sa première pièce, Racine en explore les ressorts tragiques : avec les frères ennemis et le personnage de Créon, *La Thébaïde* met l'envie de régner au cœur des conflits. À la fin de la pièce, Créon résume ainsi l'attrait de la couronne :

> Un bonheur si commun [d'être Père] n'a pour moi rien de doux ;
> Ce n'est pas un bonheur s'il ne fait des jaloux.
> Mais le Trône est un bien dont le Ciel est avare,
> Du reste des Mortels ce haut rang nous sépare,
> Bien peu sont honorés d'un don si précieux,
> La Terre a moins de Rois que le Ciel n'a de Dieux.
>
> > v, 4, 1583-1588

Créon souligne l'exception et la singularité de son nouveau pouvoir. Il est envahi de ce qu'Augustin appellerait l'« amour de sa propre excellence », qui fait qu'il « porte envie ou à ses pairs, parce qu'ils lui sont égaux ; ou à ses inférieurs, pour qu'ils ne lui soient pas égaux ; ou à ses supérieurs, parce qu'il ne leur est pas égal »[141]. Dans son emportement, Créon se compare aux Dieux, trouvant sa situation plus honorable que la leur. « Pour qu'un vaniteux désire un objet il suffit de le convaincre que cet objet est déjà désiré par un tiers auquel s'attache un certain prestige »[142] : le « désir mimétique » de Créon fait rimer « jaloux » sur « doux ». Le nouveau roi déclare qu'on ne peut faire son propre bonheur qu'aux dépens de l'autre. Sa vision du monde et des autres hommes correspond à celle que critique Pascal : « le moi [...] est incommode aux autres, en ce qu'il les veut asservir, car chaque moi est l'ennemi et voudrait être le tyran de tous les autres »[143]. Ce conflit des pouvoirs permanent est ce qui anime Créon, car il en tire sa valorisation de soi, son amour-propre.

---

140    Augustin, *La Cité de Dieu*, t. II/1, *op. cit.*, XIV, 13, p. 200.

141    Augustin, *La Genèse au sens littéral*, XI, 14, n.18, p. 259 (*Œuvres de saint Augustin*, t. 49, éd. et trad. P. Agaësse et A. Solignac, Paris, Desclée de Brouwer, « Bibliothèque augusti-nienne », 1972, p. 259).

142    René Girard, *Mensonge romantique et vérité romanesque*, Paris, Grasset, 1961, p. 16. La théorie du « désir mimétique » peut être appliquée à l'intégralité des tragédies profanes de Racine, où abondent les rivaux amoureux *et* politiques.

143    Blaise Pascal, *Pensées, op. cit.*, fr. 494, p. 412.

Ainsi le mécanisme du désir mimétique rend également compte des ambitions amoureuses de Créon, qui désire l'amoureuse de son fils. Bien que Créon semble suggérer qu'il n'y ait pas de « don si précieux » que le trône, sa fortune dépend autant – sinon plus – de cet autre facteur. Il vante sa double réussite à Attale :

> Et tu vas voir en moi dans ce jour fortuné,
> L'ambitieux au Trône et l'amant couronné.
> Je demandais au Ciel la Princesse et le Trône,
> Il me donne le Sceptre, et m'accorde Antigone
>
> v, 4, 1563-1566

En Créon convergent l'ambitieux et l'amoureux. Le trône et la princesse s'équivalent aux yeux de Créon, qui les voit tous deux comme ses possessions grâce à un don du Ciel. Pour mieux traduire l'extase de Créon, les vers ci-dessus les entremêlent, en premier lieu par l'usage métaphorique du verbe « couronner », qui porte non pas sur l'« ambitieux » mais sur l'« amant », puis par un triple chiasme confondant les substantifs du pouvoir d'un côté et de l'amour de l'autre : ambitieux-amant, Princesse-Trône, Sceptre-Antigone. Toutefois Antigone et le Sceptre ne sont pas interchangeables : c'est bien l'échec de l'amour qui détruira Créon. L'un n'a plus de sens sans l'autre, tant l'amour et le pouvoir se chevauchent.

La première pièce de Racine annonce ainsi un œuvre tragique où le désir de dominer et le désir de se faire aimer s'entrelacent. Voilà pourquoi la critique littéraire s'est intéressée beaucoup plus à cette troisième concupiscence qu'aux deux autres. C'est bien la *libido dominandi* qui règne tacitement dans les lectures raciniennes de Paul Bénichou et de Roland Barthes. Plus récemment, Jean Rohou traite en grande partie de la *libido dominandi* – qu'il appelle « égocentrisme dominateur » – quand il analyse la motivation de l'amour-propre dans l'œuvre de Racine[144]. À la suite de *La Thébaïde*, les tragédies de Racine thématisent la « soif de régner » (*Iphigénie*)[145] ou « l'amour

---

144   Jean Rohou, *Le XVIIe siècle, op. cit.*, p. 438. Pour l'analyse de l'amour-propre dans Racine, voir : p. 437-445 et 456-464.

145   Clytemnestre le reproche à son mari (IV, 4, 1289). C'est en quelque sorte la clef de voûte du personnage d'Agamemnon, qui lui-même « avoue avec quelque pudeur » l'attrait de la gloire : « Charmé de mon pouvoir, et plein de ma grandeur, / Ces noms de Roi des Rois, et de Chef de la Grèce / Chatouillaient de mon cœur l'orgueilleuse faiblesse » (I, 1, 79-82).

des grandeurs » (*Athalie*)[146] dont les intérêts sont parfois contraires à ceux des relations affectives[147].

Plus souvent en revanche, le pouvoir et l'amour se superposent. Dans la majorité des tragédies de Racine le régent coïncide avec l'amant, et il aime en tant que gardien du pouvoir, doublant le don de son amour du don de son pouvoir. Tout comme Créon met la couronne « aux pieds » d'Antigone (v, 3, 1548), Alexandre veut installer Cléofile « au trône de l'Asie » (iii, 6, 956), Pyrrhus donne à Andromaque « [s]a Couronne et [s]a Foi » (v, 3, 1543), Néron invite Junie à « passer du côté de l'Empire » (ii, 3, 588), Roxane s'apprête à donner « la vie et l'Empire » à Bajazet (i, 3, 285), Mithridate fait « porter son Diadème » à Monime (i, 1, 56), Phèdre essaie de proposer une union politique à Hippolyte, suivant les conseils d'Œnone (i, 5, 362) et Athalie, enfin, veut nommer Joas son héritier et lui « faire part de toutes [s]es richesses » (ii, 7, 695). Ce sont ces exemples qui font que Barthes conçoit le schéma célèbre : « A a tout pouvoir sur B. A aime B qui ne l'aime pas »[148]. La relation d'autorité serait le fondement même de l'amour[149], si bien que « le théâtre de Racine n'est pas un théâtre d'amour : son sujet est l'usage d'une force au sein d'une situation généralement amoureuse [...] ; son théâtre est un théâtre de la violence »[150]. La critique semble unanime sur la portée de la *libido dominandi* – qu'elle soit ou non désignée sous ce nom – dans les relations amoureuses. Pour Bénichou, *Andromaque* marque un tournant : « l'amour tel qu'il apparaît chez les deux

---

146   Mathan, prêtre du culte de Baal et serviteur d'Athalie, est doté d'un « amour des grandeurs » et d'une « soif de commander » (iii, 3, 925).

147   C'est le cas dans *Iphigénie* où Agamemnon doit choisir entre l'amour de sa fille et l'amour de sa patrie, incarné par Ulysse qui essaie de raviver l'*ambitio saeculi* du roi (i, 5). Dans *Bérénice*, Titus est pareillement tiraillé entre l'amour glorieux de sa patrie et l'amour passionnel de Bérénice. Sur ces conflits, voir *infra*, chap. 3, 1.

148   Roland Barthes, *Sur Racine, op. cit.*, p. 35.

149   « Les sentiments réciproques de A et de B n'ont d'autre fondement que la situation originelle dans laquelle ils sont placés par une sorte de pétition de principe » (Roland Barthes, *Sur Racine, op. cit.*, p. 36). Cette caractérisation noire de l'amour racinien est fortement contestée dans le cadre de la « querelle de la nouvelle critique ». Raymond Picard attaque les fondements scientifiques du *Sur Racine* de Barthes, voir : *Nouvelle Critique ou nouvelle imposture*, Paris, Pauvert, 1965. René Pommier a consacré plusieurs études aux erreurs et aux contradictions présentes selon lui dans la conception barthésienne de l'amour racinien (voir : *Roland Barthes. Ras le bol !*, Paris, Roblot, 1987, p. 47-90 ; *Le « Sur Racine » de Roland Barthes*, Paris, SEDES, 1988, p. 17-126). Sur ce différend et sur l'amour racinien selon Barthes, voir mon essai, « Racine and Barthes : The Power of Love », *Barthes Studies*, 4, 2018, p. 56-70.

150   Roland Barthes, *Sur Racine, op. cit.*, p. 35-36.

personnages principaux d'Andromaque [...] est un désir jaloux, avide, s'attachant à l'être aimé comme à une proie »[151].

L'amour et le pouvoir sont dangereusement associés dans la perception des dominants. « Commandez qu'on vous aime, et vous serez aimé » dit Narcisse à Néron (II, 2, 458). L'amour – et l'amour réciproque – est ainsi présenté comme un privilège qui doit accompagner le pouvoir de l'État, de la vie et de la mort. D'une façon similairement orgueilleuse, Pyrrhus ne supporte pas qu'Andromaque ne lui offre pas son cœur en échange des dons qu'il lui a faits :

> Je lui donne son Fils, mon Âme, mon Empire,
> Et je ne puis gagner dans son perfide Cœur
> D'autre rang que celui de son Persécuteur ?
>
> II, 5, 694-696

Pyrrhus déplore qu'Andromaque « n'a[it] point de reconnoissance des bienfaits qu'[elle] a receus, des bons offices qu'on luy a rendus », qu'elle soit, en un mot, ingrate[152]. La reconnaissance *due* au « bienfaiteur » est alors associée à l'amour, qui est, lui, mis sur un pied d'égalité avec les « bienfaits » et les « bons offices ». L'ingratitude se présente dès lors comme le refus de cette équivalence. Andromaque refuse le commerce des sentiments, comme s'ils étaient des biens qu'on pouvait accorder à la personne de son choix. Les tragédies de Racine – *Britannicus*, *Andromaque*, *Bajazet*... – prouvent, avec Andromaque, que ce discours est intenable. Plus que Junie, Andromaque ou Bajazet ne sont ingrats, Néron, Pyrrhus et Roxane sont tyranniques. Ils incarnent la définition de Pascal :

> La tyrannie est de vouloir avoir par une voie ce qu'on ne peut avoir que par une autre. On rend différents devoirs aux différents mérites : devoir l'amour à l'agrément, devoir la crainte à la force, devoir de créance à la science.
>
> On doit rendre ces devoirs-là, on est injuste de les refuser, et *injuste d'en demander d'autres.*
>
> Ainsi ces discours sont faux et tyranniques : « Je suis beau, donc on doit me craindre. Je suis fort, donc on doit m'aimer. Je suis... »[153].

151  Paul Bénichou, *op. cit.*, p. 136.
152  Antoine Furetière, *op. cit*, art. « ingrat », première entrée.
153  Blaise Pascal, *Pensées*, *op. cit.*, fr. 91 et 92, p. 190. Nous soulignons. Chapelain se sert du même argument de l'injustice pour incriminer l'Amour. L'académicien explique qu'il est un « grand tyran » indigne du statut divin, car « il y a nulle trace d'équité en lui » : « l'Amour ordonne que l'on serve avec ardeur, constance et fidélité, et quand on a observé

Les oppresseurs amoureux chez Racine veulent inspirer de l'amour par la voie du pouvoir et de la *force*, alors qu'ils ne peuvent le faire que par *l'agrément*. Pyrrhus s'indignait réellement, mais d'autres personnages se rendent compte que l'amour ne se laisse pas commander. Vers la fin de *Bajazet* par exemple, Roxane voit qu'il n'y a pas de relation causale entre une dette envers quelqu'un et l'amour : « Qu'importe qu'il nous doive, et le Sceptre, et le jour ? / Les bienfaits dans un cœur balancent-ils l'amour ? ». Elle reconnaît qu'elle a été elle-même l'auteur d'une pareille « ingratitude » envers le sultan : « quand l'Ingrat [Bajazet] me sut plaire, / Ai-je mieux reconnu les bontés de son Frère ? » (IV, 7, 1087-1090). Mithridate, lui, est aussi lucide que Roxane, mais tyran de fait envers Monime, il refuse de l'être de nom :

> Et moi tyran d'un cœur qui se refuse au mien
> Même en vous possédant je ne vous devrai rien :
> Ah Madame ! Est-ce là de quoi me satisfaire ?
> Faut-il que désormais renonçant à vous plaire
> Je ne prétende plus qu'à vous tyranniser ?
>
> II, 4, 551-557

Ce passage déconcertant reflète le génie malsain et manipulateur de Mithridate. Contrairement à Roxane, il comprend que Monime ne lui rend pas ses sentiments, et toujours il croit la « posséder ». Pire, Mithridate excelle en la rhétorique tyrannique du « devoir » : non seulement il juge que Monime, son amour et son cœur lui sont *dus*[154], mais il en déduit que lui, Mithridate, lui doit son cœur en retour, et que c'est son devoir de chercher activement à plaire à Monime[155]. C'est du moins ce qu'il prétend, parce qu'en refusant la tyrannie il la met une fois de plus en œuvre. Il oblige Monime à reconnaître son « droit tout-puissant » sur elle (II, 4, 549), tandis qu'elle doit de surcroît l'aimer. « J'obéis », dit-elle, « N'est-ce pas assez me faire entendre ? / Et ne suffit-il

---

ses lois de point en point, il paie les amants de froideurs, de légèreté et de perfidies » (Jean Chapelain, *Discours contre l'Amour*, dans *Opuscules critiques*, op. cit., p. 254-271, p. 256 et p. 260-261).

154   « Et s'il faut que pour lui Monime prévenue / Ait pu porter ailleurs une amour qui m'est due ; / Malheur au criminel qui vient me la ravir » (II, 3, 519-521). Plus loin on lit : « Un Fils audacieux [...] me ravit / Un cœur que son devoir à moi seul asservit » (II, 5, 607-610).

155   Notons que Mithridate maintient la rhétorique du devoir jusqu'à la fin de sa vie : « À mon Fils Xipharès je dois cette fortune » dit-il à Monime, mais il n'a rien pour « payer ce service important », sauf elle : « Souffrez que je vous donne ». (V, 5, 1671-1676). Le discours est moins tyrannique et plus « juste » ici, mais il considère toujours Monime comme sa propriété, et continue de voir l'amour comme une marchandise.

pas... » – Mithridate lui coupe la parole : « Non, ce n'est pas assez » (II, 4, 584-585). L'orgueilleux Mithridate ne se contente pas d'être obéi, il veut être obéi sans en avoir mauvaise conscience, sans devoir l'ordonner.

Face au tyran Mithridate ou à son fils Pharnace, Monime se sent « Captive » (I, 2, 136) et préfère « [p]ercer ce triste cœur qu'on veut tyranniser, / Et dont jamais encore je n'ai pu disposer » (I, 2, 161-162). Elle connaît son sort. Ainsi elle explique à Xipharès, le seul homme qu'elle aime : « Je ne suis point à vous, je suis à votre Père » (II, 6, 700). La *libido dominandi* n'est cependant pas toute-puissante dans la tragédie. Xipharès y résiste. Formulant son amour à Monime, il ne reprend pas les mots de son père, « vous êtes à moi » (II, 4, 542), mais les détourne : « Je vous vis, je formai le dessein d'être *à vous* » (I, 2, 194). Et si elle ne veut pas de lui, Xipharès lui promet : « Vous voulez être à vous, j'en ai donné ma foi, / Et vous ne dépendrez ni de lui [Pharnace], ni de moi » (I, 2, 179-182). Xipharès se présente d'emblée comme le prétendant le plus digne d'être aimé[156].

Force est de souligner que les personnages de Racine ne participent pas tous à la *libido dominandi* dans la même mesure. Si les deux autres concupiscences de la curiosité et de la volupté coloraient l'amour de tous les personnages – qu'il s'agisse de l'amour réciproque ou de la passion violente malheureuse –, la *libido dominandi* se manifeste selon plus de nuances. Certes, Oreste se veut initialement le ravisseur d'Hermione et tâche d'« [e]nlever à l'Épire une si belle Proie » (II, 3, 598)[157], mais il fait finalement trop grand cas de l'approbation d'Hermione pour réaliser ce dessein. Certes, Atalide ne veut pas partager le cœur de Bajazet – sa jalousie est le point de convergence par excellence de la *libido dominandi* et de l'amour : « Il est vrai, je n'ai pu concevoir sans effroi/ Que Bajazet pût vivre, et n'être plus à moi » (II, 5, 683-684). Toutefois dans son dessein de suicide elle s'en prend moins aux autres qu'à elle-même. À titre de comparaison, Phèdre, Mithridate et Roxane donnent une autre expression à leur jalousie. L'attitude dédaigneuse du jeune Joas face à la reine Athalie est certes extraordinaire : « Il faut craindre le mien, / Lui seul est Dieu, Madame, et le vôtre n'est rien » (II, 7, 685-686), mais y a-t-il de l'orgueil à défendre la vision

---

156    En même temps il est le prétendant le plus digne à hériter le pouvoir. Richard E. Goodkin y voit une constante dans l'œuvre racinien : « Racine tends to portray younger siblings in a more sympathetic light than firstborns [...] [they] are worthier to inherit power than their older counterparts » (voir : *op. cit.*, chapitre 9 « The younger Brother Comes into His Own »).

157    Cette formulation rappelle la première description par Pyrrhus de sa relation avec Andromaque : « [L]orsqu'au pied des murs fumants de Troie / Les Vainqueurs tout san-glants partagèrent leur Proie / Le Sort [...] / Fit tomber en mes mains Andromaque et son Fils. » (I, 2, 185-188).

chrétienne du monde ? Enfin, Aricie est sans doute orgueilleuse en fêtant l'idée
d'un monopole sur le cœur d'Hippolyte :

> Pour moi, je suis plus fière, et fuis la gloire aisée
> D'arracher un hommage à mille autres offert,
> Et d'entrer dans un cœur de toutes parts ouvert.
>
>            II, 1, 446-448[158]

Aricie rêve même de « porter la douleur dans une âme insensible » (450), mais
ses désirs ne se traduiront jamais en menaces, en chantages ou en obligations.
Il y a deux raisons pour cela : premièrement elle n'en a pas le pouvoir. Pour être
effective, la *libido dominandi* requiert des moyens. Créon, Alexandre, Pyrrhus,
Néron, Roxane, Mithridate et Athalie ne peuvent confondre l'amour et le
pouvoir que parce qu'ils *ont* le pouvoir. Inversement, ceux qui n'en disposent
pas doivent attendre (Antiochus, Xipharès, Aricie), ruser (Atalide, Joas) ou se
soumettre à la volonté de l'être aimé (Oreste, Iphigénie face à Agamemnon).
Notons ainsi, avec Barthes, que le pouvoir et la soif de dominer précèdent,
voire déterminent l'amour libidineux. Ce constat rapproche davantage la peinture racinienne de l'amour du portrait qu'en font les moralistes, comme La
Rochefoucauld, selon qui l'amour-propre « rendrait [les hommes] les tyrans
des autres, *si la fortune leur en donnait les moyens* »[159]. Les personnages plus
« sympathiques » de Racine, ceux dont Barthes appelle l'amour un « Éros sororal », sont-ils seulement moins libidineux parce que « la fortune » ne leur en a
pas donné les moyens, c'est-à-dire le pouvoir ?

La seconde raison de l'existence de degrés dans la *libido dominandi* amoureuse permet de nuancer ce constat. La « fortune » ne distribue pas seulement
les « moyens » pour tyranniser les autres, mais décide également d'autre chose
qui distingue les amoureux libidineux des amoureux plus justes : l'amour
lui-même. Contrairement à Phèdre, Athalie ou Roxane, les personnages d'Aricie, de Joas et d'Atalide sont impuissants face à leurs oppresseurs, mais sont,
eux, réconfortés par un amour réciproque. Aricie ne réalise finalement pas ses
rêves violents, parce qu'elle n'a pas besoin de violence pour pousser Hippolyte
à l'aimer. Inversement, ceux qui ne sont pas aimés allèguent cette impuissance
face à l'amour pour redoubler leur *libido dominandi*. L'homme puissant au
pouvoir ne supporte pas l'impuissance en amour.

---

158    Ses propos ne sont pas sans rappeler les vers de Créon cités en tête de ce sous-chapitre 3.1.
159    François de La Rochefoucauld, *Maximes, op. cit.*, max. 1, supprimée après la première édi-
       tion, p. 209. Nous soulignons.

Ainsi se nouent les deux interprétations jansénistes ou augustiniennes de l'amour chez Racine[160]. Selon la première, que l'on vient de voir, l'amour « est une passion de régner » ; selon la seconde, l'amour est une passion qui règne et qui, comme la grâce divine, détermine le sort des hommes. Les deux interprétations se rejoignent dans le constat de l'impuissance.

### 3.2    L'attrait de l'« éros rebelle » : l'exemple de Pyrrhus

L'oscillation du héros libidineux entre l'exploitation violente de son pouvoir et les manifestations d'impuissance face aux évolutions amoureuses est reflétée dans la réception de ces héros par les spectateurs des tragédies de Racine. Ils semblent, en effet, hésiter entre la réprobation – pour condamner la *libido dominandi* – et l'indulgence – qui prête plus d'attention à l'impuissance du héros. Pour Néron, par exemple, Racine note dans sa préface que certains spectateurs « ont même pris le parti de Néron contre moi. Ils ont dit que je le faisais trop cruel. [...] D'autres ont dit au contraire que je l'avais fait trop bon »[161]. Le premier groupe de critiques est sensible à la peinture de la *libido dominandi* qu'ils voient vite comme étant excessivement criminelle, alors que le second trouve que cette caractérisation de Néron ne va pas assez loin. En somme, la réception de la *libido dominandi* comme étant vicieuse est relative et la concupiscence suscite une certaine compréhension auprès de son public, surtout dans des situations amoureuses.

Comme Néron, le personnage d'Alexandre suscite des réactions ambiguës. Racine s'en moque : « Les uns soutiennent qu'Alexandre n'est pas assez amoureux, les autres me reprochent qu'il ne vient sur le Théâtre, que pour parler d'amour »[162]. L'amour s'évalue toujours en termes d'équilibre fragile avec le pouvoir et la politique : aux amours étalées correspondrait l'abaissement du héros et la négligence des affaires d'État[163] ; aux amours négligées, une *libido dominandi* et un orgueil enfreignant les mœurs galantes de l'époque[164]. Dans sa tragédie suivante, Racine est confronté au même problème. Certains – dont

---

160    Sur cette approche de l'amour racinien doublement janséniste, voir mon chapitre « Andromaque or the Desire to Be Loved », dans Joseph Harris et Nicholas Hammond (éds), *Racine's Andromaque. Absences and Displacements*, Leiden, Brill, 2019, p. 79-94.

161    Jean Racine, « Préface à *Britannicus* », OC I, p. 372.

162    Jean Racine, « Préface à *Alexandre le Grand* », OC I, p. 127.

163    Voir la critique de Saint-Évremond : « ne ruinons pas les Héros établis par tant de siècles, en faveur de l'amant que nous formons à notre seule fantaisie » (*op. cit.*, p. 183).

164    Dans une des préfaces à *Alexandre*, Racine semble vouloir défendre sa pièce contre des critiques qui trouveraient qu'Alexandre suit trop peu la volonté de sa maîtresse : « Je suis persuadé que l'amour qu'Alexandre avait pour elle [Cleofile] ne l'aurait pas empêché de rétablir Porus en présence de cette Princesse » (Jean Racine, « Préface de 1675 à *Alexandre le Grand* », OC I, p. 192).

Boileau – traitent Pyrrhus de « Héros à la Scudéri »[165], et Racine avoue avoir
« adouc[i] un peu la férocité de Pyrrhus »[166]. Mais, s'étonne-t-il :

> Encore s'est-il trouvé des Gens qui se sont plaints qu'il s'emportât contre
> Andromaque, et qu'il voulût épouser cette Captive à quelque prix que ce
> fût. [...] Mais que faire ? Pyrrhus n'avait pas lu nos Romans. Il était violent
> de son naturel[167].

Racine fait sans doute référence à la critique de Subligny, présentée sous forme
de comédie : *La Folle Querelle ou La critique d'Andromaque*[168]. Cette comédie
vise les admirateurs naïfs de la tragédie, caricaturés dans les personnages de la
Vicomtesse et d'Éraste. Face à leurs propos ridicules, Alcide, Hortense et son
amant Lysandre incarnent l'esprit critique et rationnel de l'auteur, Subligny
qui, par leurs voix, cherche à convaincre ses lecteurs des failles dans la tragédie tant applaudie. Dans la préface à sa comédie, Subligny souligne en effet
l'accueil très favorable d'*Andromaque*, mais prétend vouloir « défendre les
Auteurs de la fureur des applaudissements » afin que Racine apprenne de
ses fautes et perfectionne son génie[169]. À ses lecteurs, Subligny se propose de
montrer les failles des « plus beaux endroits où l'on s'est écrié et qui ont rempli l'imagination de plus belles pensées »[170]. La comédie reprend les passages
célèbres et sans doute les plus appréciés, pour les tourner en ridicule. Dans
ce sens *La Folle Querelle* est un outil intéressant pour la reconstruction de la
réception d'*Andromaque* et de la *libido dominandi*, le caractère de Pyrrhus
étant un des points de critique – et de dérision – préférés de Subligny.

Le critique annonce déjà dans sa préface qu'il déplore que ce protagoniste
ne soit pas honnête homme. Il fallait, écrit-il, « conserv[er] le caractère violent
et farouche de Pyrrhus, sans qu'il cessât d'être honnête homme, parce qu'on
peut être honnête homme dans toutes sortes de tempéraments »[171]. Dans
la comédie, cette critique se traduit premièrement par la parodie du

---

165   *Bolaeana ou Bons mots de M. Boileau*, éd. Jacques de Losme de Monchesnay, Amsterdam,
      L'Honoré, 1742, p. 59.
166   Jean Racine, « Préface à *Andromaque* », OC I, p. 197.
167   *Id.*
168   La comédie comprend une discussion entre Alcipe et Éraste, dont le premier se veut
      le critique raisonnable d'*Andromaque*, et le second l'admirateur ridiculisé : « Ah ! Pour
      *Pyrrhus*, Alcipe dit qu'il n'avait pas lu les Romans », sur quoi répond Éraste : « Je lui sou-
      tiens, moi, que *Pyrrhus* avait lu la *Clélie* » (Adrien-Thomas Perdou de Subligny, *La Folle
      Querelle ou La Critique d'Andromaque*, OC I, p. 280).
169   *Ibid.*, p. 258.
170   *Ibid.*, p. 259.
171   *Ibid.*, p. 262.

comportement brutal de Pyrrhus envers Andromaque. Subligny organise sa comédie autour d'une intrigue amoureuse, selon laquelle Éraste, à l'exemple de Pyrrhus, veut à tout prix épouser Hortense, qui ne veut pas de lui. Le voici en train d'expliquer sa conduite à son cousin railleur, Alcipe :

> ÉRASTE : C'est qu'elle est un peu piquée de ce que j'ai dit qu'elle m'épou-sera malgré elle, et que je ferai agir sa Mère ; mais un moment effacera tout cela.
> ALCIPE : Tu lui as donc fait le Compliment que *Pyrrhus* fait à *Andromaque* ?
> ÉRASTE : Par ma foi ! mon cher, je ne lui ai point parlé tout à fait comme *Pyrrhus* ; mais quand je l'aurais fait, je juge par moi-même, que *Pyrrhus* a raison.
> ALCIPE : Il a si fort raison, que ceux qui louent le reste de la pièce, ont tous condamné sa brutalité, et je m'imagine voir un de nos Braves du Marais, dans une maison d'honneur, où il menace de jeter les meubles par les fenêtres si on ne le satisfait promptement[172].

Éraste-Pyrrhus doit susciter l'aversion du public en raison de sa violence envers Hortense-Andromaque. Lysandre, le bon amant d'Hortense, présente alors le contre-modèle : « Pour moi, je ne prendrais pas plaisir à me faire aimer par force, et je ne voudrais obtenir une personne que d'elle-même »[173]. La libido tyrannique de Pyrrhus est rejetée au profit d'un ethos héroïque plus galant.

Or, s'il ne fait aucun doute que le comportement de Pyrrhus est loin d'être exemplaire, le tableau de sa *libido dominandi* semble bien ne pas choquer non plus. Comme le montre *La Folle Querelle*, le thème d'un mariage arrangé par un parent en dépit de la fille est proprement comique – pensons à l'intrigue des *Femmes Savantes* de Molière. Par conséquent, Subligny a beau condam-ner le peu d'honnêteté de Pyrrhus, il le banalise en même temps. Certes, sa comédie ridiculise les personnages de Racine en les pervertissant, mais la voie de l'identification ne s'en trouve pas moins explorée et ouverte. De la tragédie au roman[174], de la comédie aux « Braves du Marais »... le chantage amou-reux et le rapt sont un thème familier pour le public du XVIIe siècle. N'étant pas entièrement absentes de la vie réelle[175], mais appartenant néanmoins

---

172   *Ibid.*, p. 269.
173   *Ibid.*, p. 287.
174   Dans *La Folle Querelle* Subligny fait lui-même la comparaison : « Et dans *Cyrus*, et dans *Clélie* et dans tous nos Romans, nous voyons que tous ceux qui en usent autrement [que d'obtenir une personne d'elle-même] sont toujours malheureux » (*Ibid.*, p. 287).
175   Voir : Danielle Haase-Dubosc, *Ravie et enlevée. De l'enlèvement des femmes comme straté-gie matrimoniale au XVIIe siècle*, Paris, Albin Michel, 1999.

principalement à la sphère fictionnelle, ces manifestations extrêmes de la passion ont de quoi intéresser le spectateur. Michel Jeanneret insiste sur l'intérêt du spectateur pour cet « éros rebelle » : le critique signale cette « délectation morbide et pourtant agréable » devant la représentation des malheurs et des violences, comme si le spectateur cherchait à « libérer ses propres fantasmes »[176]. La *libido dominandi* et la volupté se rejoignent et s'offrent ensemble à la curiosité. Dans la même veine, les lectures psychanalytiques des tragédies raciniennes dévoilent des mécanismes inconscients qui font ainsi également appel à l'inconscience et au refoulé des spectateurs[177].

Depuis les études sociologiques de Norbert Elias, ce refoulé du spectateur du XVIIᵉ siècle se précise, de même que son intérêt pour le théâtre :

> [L]a vie [du courtisan] est, dans un certain sens, moins périlleuse, mais aussi moins passionnée et moins plaisante, du moins en ce qui concerne la satisfaction immédiate des appétits. Pour suppléer aux frustrations de la vie quotidienne, on se réfugie dans le rêve, dans les livres, dans l'image : c'est ainsi que la noblesse en voie de curialisation (*Verhöflichung*) se met à lire les romans de chevalerie[178].

Elias souligne la double origine de la frustration du courtisan. Depuis la politique de centralisation et la monarchie absolue, celui-ci est privé de la violence des passions *et* du plaisir intense que lui procuraient la quête de la gloire et les valeurs de l'héroïsme. L'homme est désormais « incapable de satisfaire une partie de ses tendances et pulsions autrement que sous une forme sublimée, par exemple en imagination, en adoptant une attitude de spectateur et d'auditeur, en se laissant emporter par des rêves ou des rêveries »[179]. En ce qu'ils aménagent passion, violence et pouvoir, les amours des tyrans dans l'œuvre racinien évoquent particulièrement la nostalgie de l'ancienne noblesse d'épée, regrettant sa liberté et son pouvoir perdus.

---

176    Michel Jeanneret, *op. cit.*, p. 267. De même, Merlin-Kajman fait remarquer la « fascination » ou même la « jouissance » du spectateur devant les scènes de sacrifice dans l'œuvre de Racine, sacrifices qui se présentent davantage comme des massacres (*L'Absolutisme dans les lettres, op. cit.*, p. 335).

177    Voir par exemple *La Lecture freudienne de « Phèdre »* par Francesco Orlando (*op. cit.*), les études de Charles Mauron (*op. cit.*) et, plus récemment, Mitchell Greenberg, *Baroque Bodies. Psychoanalysis and the Culture of French Absolutism*, Ithaca, Cornell UP, 2001, chapitre 5 « Racine's Oedipus : Virtual Bodie, Originary Fantasies »

178    Norbert Elias, *La Dynamique de l'Occident, op. cit.*, p. 203.

179    *Ibid.*, p. 204.

Dans sa lecture du théâtre racinien, Jean-Marie Apostolidès insiste sur ce côté politique, qui explique, selon lui, le succès de Racine. Dans un contexte historique pacifié où les frondeurs se sont convertis en courtisans, mais en refoulant, en intériorisant leurs fidélités anciennes, Racine met en scène « le retour du refoulé, le triomphe imaginaire de la passion féodale »[180]. Il fait ainsi appel à l'inconscient du spectateur qui préférerait s'identifier au héros tragique rebelle car « son point de vue [...] est celui d'une individualité qui ne peut (ou ne veut) trouver refuge dans l'univers quotidien »[181].

L'éros de Pyrrhus et des autres personnages libidineux chez Racine plaît donc parce qu'il est doublement « rebelle ». Leur amour s'oppose non seulement aux normes affectives, galantes et polies ; il conteste en outre l'ordre établi sur le plan politique. En effet, en préférant Andromaque à Hermione, Pyrrhus se révolte contre Ménélas et l'autorité grecque[182]. Cette trahison est le second grand reproche de Subligny à l'adresse de Pyrrhus, qui n'est donc honnête ni envers Andromaque, ni envers Hermione. Le critique l'intègre dans sa comédie, en imaginant une scène où Hortense, à l'image de Pyrrhus, déclare rudement à Éraste – cette fois dans le rôle d'Hermione – qu'elle veut en épouser un autre :

> Oui, Monsieur, et j'avoue que l'on vous avait voué la foi que je lui voue. Une autre que moi vous dirait que sa Mère aurait fait cela sans consulter son cœur, et que sans amour elle aurait été engagée à vous ; mais je ne veux pas m'excuser. Si vous voulez, j'épouse Lysandre, parce que je veux être traîtresse. Éclatez contre moi. Donnez-moi tous les noms destinés aux parjures. Je ne crains pas vos injures[183].

Le personnage d'Hortense parodie les vers suivants déclamés par le vrai Pyrrhus de la pièce de Racine :

180   Jean-Marie Apostolidès, *Le Prince sacrifié, op. cit.*, p. 100-101.
181   *Ibid.*, p. 180.
182   Pour Apostolidès, *Andromaque* – la « tragédie des fils » qui ne sont pas à même de suivre l'exemple grandiose du passé, de leurs parents – incarne le conflit intérieur du frondeur tiraillé entre l'ancienne féodalité et la nouvelle monarchie. Il propose, lui, d'interpréter l'amour de Pyrrhus pour Andromaque comme le désir de la génération nouvelle d'accéder à la gloire ancienne, personnifiée par Andromaque (voir : *ibid.*, p. 94-101).
183   Adrien-Thomas Perdou de Subligny, *op. cit.*, p. 285.

J'épouse une Troyenne. Oui, Madame, et j'avoue
Que je vous ai promis la foi, que je lui voue.
Un autre vous dirait, que dans les champs Troyens
Nos deux Pères sans nous formèrent ces liens,
Et que sans consulter ni mon cœur ni le vôtre,
Nous fûmes sans amour engagés l'un à l'autre.
Mais c'est assez pour moi que je me sois soumis.
[...]
Après cela, Madame, éclatez contre un Traître,
Qui l'est avec douleur, et qui pourtant veut l'être.

   IV, 5, 1289-1310

Dans *La Folle Querelle*, Éraste ne relève toutefois pas la référence ironique à son idole et s'emporte contre l'« insulte » et la « lâcheté » d'Hortense[184]. « [V]otre intérêt vous fait si tôt changer de sentiments ? » raille Hortense par la suite, « Je vous parle avec franchise, comme il fait à Hermione »[185]. Cette franchise de Pyrrhus est un argument cher aux défenseurs du personnage de Pyrrhus et de la pièce de Racine. Subligny s'en prend encore à un des passages les plus fêtés de la pièce, à savoir le passage où Pyrrhus déclare enfin qu'il aime et épousera l'ennemie de la Grèce. Pyrrhus assume ainsi le rôle de traître envers Hermione et envers le père de celle-ci et sa patrie. « Éclatez contre un Traître / Qui l'est avec douleur et qui pourtant *veut* l'être ». Glosons ce paradoxe tourné en ridicule par Subligny : Pyrrhus ne veut pas être traître, il veut surtout être amant. C'est pour épouser Andromaque qu'il doit *trahir* Hermione et la Grèce, mais il ne le fait pas sans douleur. Il suggère ainsi que cet amour qu'il va privilégier est quelque peu en dehors de son pouvoir, comme le veut la lecture janséniste. Dans cette même veine, il souligne qu'il a essayé de combattre cette passion pour Andromaque. Dans sa parodie, Subligny a évidemment omis ces neuf vers où Pyrrhus, avant qu'il ne se qualifie de traître, explique ses vaines tentatives :

---

184  *Ibid.*, p. 286. Cette lâcheté est exactement ce que Subligny reproche à Pyrrhus dans sa préface, alléguant que le grand Corneille aurait fait beaucoup mieux que Racine : « donnant
  moins d'horreur qu'il [Racine] ne donne des faiblesses de ce Prince qui sont de pures
  lâchetés, il [Corneille] aurait empêché le spectateur de désirer qu'Hermione en fût ven-
  gée » (*Ibid.*, p. 262).
185  *Ibid.*, p. 286.

Par mes Ambassadeurs mon cœur vous fut promis.
Loin de les révoquer, je voulus y souscrire.
[...]
Je voulus m'obstiner à vous être fidèle.
Je vous reçus en Reine, et jusques à ce jour,
J'ai cru que mes serments me tiendraient lieu d'amour.
        IV, 5, 1296-1304

L'emploi successif du passé simple accentue le fait que désormais – à partir de
« ce jour » – le temps des sacrifices est révolu, que la promesse elle-même est
révolue. Pyrrhus ne *veut* plus et n'y *croit* plus. Le récit du passé débouche ainsi
sur « jusques à ce jour » et sur un conditionnel qui, loin de présenter une possibilité, ôte en réalité tout espoir d'un amour réciproque : on comprend, par la
combinaison avec le passé composé de « croire », que les serments de Pyrrhus
ne pourront jamais lui tenir lieu d'amour. Pourtant, le contraste avec le vers
suivant reste : « Mais cet amour l'emporte. » (1305). Le passage, soudain au présent, crée un effet de choc, renforcé par la brièveté inattendue de l'énonciation
et l'usage presque malsain du pronom démonstratif devant amour. En effet,
l'amour au vers 1305 ne se réfère pas à l'amour qui lui précède au vers 1304.
Alors que Pyrrhus parle d'abord de la possibilité d'un amour pour Hermione,
il change abruptement le cours de son récit pour évoquer son amour bien
réel pour Andromaque, créant néanmoins, par l'usage de « cet », un soupçon
de continuité entre ces deux sentiments. Il les décrit, effectivement, tous les
deux comme étant en dehors de son pouvoir : d'Hermione il ne peut tomber
amoureux, malgré lui ; d'Andromaque il ne peut s'éloigner, et « par un coup
funeste », ils vont se « jurer, *malgré [eux]*, un amour immortel » (1305, 1307,
nous soulignons).

    Ces propos fatalistes sur l'amour n'empêchent cependant pas que l'aveu
fait par Pyrrhus devant Hermione (1285-1315) témoigne avant tout d'un choix
médité. Introduit par « Mais c'est assez pour moi que je me sois soumis » (1295),
puis évoluant du passé simple en indicatif présent, la construction du récit respire la volonté de rompre avec le passé. Si la lecture axée sur le déterminisme de
l'univers racinien veut que le héros tragique croule généralement sous le poids
de la passion amoureuse, Pyrrhus énonce ici plutôt un cri de guerre contre
tous ceux – ces « ambassadeurs » – qui veulent commander ses sentiments. En
utilisant une forme de prétérition – « Un autre vous dirait que » (1291) –, il le
leur reproche, mais indirectement. En rusant, il s'acquitte ainsi d'une partie de
la charge de trahison, tout en cherchant à assumer sa franchise, sa responsabilité et sa résistance active. Il y réussit, et c'est bien l'« aveu dépouillé d'artifice »
(1317) qu'on retient et que Subligny a cherché à pervertir dans sa *Folle Querelle*.

Son personnage d'Hortense en fait une exagération grotesque – « mais je ne veux pas m'excuser. Si vous voulez, j'épouse Lysandre, parce que je veux être traîtresse » –, si bien que Subligny souligne mieux que quiconque que l'aveu de Pyrrhus exprime un choix décisif de rompre avec le passé.

C'est cette décision qui définit Pyrrhus, selon Barthes : « C'est donc essentiellement à sa force de rupture que l'on mesure le héros racinien : c'est fatalement son infidélité qui l'émancipe »[186]. Pyrrhus n'est pas le seul « héros dogmatique ». Barthes trouve en lui un modèle qui se reproduit – quoique dans une moindre mesure – dans toutes les tragédies de Racine : « Les vrais héros raciniens [...] accèdent pleinement au problème de l'infidélité (Hémon, Taxile, Néron, Titus, Pharnace, Achille, Phèdre, Athalie et, de tous le plus émancipé, Pyrrhus) [...] ; ils sont définis par *le refus d'hériter* »[187]. Ces personnages, en outre, s'émancipent principalement par leur amour, réprouvé par celui ou celle qui incarne l'ordre établi. Hémon désobéit à son père Créon, qui s'avère être son rival pour obtenir le cœur d'Antigone. Taxile prend la défense d'Axiane contre Alexandre. Néron veut épouser Junie même si sa mère Agrippine l'a promise à Britannicus. Titus aime la reine étrangère Bérénice malgré les lois romaines et l'opinion de son père. Roxane – ajoutons-la à la liste – veut épouser Bajazet et renverser le pouvoir du Sultan. Pharnace rompt avec son père, en s'alliant aux Romains, mais également en courtisant sa compagne. Achille prend parti contre Agamemnon par amour d'Iphigénie. Phèdre aime le fils de son mari, le roi Thésée. Athalie, enfin, vit l'insurrection de la mère attendrie, qui s'éprend de son petit-fils contre la régente sévère qu'elle a toujours été.

L'étude de Barthes invite ainsi à reconsidérer le rôle de l'amour dans l'œuvre de Racine comme l'a bien montré Michael Moriarty. Barthes, en effet, ne semble pas croire en la force aveugle de la passion toute-puissante. Au contraire : « feeling is *constructed* by the acts [they] perform », i.e. dans les tragédies de Racine, les relations de pouvoir[188]. En d'autres termes, Barthes conteste la lecture janséniste selon laquelle les personnages sont le jouet de la fortune pour une lecture axée sur la liberté, ou mieux, sur la volonté de la liberté, incarnée par cette « infidélité » qu'il met au cœur de son étude[189]. Il ne faut pas s'étonner de ce que les héros libidineux réussissent le mieux en ce qui concerne ce refus du passé. Déjà puissants, ils ne tolèrent personne au-dessus d'eux : ni le joug parental, ni l'aimé qui exige le respect des normes de la réciprocité en amour.

---

186    Roland Barthes, *Sur Racine, op. cit.*, p. 56.

187    *Ibid.*, p. 56-57.

188    Michael Moriarty, *Roland Barthes*, Cambridge, Polity Press, 1991, p. 66.

189    « Mon Racine, c'est une réflexion sur l'infidélité » (Roland Barthes, « Au nom de la 'nouvelle critique', Roland Barthes répond à Raymond Picard », dans *Œuvres complètes*, t. III, éd. Éric Marty, Paris, Seuil, 2002, p. 752).

La *libido dominandi* apparaît alors comme une réaction à un double sentiment d'impuissance, sur le plan politique et sur le plan amoureux.

Cette double rébellion représentée par Racine entre en résonance avec une intuition générale qui marque depuis quelque temps les esprits peu contents du nouveau pouvoir centralisé et des nouvelles normes de politesse. Or ce qui fait réellement passer le message, ce qui rend le public plus ouvert à cette rébellion, c'est la façon dont il est véhiculé, par l'amour. Ainsi la *libido dominandi* en l'amour semble plus facilement envisageable. Même Saint-Évremond, qui n'est pourtant pas le premier à encourager la représentation de l'amour, reconnaît cette disposition apaisante de la passion :

> Rejeter l'amour de nos Tragédies comme indigne des Héros, c'est ôter ce qui leur reste de plus humain, ce qui nous fait tenir encore à eux par un secret rapport, et je ne sais quelle liaison qui demeure encore entre leurs âmes et les nôtres[190].

### 3.3    *Le « secret rapport » amoureux entre spectateur et personnage*

L'amour occupe un rôle particulier au théâtre. Par sa nature « humaine » soulignée par Saint-Évremond, c'est cette passion qui crée pour le public et les lecteurs la possibilité de l'identification. Ce « secret rapport » est avant tout ce qui explique le plaisir pris au théâtre, écrit Bossuet :

> On se voit soi-même dans ceux qui nous paraissent comme transportés par de semblables objets : on devient bientôt un acteur secret dans la tragédie, on y joue sa propre passion ; et la fiction au dehors est froide et sans agrément, si elle ne trouve au dedans une vérité qui lui réponde[191].

La contagion théâtrale consiste principalement en l'« impression » des passions sur le spectateur, qui les imite en s'identifiant à ce qu'il voit représenter. Saint-Évremond et Bossuet reformulent l'idée de Nicole citée dans l'introduction de ce chapitre. En effet, Nicole entendait par ce « secret rapport » au public ou par cette « vérité qui lui répon[d] » les « inclinations corrompues des

---

190   Charles de Saint-Évremond, *op. cit.*, p. 186. Toutefois, Saint-Évremond n'est pas prêt à sacrifier le caractère historique des héros tragiques au profit de cette identification : « pour les vouloir ramener à nous par ce sentiment commun, ne les faisons pas descendre au-dessous d'eux, ne ruinons pas ce qu'ils ont au-dessus des hommes » (*id.*).

191   Jacques-Bénigne Bossuet, *Maximes et réflexions sur la comédie*, dans *L'Église et le théâtre*, éd. Charles Urbain et Eugène Levesque, Paris, Grasset, 1930, p. 169-276, chap. IV, p. 178-179.

lecteurs, ou des spectateurs », à savoir « l'amour [ou la concupiscence], [les] sentiments d'orgueil, et [les] maximes de l'honneur humain »[192]. Pour Nicole, ce sont ces « trois principales pentes » des « gens du monde » qui font fusionner le personnage de théâtre et le spectateur. En d'autres termes, le spectateur se reconnaît dans les personnages concupiscents, parce que l'auteur les a conçus comme le miroir du spectateur, pécheur concupiscent. Vicié, le théâtre appelle et ranime la nature corrompue de l'homme. Cette stratégie spéculaire endort la conscience et le jugement du spectateur, qui se laisse « doucement aller en suivant la pente de la nature »[193].

De fait, le cas de Racine semble consolider les intuitions de Nicole. L'analyse des concupiscences – et avant tout de la *libido dominandi* – dans les tragédies de Racine confirme, premièrement, l'idée que le spectateur trouve ou cherche quelque chose de personnel, de refoulé dans le théâtre. Le poète de théâtre fait appel à l'inconscient du spectateur et du lecteur, qui se reconnaissent dans les personnages parce qu'ils représentent une vérité commune, celle du refoulé. En second lieu, le succès des pièces de Racine, remplies de violences et de brutalités, semble donner raison à Nicole qu'un dramaturge comme Racine aurait adopté sciemment ce genre de stratégie dramaturgique pour *plaire.*

Or le lien entre ces deux constats est plus compliqué que Nicole semble le suggérer. Le tableau de la *libido dominandi* ou de l'orgueil ne plaît pas en tant que tel ; les spectateurs ne se délectent sans doute pas de la simple représentation d'une cruauté gratuite. Aussi tous les personnages libidineux ne sont-ils pas reçus ou appréciés de la même façon. Comme Néron, le personnage de Narcisse est indubitablement habité par les inclinations corrompues propres à l'homme déchu. La tragédie étale non seulement sa fourberie mais également son orgueil – « pour nous rendre heureux, perdons les misérables » (II, 8, 760) – et sa concupiscence charnelle – « sa profane main » puis son « infidèle sang » portent atteinte à la chasteté de Junie (V, 8, 1770-1772). Pourtant, si les spectateurs montrent une certaine sympathie pour le Néron racinien (ou semblent, du moins, hésiter à le condamner unanimement, cf. *supra*), l'opinion publique a bien perçu le caractère bas et vicieux de Narcisse. Racine l'écrit dans sa préface[194], et quelques décennies plus tard, le grammairien Dominique Bouhours prend ce personnage de Racine comme exemple pour illustrer

---

192    Pierre Nicole, *Traité de la Comédie, op. cit.*, chap. XVII, p. 68. Cf. *supra.*

193    *Ibid.*, chap. II, p. 38.

194    Contrairement à la réception ambiguë du portrait racinien de Néron, la caractérisation vicieuse de Narcisse est incontestable selon Racine : « Quelques-uns [...] se sont plaints que j'en eusse fait un très méchant homme » (« Préface à *Britannicus* », OC I, p. 373).

les connotations négatives du suffixe « de cour » : Narcisse est une « *Peste de Cour* »[195].

Il en va de même pour les personnages d'Aman et de Mathan. L'orgueil du premier, dans *Esther*, crève les yeux. L'insolence d'Aman était déjà centrale dans la source biblique, le *Livre d'Esther*, et n'en devient que plus frappante quand Racine lui donne la parole dans sa pièce : « Un homme tel qu'Aman », dit-il de lui-même, « lorsqu'on l'ose irriter, / [...] / Il faut des châtiments dont l'Univers frémisse » (II, 1, 471-473). Il fait évidemment référence à Mardochée, dont il veut punir le dédain qui résiste à son propre « désir d'être craint ou d'être aimé des hommes, sans autre raison que d'en tirer une joie qui n'est pas la joie »[196]. Comme Aman, Mathan ne pense qu'à lui-même. Ce prêtre sacrilège, adorateur de Baal dans *Athalie* a vite compris que sa *libido dominandi* l'éloigne du Dieu des Juifs. Il l'explique à son confident Nabal, parlant, comme Aman, de lui-même à la troisième personne :

> Né Ministre du Dieu qu'en ce Temple on adore,
> Peut-être que Mathan le servirait encore,
> Si l'amour des grandeurs, la soif de commander
> Avec son joug étroit pouvaient s'accommoder.
>
> III, 3, 923-926

Mathan résume dans ces quelques vers le premier péché de l'homme, d'abord placé près de Dieu, mais ensuite séduit par la promesse « Vous serez comme des dieux »[197] du serpent. La désobéissance des premiers hommes – et celle de Mathan – n'a qu'une seule origine, selon Augustin :

> [Q]uel a pu être le commencement de la volonté mauvaise sinon l'orgueil ? Le commencement, en effet, de tout péché est l'orgueil (*S* 10, 15)[198]. Mais qu'est-ce que l'orgueil, sinon le désir d'une grandeur perverse ? Perversion de la grandeur, en effet, que d'abandonner le principe auquel l'âme doit s'attacher pour se faire en quelque manière son principe à elle-même ![199]

---

195    Dominique Bouhours, *Suite des Remarques nouvelles sur la langue françoise*, Paris, G. et L. Josse, 1692, art. « Homme de Cour », p. 9.

196    Augustin, *Les Confessions*, t. II, *op. cit.*, X, 36, 59, p. 247.

197    *Genèse*, III, 5, dans *La Bible, op. cit.*, p. 8-9 (cité par Augustin, *La Cité de Dieu*, t. II/1, *op. cit.*, XIV, 13, p. 202).

198    *Ecclésiastique*, X, 15 (*La Bible, op. cit.*, p. 839) : « le principe de tout péché est l'orgueil ».

199    Augustin, *La Cité de Dieu*, t. II/1, *op. cit.*, XIV, 13, p. 200.

Orgueilleux, l'homme « s'est soustrait à [l]a domination » de Dieu, écrit Pascal des siècles plus tard[200]. Mathan pouvait-il mieux incarner l'homme déchu de la doctrine augustinienne redécouverte à Port-Royal au XVIIe siècle ? Pour un Nicole, il ne doit pas y avoir de plus proche du commun des « hommes du monde » que le personnage de Mathan, sans même évoquer l'« orgueil déguisé » dont il fait montre en « flatta[nt] le[s] caprices » des rois, changeant « de mesure et de poids [...] à leur gré » (III, 3, 935-938). La critique contemporaine confirme le statut d'antagoniste criminel de Mathan. En Angleterre également, son personnage est démasqué et considéré comme un escroc orgueilleux. La pièce semble même louée pour cette raison, c'est-à-dire pour la punition sous-entendue de Mathan :

> He is a very ill man, but makes a considerable appearance, and is one of the top of Athalia's faction. And as for the blemishes of this life, they all stick upon his own honour, and reach no farther than his person : in fine, the play is a very religious poem ; 'tis upon the matter, all sermon and anthem[201].

En d'autres termes, le personnage de Mathan est reçu comme Racine l'avait voulu : comme l'opposant criminel au peuple juif, dont on applaudit la punition légitime.

Narcisse, Aman et Mathan ont plus en commun que d'être les méchants personnages secondaires, les conseillers orgueilleux des protagonistes puissants. Avec Néron ou Athalie, ils partagent tous des traits de caractère criminels[202], mais non pas la réception digne d'un véritable héros tragique dans l'univers de Racine. La raison de cet écart tient à la passion amoureuse. C'est elle en effet qui distingue un Narcisse d'un Néron, un Mathan d'une Athalie. Dans le cas d'Aman, il suffit de remarquer que Racine s'est volontairement abstenu de le rendre amoureux, comme l'avait fait pourtant Du Ryer dans sa mise en scène d'*Esther* en 1644. L'amour est à même de susciter de la pitié pour le personnage libidineux, atténuant de cette façon l'horreur qu'il inspire naturellement[203].

---

200  Blaise Pascal, *Pensées, op. cit.*, fr. 182, p. 241.

201  Jermey Collier, *A short view of the immorality and profaneness of the English stage* (1698), NCR, p. 430.

202  Racine esquisse explicitement ce parallèle pour Narcisse, se référant à Tacite : « cet Affranchi avait une conformité merveilleuse avec les vices du Prince encore cachés. *Cujus abditis adhuc vitiis mire congruebat* » (« Préface à *Britannicus* », OC I, p. 373).

203  C'est l'amour qui permet à Racine de mettre en scène des personnages tragiques « ni tout à fait bons, ni tout à fait méchants » (Jean Racine, « Préface à *Andromaque* », OC I, p. 197-198). Ainsi ce sentiment joue un rôle crucial dans le fonctionnement de la *hamartia*, voir *infra*, chap. 3, 3.2.

L'amour, et non la seule concupiscence, charme le public et l'incite à éprouver de l'intérêt pour les personnages.

•••

Pour revenir donc aux propos de Nicole selon lesquels « les Poètes, qui doivent s'accommoder à ces inclinations pour leur plaire, sont obligés de [...] remplir [leurs pièces] d'amour, de sentiments d'orgueil, et des maximes de l'honneur humain », il convient de lui accorder les effets séducteurs de l'amour, mais non pas en tant que simple concupiscence. Au contraire, l'amour est ce qui rend les concupiscences plus ou moins agréables. La passion amoureuse encadre et justifie les manifestations principales de la volupté et de la curiosité dans les tragédies de Racine et excuse en quelque sorte la *libido dominandi* en l'intégrant dans un contexte d'impuissance.

La séduction du théâtre de Racine n'est donc pas entièrement mimétique. Certes, ses tragédies incluent un appel au refoulé, aux désirs secrets et terrestres du public : le spectateur est invité à prendre part au jeu de regards concupiscents qu'il voit représenter sur scène ; le lecteur intéressé partage la curiosité brûlante des personnages. Nicole le savait déjà : le crime du poète de théâtre est non seulement de faire appel à cet inconscient, mais de le réveiller. En représentant les concupiscences, le théâtre augmente la corruption du public, car le lien créé entre personnage et spectateur invite ce dernier à imiter les sentiments et les actions du premier[204] : les personnages de tragédie « montre[nt] le chemin à ce[ux] qui seront possédé[s] de la même passion »[205]. En revanche, concernant la troisième des concupiscences cette réaction mimétique tient moins. La violence de l'orgueil montrée sur scène ne suscite pas de violence dans la salle[206]. Le spectateur s'y complaît avant tout

---

204   Thirouin voit dans la coexistence de ces deux logiques une contradiction apparente. Il en conclut que la comédie du XVIIe siècle – comme la télévision aujourd'hui – « joue son rôle propre dans l'évolution des mentalités », car ce genre de médium « tout en se conformant aux désirs, [...] intervient dans la nature de ces désirs » (*L'Aveuglement salutaire, op. cit.*, p. 131). Selon John D. Lyons, ce « processus circulaire » qui lie les passions du personnage et celles du spectateur n'est rien d'autre que la vraisemblance (« Le Démon de l'inquiétude : la passion dans la théorie de la tragédie », *XVIIe siècle*, 1994, 4, p. 787-798, p. 792).

205   Pierre Nicole, *Traité de la Comédie, op. cit.*, chap. XV, p. 66.

206   Toutefois l'on associe bien la régulation des mœurs sur scène d'un côté et celle dans la salle de l'autre. Ainsi la « Declaration du Roy » de 1673 précise qu'il faut désormais que « ceux qui voudront prendre part à cette sorte de divertissement, d'où presentement tout ce qui pourroit blesser l'honnesteté publique doit estre heureusement retranché, ayent la liberté de s'y trouver sans craindre aucuns des accidens ausquels ils ont esté si souvent

parce que cette rébellion, qu'il a beau désirer secrètement, est inatteignable dans la vraie vie. Le théâtre devient alors une sorte de rêve ou de lieu de refuge.

Ainsi le plaisir pris par le public en voyant ou en lisant les tragédies de Racine n'est-il pas le même pour les trois concupiscences. L'attrait des deux premières concupiscences sensorielles – de la chair et des yeux – est intrinsèque au fonctionnement du théâtre, où tout spectateur vient pour voir les interactions entre des corps agissants et parlants, et pour entendre des histoires, pour se divertir. Quant à la dernière concupiscence – l'orgueil, que les moralistes traitent par ailleurs séparément eux aussi –, sa nature séduisante ne relève pas du fonctionnement dramatique, mais est d'ordre dramaturgique, elle est orchestrée par Racine et répond à la problématique contemporaine de l'oscillation entre le pouvoir et l'impuissance. Dans ses tragédies, Racine met en place des stratégies pour optimiser l'effet de l'attrait dramatique et dramaturgique, tout en se distanciant – par le déroulement de ses histoires ou par des préfaces et des prologues contextualisants – du comportement concupiscent de ses personnages. À l'instar des traités chrétiens et moraux, Racine condamne les trois concupiscences et critique même, dans *Esther*, les « frivoles spectacles ». Or, les censeurs du théâtre ne sont pas dupes : même ayant les meilleures intentions, les dramaturges se rendront toujours coupables par leur art de composer des pièces de théâtre. Indulgent pour les mobiles des auteurs, Senault est catégorique sur la corruption inévitable de leurs créations théâtrales : « [C]ontre leur intention même ils [les dramaturges] favorisent le péché qu'ils veulent détruire, et ils lui prêtent des armes pour combattre la vertu qu'ils veulent défendre »[207]. Ainsi de même, chez Racine, la condamnation intra-scénique de l'amour concupiscent et du théâtre ne réussit pas à convaincre, car la dramaturgie racinienne elle-même est imprégnée de cette triade, à laquelle l'amour a donné un élan d'autant plus séduisant.

---

exposez » (Déclaration citée dans Samuel Chappuzeau, *Le Théâtre françois* [1674], Paris, J. Bonnassies, 1876, p. 154). Sur ces violences si communes au parterre et les édits royaux pour les empêcher, voir notamment : François Parfaict, *Histoire du théâtre français, depuis son origine jusqu'à présent*, t. VI, Paris, Le Mercier, 1746.

207 Jean-François Senault, *Le Monarque ou les devoirs du souverain*, extrait cité dans Pierre Nicole *et al.*, *Traité de la Comédie, op. cit.*, p. 139-144, p. 144. Voir également Jean-François Senault, *De l'usage des Passions*, Paris, Veuve J. Camusat, 1641, chap. « Que la plus grande partie des Arts seduit l'homme par le moyen de ses Passions » : « [I]e sçay bien que nos Poëtes sont chastes en leurs escrits, & que la Comedie toute licencieuse qu'elle est, ne monte plus sur le theatre que pour condamner le vice [...] Neantmoins [...] la chasteté ne paroist pas si belle dans les vers que l'impureté, & [...] l'obeïssance des Passions ne semble pas si agreable que leur rebellion, on s'attache plus souuent aux affections violentes qu'aux raisonnables, & comme les Poëtes les expriment auec plus d'éloquence, les auditeurs les escoutent auec plus de plaisir » (p. 184-185).

## CHAPITRE 2

# À la recherche du pur amour

« S'il y a de l'amour pur et exempt du mélange de nos autres passions, c'est celui qui est caché au fond du cœur et que nous ignorons nous-mêmes »[1]. Tel est le projet de ce chapitre : après l'étude des pires avatars et effets de l'amour – la volupté, la curiosité ou la *libido dominandi* – il s'agira de fouiller l'œuvre de Racine pour y découvrir un reste inopiné de pur amour, d'amour véritable et authentique, caché, ignoré, négligé. Les pièces bibliques se prêtent de toute évidence le mieux à cette enquête, le pur amour n'étant autre, au XVIIe siècle, que l'amour de Dieu et, par extension, l'amour de la créature à travers Dieu. D'emblée, la passion représentée dans *Esther* et *Athalie* accuse un écart irréfutable par rapport à la passion profane des tragédies précédentes.

Aussi la remarquable conversion de Racine à la littérature religieuse a-t-elle été suivie avec méfiance par ses contemporains, peu impressionnés par ce revirement dévot :

> Pour expier ses tragédies,
> Racine fait des psalmodies
> En style de *Pater Noster*.
> Moins il peut émouvoir et plaire,
> Plus l'œuvre lui semble exemplaire[2].

L'épigramme attribuée à Fontenelle témoigne du contraste ressenti entre les pièces bibliques et les tragédies profanes, qui, apparemment, pourraient compter comme des « fautes de jeunesse » pouvant – devant – être *expiées*[3]. Or ces vers montrent également que Racine sera toujours célébré comme l'auteur de ses premiers chefs-d'œuvre, qui bien que transgressifs, auraient le mérite d'émouvoir et de plaire. Les tragédies profanes de Racine sont prises comme la pierre de touche pour les pièces bibliques. Ainsi Madame de Sévigné écrit-elle

---

1  François de La Rochefoucauld, *Maximes*, op. cit., max. 69.
2  Bernard Le Bovier de Fontenelle (attribuée à), *Épigramme* (1691), NCR, p. 274.
3  À la fin de sa vie, Racine même souscrit à l'idée d'une véritable conversion religieuse, en rendant grâce à sa tante, supérieure à Port-Royal, « dont Dieu s'est servi pour [l]e tirer de l'égarement et des misères où [il a] été engagé pendant quinze années » (Jean Racine, « Lettre à Madame de Maintenon », 4 mars 1698, OC II, p. 595). Voir également l'épitaphe de Racine par Tronchai déjà citée (NCR, p. 442).

malicieusement à sa fille, après avoir assisté à une représentation d'*Esther* : « Racine s'est surpassé. Il aime Dieu comme il aimait ses maîtresses ; il est pour les choses saintes comme il était pour les profanes »[4].

Nonobstant le ton railleur, la lettre atteste d'une certaine continuité, malgré tout, dans la peinture des passions profanes et religieuses par Racine. Il ne faut pas s'en étonner : « [D]ans les cultures formées par la tradition chrétienne, l'amour véritable tend à être modelé selon une certaine image de l'amour divin », explique Simon May[5]. Racine aurait donc fondé sa peinture de l'amour profane sur le modèle divin, alors même que la carrière du dramaturge présente l'évolution inverse. Il en résulte qu'une analyse de l'amour chez Racine qui part de l'amour divin, tel que conçu et présenté dans *Esther* et *Athalie*, n'est pas nécessairement anachronique. L'amour divin était déjà l'amour de référence, le seul amour admissible dans la société où Racine se consacre à écrire *La Thébaïde*. Racine le savait et connaissait parfaitement son registre et ses topoi. Pourquoi alors ne pas s'inspirer de ce modèle omniprésent et se l'approprier dans un contexte profane ?

Quel est le rapport entre l'amour profane et l'amour divin chez Racine, et comment établit-il des parallèles et des écarts entre eux au profit du public ? *Esther* et *Athalie* constituent le point de départ de cette analyse, fournissant, par leur relation aux textes religieux sur le pur amour, des critères d'évaluation pour les passions profanes. Les tragédies profanes sont considérées ensuite pour examiner dans quelle mesure ce pur amour *exemplaire* raillé par Fontenelle peut bel et bien être manipulé en vue d'*émouvoir* et de *plaire*.

## 1    L'amour divin : les tragédies bibliques

[C]ette histoire leur paraissa[i]t [aux « Personnes illustres, qui ont bien voulu prendre la principale direction de cette Maison », de Saint-Cyr] pleine de grandes leçons d'amour de Dieu, et de détachement du monde au milieu du monde même[6].

---

4  Madame de Sévigné, « À Madame de Grignan », 7 février 1689, lettre 1067, dans *Correspondance*, t. III, éd. Roger Duchêne et Jacqueline Duchêne, Paris, Pléiade, 1978, p. 498-500, p. 498.

5  Simon May, *Love. A History*, *op. cit.*, p. 1, nous traduisons : « in cultures formed by the Christian tradition genuine love tends to get modelled on a certain picture of divine love ».

6  Jean Racine, « Préface à *Esther* », *OC I*, p. 946.

Quand Madame de Maintenon demande à Racine de « faire sur quelque sujet de piété et de morale une espèce de Poème »[7], la proposition de l'histoire d'*Esther* plaît immédiatement. Racine et la direction de Saint-Cyr estiment qu'Esther et son amour divin sont un exemple à suivre pour les jeunes pensionnaires de la maison. Deux ans plus tard, le dramaturge conçoit, de même, le jeune protagoniste d'*Athalie* comme étant « un Enfant tout extraordinaire », exemplaire en ce qu'il porte les fruits d'une excellente éducation : Joas est « élevé dans le Temple par un grand Prêtre qui, le regardant comme l'unique espérance de sa Nation, l'avait instruit de bonne heure dans tous les devoirs de la Religion et de la Royauté »[8]. Comme pour *Esther*, Racine souligne ainsi la valeur morale et pédagogique de son ouvrage. Joas n'hésite pas à énumérer ses « devoirs » :

> Un Roi sage, ainsi Dieu l'a prononcé lui-même,
> Sur la richesse et l'or ne met point son appui,
> Craint le Seigneur son Dieu, sans cesse a devant lui
> Ses préceptes, ses lois, ses jugements sévères,
> Et d'injustes fardeaux n'accable point ses frères.
>
> IV, 2, 1278-1282

La science des « devoirs de la Religion » dépasse ainsi l'unique rapport à Dieu. L'amour divin comprend et régule tout aussi bien le rapport du moi à la créature, c'est-à-dire à soi-même, au monde – que le moi soit au sein du monde, comme dans *Esther*, ou réfugié au Temple, comme dans *Athalie* – et aux autres hommes, « ses frères ». Tous ces rapports vertueux sont essentiellement des rapports d'amour, de charité, explique Augustin : « pour résumer brièvement et dans sa généralité ma conception de la vertu, [...] c'est l'amour [*caritas*] par lequel on aime *ce qui doit être aimé* »[9], c'est-à-dire, – suivant les deux commandements du christianisme[10] compris dans l'idée de la charité – Dieu, soi-même

---

7    *Id.*
8    Jean Racine, « Préface à *Athalie* », OC I, p. 1011. Joas est vu comme étant exemplaire par comparaison avec le jeune duc de Bourgogne : « la France voit en la personne d'un Prince de huit ans et demi [...] un *exemple illustre* de ce que peut dans un Enfant un heureux naturel aidé d'une excellente éducation » (*Id.*, nous soulignons).
9    Jérôme et Augustin, *Lettres croisées de Jérôme et Augustin*, éd. et trad. Carole Fry, Paris, Les Belles Lettres/J.-P. Migne, 2010, lettre 167, paragraphe 15.1, p. 387-388, nous soulignons.
10   « Vous aimerez le Seigneur votre Dieu de tout votre cœur, de toute votre âme et de tout votre esprit. C'est là le plus grand, et le premier commandement. Et voici le second qui est semblable à celui-là : Vous aimerez votre prochain comme vous-même. Toute la loi et les prophètes sont renfermés dans ces deux commandements » (*Matthieu*, XXII, 37-40, dans *La Bible, op. cit.*, p. 1296).

et son prochain[11]. Ces trois amours sont interdépendantes, ou plus précisément, sans aimer Dieu on ne peut accéder à un juste amour de soi et de son prochain[12]. Dans ses deux pièces bibliques, Racine met en scène les trois.

### 1.1    *L'amour divin et le « détachement du monde »*

Comme Pascal exprime son amour pour Dieu dans la virulente critique de l'amour-propre, les tragédies bibliques de Racine louent l'amour divin en montrant ce qu'il refuse d'être. Le chapitre précédent a montré comment Esther, Joas et leur suite juive résistent à l'empire des concupiscences : Esther abhorre les plaisirs de la chair, pourtant abondants à la Cour d'Assuérus et met « au rang des profanations / Leur table, leurs festins, et leurs libations » (I, 4, 275-276) ; Joad conjure ses fidèles de garder confiance en Dieu et de ne pas s'adonner au vain désir de savoir ; ennemi de l'orgueil, Joas se sent indigne de porter le bandeau royal et Esther a honte de son nouveau pouvoir[13]. À travers ces multiples refus des désirs terrestres, *Esther* et *Athalie* thématisent ce « détachement du monde » dont Racine se félicite dans la préface d'*Esther* et qui constitue chez lui une des manifestations principales de l'amour divin.

En effet, Esther exprime surtout sa foi par son humilité et sa douceur. Contrairement à Joas qui, « [l]oin du monde élevé » (II, 9, 782) et caché dans le temple, proclame à haute voix sa fidélité et son amour pour Dieu[14], Esther est contrainte d'intérioriser son amour, faute de pouvoir le déclarer ouvertement. Par conséquent, elle atteste sa foi en refusant de prendre part à la vie de la Cour. Son amour de Dieu, présent ainsi par la négation de ce qu'il n'est pas, n'est pourtant pas passif et se traduit bel et bien par une pratique religieuse. Elle insiste sur ce point auprès d'Élise :

> Cependant mon amour pour notre nation
> A rempli ce Palais de filles de Sion,
> Jeunes et tendres fleurs, par le sort agitées,
> Sous un ciel étranger comme moi transplantées.
> Dans un lieu séparé de profanes témoins,
> Je mets à les former mon étude et mes soins.

---

11    Sur cette triade et surtout sur la charité et le renoncement à soi dans l'œuvre d'Augustin, voir : Hannah Arendt, *Le Concept d'amour chez Augustin*, trad. Anne-Sophie Astrup, Paris, Payot & Rivages, 1999.

12    Jérôme et Augustin, *op. cit.*, lettre 167, paragraphe 16.3, p. 389.

13    Voir *Esther* I, 1, 83-85, et I, 4, 277-280 ; *Athalie* IV, 1, 1252-1255.

14    Par exemple dans son entretien avec Athalie : « Quel est tous les jours votre emploi ? » – « J'adore le Seigneur » (II, 7, 661-662). Et plus loin : « Il faut craindre le mien, / Lui seul est Dieu, Madame » (685-686).

Et c'est là que fuyant l'orgueil du diadème,
Lasse de vains honneurs, et me cherchant moi-même,
Aux pieds de l'Éternel je viens m'humilier,
Et goûter le plaisir de me faire oublier.

I, 1, 101-110

Dès la première scène, Esther esquisse les tensions propres à sa situation, opposant la Cour « profane » et le refuge religieux. Bien que caché, son amour pour
le Dieu des Juifs *agit* néanmoins : c'est son amour qui rassemble les filles et les
instruit. Cette personnification de l'amour unificateur est d'autant plus por-
teuse de sens qu'elle figure dans un contexte de suppression, traduit par l'usage
des participes passés (et passifs) « agitées » et « transplantées ». L'amour actif
incarne alors l'espoir d'une force qui transcende les filles opprimées. L'idée
de transcendance est renforcée par l'évocation de « l'Éternel » qui infirme,
d'emblée, le pouvoir profane exercé à la Cour. Les termes dans lesquels Esther
évoque son expérience religieuse font résonner la description de l'amour divin
dans les *Pensées* :

> [L]e Dieu des chrétiens est un Dieu d'amour et de consolation [...] qui
> s'unit au fond de leur âme, qui la remplit d'humilité, de joie, de confiance,
> d'amour ; qui les rend incapables d'autre fin que de lui-même[15].

Joyeuse, Esther ressent l'union avec Dieu en s'humiliant ; ce sont ces expériences qui lui donnent l'espoir et la confiance nécessaires pour sauver son
peuple. Dans son refuge, elle court ainsi chercher son identité, celle qu'elle
devra découvrir à son époux. Or, plutôt que de la retrouver, elle s'y « fait
oublier ». La tournure est intéressante. Par qui veut-elle se faire oublier ? Par
la Cour, dont elle supporte très mal les honneurs ? Par Dieu, pour ces mêmes
raisons, c'est-à-dire pour qu'il oublie son nouveau statut profane ? L'omission
quelque peu étonnante du complément d'agent détourne l'attention de celui
qui oublie pour s'attarder sur celle qui veut être oubliée : dans sa pratique religieuse, Esther fuit le monde dans un abandon d'elle-même en Dieu. « Oubli
du monde et de tout, hormis Dieu. [...] Joie, joie, joie, pleurs de joie »[16]. Même
Pascal, dans son *Mémorial*, décrit l'amour divin comme une intense expérience
joyeuse et quasi-mystique.

---

15   Blaise Pascal, *Pensées, op. cit.*, fr. 690, p. 530. Sur l'amour divin, voir également les frag-
     ments 15, 181 et 511.
16   *Ibid.*, fr. 742 [LE MÉMORIAL], p. 588.

L'idée de l'oubli de soi et du monde est inhérente au christianisme en général. Elle se manifeste toutefois le plus clairement dans le mysticisme de la fin
du siècle, où l'anéantissement du moi devient le seul paramètre de l'amour
de Dieu désintéressé. En effet, au moment où Racine crée ses deux pièces
bibliques, se développe une doctrine du pur amour, dont François Fénelon est
le principal théoricien, inspiré et influencé par les travaux et les expériences
mystiques de Madame Guyon. Le pur amour est un amour pour Dieu où le
désintéressement est crucial : il faut aimer Dieu pour Dieu même et non pas
pour le bonheur qu'il promet[17]. Selon Fénelon, un amour véritablement désintéressé pour Dieu doit donc être indifférent au salut et au bonheur éternel.
Aussi Fénelon remet-il en question la promesse gratuite de la récompense
éternelle, car seul un homme qui n'attend *pas* la grâce divine peut aimer d'un
amour véritablement pur. Dans son étude récente, Jacques Le Brun résume le
paradoxe du désintéressement dans l'amour divin :

> Ainsi était jugé seul véritable un amour détaché de toute perspective de
> récompense et de tout intérêt pour soi, le critère de la validité, et même
> de la légitimité, de l'amour étant la perfection d'un détachement poussé
> jusqu'à la perte du sujet. Dans le cas de l'amour divin cette perte pouvait
> aller jusqu'à la radicale condamnation portée par celui qui était l'objet de
> l'amour, par Dieu : un Dieu qui damnerait celui qui l'aime serait par lui
> aimé plus purement que s'il le récompensait[18].

Aimer Dieu, même – voire davantage – si ce Dieu signifie la perte des hommes :
voilà en quoi consisterait le pur amour, l'amour véritablement inconditionnel.
Ramenée à l'exemple d'Esther, la doctrine du pur amour de Fénelon aide à discerner l'ampleur de l'amour divin de la jeune fille. Certes, elle reste confiante
en la bonté divine, mais la tragédie thématise surtout comment elle et sa suite
continuent à croire malgré toutes les adversités, toutes les oppressions et per-
sécutions qu'elles savent pourtant être une punition divine. En d'autres termes,
elles « [a]dor[e]nt dans leurs fers le Dieu qui les châtie » (III, 3, 1108). L'amour
d'Esther – comme celui de Joad et Joas également persécutés – n'en devient
que plus pur, en ce qu'il ne se décourage pas à travers l'épreuve. Leur amour est
une soumission bienveillante, une crainte joyeuse. À la fin d'*Esther*, une fille du
chœur chante : « Que le Seigneur est bon ! Que son joug est aimable ! / Heureux,

---

17    « Amour pur, désintéressement, anéantissement et sacrifice de soi, telles sont les idées
       maîtresses qui composent chez Fénelon un *système* théorique parfaitement cohérent »
       (Michel Terestchenko, *op. cit.*, p. 35).
18    Jacques Le Brun, *Le Pur Amour de Platon à Lacan, op. cit.*, p. 10.

qui dès l'enfance en connaît la douceur ! » (III, 9, 1265-1266). Le commentaire de Racine dans les marges de son propre exemplaire imprimé d'*Esther*[19] prouve qu'il n'est pas question de contradiction, le joug de Dieu *est* aimable : « beatus qui portaverit jugum ab adolescentia »[20]. Ce vers reprend les *Lamentations de Jérémie* : « Il est bon à l'homme de porter le joug dès sa jeunesse »[21].

Si Dieu punit tout en étant bon et aimable, l'homme doit l'aimer, tout en le craignant. Dans *Athalie*, Joad déclare à l'un de ses fidèles : « Soumis avec respect à sa volonté sainte, / Je crains Dieu, cher Abner, et n'ai point d'autre crainte » (I, 1, 63-64). Racine peint, conformément à la tradition chrétienne, un Dieu juste, mais également un « Dieu jaloux » et un « Dieu des combats », qu'« il faut craindre »[22]. À la fin d'*Esther*, la terre entière est appelée à « frémi[r] d'allégresse et de crainte » quand Dieu descend du ciel et répand dans les cœurs des « torrents de plaisirs » (III, 9, 1262, 1269). Le dramaturge joue délibérément sur l'ambiguïté de l'émotion religieuse en puisant dans plusieurs sources insistant soit sur la joie, soit sur la crainte. Forestier fait remarquer que le vers reprend le verset du psaume : « Le Seigneur a établi son règne : que la terre soit dans l'allégresse »[23]. Racine, cependant, a noté une autre référence en marge du vers : « commoveatur a facie eius universa terra. Ps. 95 »[24] : l'humanité entière doit *trembler* devant Dieu. Racine, lui, a préféré expliciter que l'on peut trembler de plaisir et de crainte, que l'amour divin englobe les deux, et cela en même temps.

Intense, corporelle et exigeante, l'émotion religieuse peinte par Racine frôle ainsi l'abandon thématisé dans la doctrine du pur amour. Le point d'orgue de l'amour divin dans les deux pièces bibliques consiste, en effet, en un acte de sacrifice. Esther risque la mort en se présentant à son mari sans être invitée ; pire, elle doit lui avouer son identité cachée. L'amour de son Dieu et de sa nation ne lui laisse pas le choix :

---

19    Pour des détails sur cet exemplaire de Racine, voir Gabriel Spillebout, *Le Vocabulaire biblique dans les tragédies sacrées de Racine*, Genève, Droz, 1968, p. 36-38.

20    Jean Racine, « Annotations en marge d'*Esther* », dans *Esther. Tragédie. Tirée de l'Escriture Sainte*, Paris, D. Thierry, 1689, in-12, exemplaire conservé à la bibliothèque municipale de Toulouse, p. 84.

21    *Lamentations de Jérémie*, III, 27, dans *La Bible, op. cit.* p. 1029.

22    Voir : *Esther* I, 5, 342-362 ; *Athalie* II, 7, 63-64.

23    George Forestier, « Notes et variantes d'*Esther* », *OC I*, p. 1709. Forestier se réfère aux *Psaumes*, XCVII, 1 dans la traduction de Louis Segond. Dans la Bible traduite par Sacy, ce vers correspond aux *Psaumes*, XCVIII, 1 : « Le Seigneur a établi son règne, que les peuples en soient émus de colère ; [...] » (dans *La Bible, op. cit.*, p. 723). Les variantes dans les traductions souscrivent à l'ambiguïté de l'expérience.

24    Jean Racine, « Annotations en marge d'*Esther* », *op. cit.*, p. 84. Sacy traduit ce verset ainsi : « Que toute la terre tremble devant sa face [...] » (*Psaumes*, XCV, 9, *op. cit.*, p. 721).

De l'amour de son Dieu son cœur s'est embrasé.
Au péril d'une mort funeste
Son zèle ardent s'est exposé.

> III, 9, 1224-1226

Le chœur qui chante ces vers suit l'idée de Fénelon : la locution « au péril de » exprime ici moins une opposition qu'une *condition* pour le « zèle ardent » d'Esther.

Le devoir incontournable du sacrifice religieux hante également *Athalie* où sont explicitement évoqués les célèbres sacrifices d'Isaac – dès la préface[25] – et de la fille de Jephté. Joas se compare à cette dernière :

Est-ce qu'en holocauste aujourd'hui présenté
Je dois, comme autrefois la fille de Jephté,
Du Seigneur par ma mort apaiser la colère ?
Hélas[26], un fils n'a rien qui ne soit à son père.

> IV, 1, 1259-1261

Il ne s'agit plus ici du risque, mais de la certitude de la mort, demandée par Dieu. Joas voit comme son « devoir » de suivre l'ordre divin, de même que son père adoptif qui estime qu'il faut « payer à Dieu ce que vous *devez* ». Joas acquiesce : « Je me sens prêt, s'il veut, de lui donner ma vie » (IV, 2, 1272, 1274, nous soulignons). Donner sa vie dans un geste sacrificiel n'est alors, à proprement parler, que *rendre* sa vie. La vie de l'enfant est réduite à la volonté du créateur ; l'enfant n'est rien sans son père. Dans ce sens, Joad et Joas expriment l'anéantissement de l'homme en ce qu'il se perd entièrement en Dieu. Plus encore qu'*Esther*, *Athalie* met en scène toute l'étendue de l'amour divin. Le refus de l'intérêt du moi est double, car Joas et Esther sont prêts à donner leur vie, non seulement pour Dieu, mais également pour les autres Juifs, soumis et persécutés par Suse et Jérusalem.

---

25   « C'était une Tradition assez constante que la Montagne sur laquelle le Temple [de Jérusalem] fut bâtie, était la même Montagne, où Abraham avait autrefois offert en sacrifice son fils Isaac » (Jean Racine, « Préface à *Athalie* », OC *I*, p. 1010). Sur ce sacrifice, voir également *Athalie* IV, 5, 1438-1444, fragment commenté plus loin dans ce chapitre.

26   À comparer avec les autres éditions critiques de la dernière édition d'*Athalie* revue par Racine : « Hélas ! un fils n'a rien qui ne soit à son père » (voir : édition du *Théâtre complet* par Jean Rohou pour la Librairie Générale Française, 1998 ; et celle par Alain Viala et Sylvaine Guyot pour Classiques Garnier, 2013). La différence de ponctuation après « Hélas » induit une nuance dans l'acceptation du sacrifice par Joas, où « hélas, », utilisé comme commentaire affectif sur ce qui suivra, est légèrement plus hostile à l'idée du sacrifice, que l'exclamation isolée « hélas ! ».

C'est cette action de pure charité qui domine dans la théorie du sacrifice et du pur amour de Fénelon. Celui-ci s'appuie notamment sur le *Banquet* de Platon, convoquant le discours du disciple de Socrate, Phèdre, qui donne l'exemple de la mort d'Alceste pour faire revivre son époux :

> Voilà, suivant Platon, ce qui fait de l'homme un dieu, c'est de préférer par amour autrui à soi-même, jusqu'à s'oublier, se sacrifier, se compter pour rien. Cet amour est, selon lui, une inspiration divine ; c'est le beau immuable qui ravit l'homme à l'homme même, et qui le rend semblable à lui par la vertu[27].

Fénelon fournit une paraphrase très libre de son modèle antique, où les dieux ne sont que les témoins qui « honorent » le geste sacrificiel[28]. Si Fénelon propose donc un amour humain et profane comme exemplaire du pur amour religieux, il confirme en même temps l'observation de May, car dans l'amour d'Alceste, le chrétien Fénelon ne peut voir que la main de Dieu, que l'« inspiration divine ». Une telle lecture chrétienne du *Banquet* n'est pas exceptionnelle : « [L]a doctrine platonicienne avait souvent, depuis le XVIIe siècle, paru aux humanistes français comme imprégnée des vérités chrétiennes »[29]. Si dans sa propre traduction du *Banquet*, Racine reste près du texte ancien, ses annotations dans les marges de son édition de Bâle de 1534 trahissent une lecture beaucoup plus personnelle, où les dieux de Platon et le Dieu des chrétiens se rencontrent. « Amour de Dieu » écrit Racine en haut de la page du discours de Diotime rapporté par Socrate, et il résume le passage ainsi : « Chemin qu'il faut tenir en amour. Aimez un corps, puis tous les corps ; ensuite une âme, et de là toutes les âmes – La suprême beauté. *Dieu*. – Se servir des choses mortelles comme d'échelons pour arriver jusqu'à lui »[30].

---

27  François Fénelon, *Sur le pur amour*, dans *Œuvres*, t. i, éd. Jacques Le Brun, Paris, Pléiade, 1983, p. 656-671, p. 667.

28  Pour Platon-Phèdre, ce n'est pas Alceste mais Achille qui a le plus impressionné les Dieux lorsque ce dernier a voulu mourir pour son ami Patrocle. Dans sa traduction beaucoup plus fidèle du *Banquet*, Racine écrit à propos de la volonté de sacrifice du « vaillant Achille » : « les Dieux l'ont [...] honoré par-dessus tous les autres hommes, et lui ont su bon gré d'avoir sacrifié sa vie pour celui dont il était aimé [...]. En effet celui qui aime est quelque chose de plus divin que celui qui est aimé ; car il est possédé d'un dieu. [...] Je conclus que de tous les Dieux l'Amour est le plus ancien, le plus auguste, et le plus capable de rendre l'homme vertueux durant sa vie, et heureux après sa mort. » (Jean Racine, *Traduction du Banquet de Platon*, OC II, p. 890-891).

29  Roy C. Knight, *op. cit.*, p. 171.

30  Jean Racine, « Annotations du *Banquet* », OC II, p. 899-900. C'est Racine qui souligne. À comparer avec Platon, *Le Banquet*, 210a-211d : Platon n'y réfère pas explicitement à une

Pour revenir à Fénelon, l'amour jusqu'au sacrifice qu'il retrouve dans le *Banquet* est pour lui « ce qu'il y a de plus divin » [31] : l'amour tout à fait désintéressé de son prochain est rendu possible par Dieu, qui, seul, permet à l'homme de se transcender. De même, les deux dernières pièces de Racine illustrent à la fois l'amour de Dieu et la charité, en ce qu'« [e]lle consiste à aimer Dieu de tout son cœur, & son prochain comme soy-même »[32].

### 1.2    *L'amour juste des hommes*

Selon la doxa chrétienne, le rapport à Dieu détermine le rapport aux hommes. Racine prend l'idée au pied de la lettre dans *Esther* : « Ô mon souverain Roi ! », s'exclame la jeune fille « pour te faire un peuple agréable à tes yeux, / Il plut à ton amour de choisir nos Aïeux » (I, 4, 247-252). L'amour conjugal doit être motivé et inspiré par l'amour divin. Tel est le cas, Esther le sait, de l'amour qu'Assuérus lui porte, car contre toute attente il préfère la pureté de ses larmes aux « superbes atours » de ses rivales :

> Enfin on m'annonça l'ordre d'Assuérus.
> Devant ce fier Monarque, Élise, je parus.
> Dieu tient le cœur des Rois entre ses mains puissantes.
> Il fait que tout prospère aux âmes innocentes,
> Tandis qu'en ses projets l'Orgueilleux est trompé.
> De mes faibles attraits le Roi parut frappé.
> Il m'observa longtemps dans un sombre silence.
> Et le Ciel, qui pour moi fit pencher la balance,
> Dans ce temps-là sans doute agissait sur son cœur.
>        I, 1, 65-73

Esther conte la naissance d'une histoire d'amour alternative. L'usage du passé simple rappelle le récit des coups de foudre profanes. Comme dans *Bérénice* « Titus [...] vint, vous vit, et vous plut » (I, 4, 194), Esther « vin[t] » à Suse et « paru[t] » devant Assuérus (I, 1, 54, 66). Or dans *Esther* le dernier verbe de « plaire » ne suit pas immédiatement les deux autres. Le coup de foudre n'est pas immédiat ou, du moins, Esther se sent obligée de s'attarder sur ses

---

divinité, mais évoque notamment un « océan du beau » et « une certaine beauté qui par nature est merveilleuse » et « éternelle » (éd. et trad. Paul Vicaire et Jean Laborderie, dans *Phédon, Le Banquet, Phèdre*, Paris, Gallimard/Les Belles Lettres, 1989, p. 93-157, p. 143-144). Sur les annotations par Racine des textes platoniciens, voir Roy C. Knight, *op. cit.*, p. 170-172.

31    François Fénelon, *Sur le pur amour, op. cit.*, p. 671.

32    Antoine Furetière, *op. cit.*, art. « Charité », première entrée.

mécanismes. La suite des verbes au passé simple est interrompue par trois vers au présent portant sur l'intervention divine dans le cœur des hommes et des rois. Se ralentit ainsi le procès du coup de foudre généralement décrit en un souffle, pour accentuer le rôle de Dieu influençant les amours sur terre. Le passé simple est repris après : « le Roi parut frappé », mais l'idée de la durée reste : « il m'observa *longtemps* », car, présume Esther, « dans ce temps-là » Dieu « *agissait* sur [le] cœur » d'Assuérus. L'imparfait renforce l'idée du *travail* accompli par Dieu, travail d'amour actif et réitéré, car Dieu continuera de créer de l'amour pour Esther dans le cœur du roi : le passage cité ci-dessus sert de présage à cette autre apparition, plus risquée, d'Esther devant Assuérus, quand Dieu interviendra une nouvelle fois et « vers[era] dans son cœur / Cet esprit de douceur » (II, 8, 725-736).

Le rôle actif de Dieu dans la naissance de l'amour d'Assuérus a beau favoriser Esther, il s'ensuit néanmoins que la tragédie se concentre davantage sur les sentiments d'Assuérus – amour, joie, douceur –, que sur ce que ressent Esther, elle-même, pour son époux. La reine juive se contente d'exécuter les vœux divins et ceux de son oncle Mardochée, qui l'a encouragée à partir à Suse : « Il me fit d'un Empire accepter l'espérance. / À ses desseins secrets *tremblante* j'obéis. » (I, 1, 52-53, nous soulignons). Si Esther se réjouit de ce que le projet de son oncle s'accomplisse et qu'elle soit l'élue d'Assuérus, son récit du coup de foudre se finit néanmoins par un « Hélas ! » (81) mêlé de honte et d'incrédulité à cause du contraste entre sa nouvelle position glorieuse et l'état pitoyable de Jérusalem. Pas un mot, en revanche, sur son mariage projeté avec le roi. Ce silence frappe par son contraste avec le traitement des mariages imposés ou des amours unilatérales dans les pièces précédentes de Racine. Dans les tragédies profanes, il aurait été impensable de ne pas détailler l'état d'esprit d'Esther, sa propre opinion sur son mariage. Pour sa pièce biblique, Racine a sans doute médité ce choix de ne pas insister sur ce qu'Esther ressent pour Assuérus, car après tout, cet amour n'est qu'un produit, qu'une extension de l'amour qu'elle éprouve pour Dieu, et ne pourra jamais être davantage, d'un strict point de vue chrétien.

La doctrine augustinienne, sur ce point d'ailleurs largement suivie au XVIIe siècle[33], prescrit que « pour pouvoir [...] être heureux, nous devons *user* de ce monde et non en *jouir*, afin de contempler les perfections invisibles de Dieu, perçues à travers sa création »[34]. Les « réalités corporelles et temporelles »

---

33  François de Sales cite Augustin sur ce point dans son *Introduction à la Vie Dévote* III, 39 (*op. cit.*, p. 243).

34  Augustin, *La Doctrine chrétienne*, I, 4, 4 (dans *Œuvres de saint Augustin*, t. 11 « Le Magistère chrétien », éd. et trad. G. Combès et J. Farges, Paris, Desclée de Brouwer et Cie,

servent de support aux « réalités spirituelles », dont il faut jouir[35]. Dans quelle catégorie les hommes se trouvent-ils ? Augustin se pose la question : « il s'agit de savoir, si l'homme doit être aimé par l'homme, pour lui-même ou pour autre chose »[36]. Augustin classe l'homme parmi ce qui doit être aimé pour autre chose, car le véritable bonheur et le véritable espoir ne se trouvent qu'en Dieu. Il conclut sur les mots de Jérémie (XVII, 5) : « maudit est celui qui met son espérance dans l'homme »[37]. En d'autres termes, Assuérus ne peut pas sauver le peuple juif, ni Esther d'ailleurs. Seul Dieu le peut.

À l'instar d'Augustin, les moralistes du XVIIe siècle condamnent tout amour démesuré pour la création. Nicole estime qu'il faut réserver tout son amour à Dieu, qui « ne veut point d'un cœur partagé »[38]. Il reformule ainsi la fameuse alternative de *La Cité de Dieu* d'Augustin : l'amour démesuré des créatures (soi-même et les autres) va toujours aux dépens de l'amour de Dieu. C'est principalement pour cette raison que les moralistes condamnent l'amour-passion et ses représentations au théâtre. L'amour corrompu par la concupiscence charnelle n'est pas le seul réprouvé, les liens d'« attachement » amicaux ou familiaux le sont également. La sœur de Pascal s'en étonne dans sa *Vie de M. Pascal* :

> [N]on seulement il n'avait point d'attache[39] pour les autres, mais il ne voulait point du tout que les autres en eussent pour lui. Je ne parle pas de ces attaches criminelles et dangereuses, car cela est grossier et tout le monde le voit bien, mais je parle des amitiés les plus innocentes[40].

À la fin de la vie de son frère, Gilberte Pascal apprend la raison de la froideur du moraliste, qui critiquait qu'« en fomentant et en souffrant ces attachements, on occupait un cœur qui ne devait être qu'à Dieu seul, que c'était lui faire un larcin de la chose du monde qui lui était la plus précieuse »[41].

---

« Bibliothèque augustinienne », 1949, p. 149-541, p. 185, nous soulignons). C'est la célèbre distinction augustinienne entre *uti* et *frui* : « Jouir, en effet, s'est [*sic*] s'attacher à une chose par amour pour elle-même. User au contraire, c'est ramener l'objet dont on fait usage à l'objet qu'on aime » (*id.*).

35   *Id.*
36   *Ibid.*, I, 22, 20, p. 203-205.
37   *Ibid.*, I, 22, 20, p. 205.
38   Pierre Nicole, *Traité de la Comédie, op. cit.*, X, p. 54.
39   Nicole critique pareillement « un amour de passion et *d'attache*, qui nous fait trouver notre joie et notre plaisir dans cette créature » (*Ibid.*, p. 54-56, nous soulignons).
40   Gilberte Pascal, *La Vie de M. Pascal*, dans Blaise Pascal, *Pensées, opuscules et lettres, op. cit.*, p. 107-152, p. 130.
41   *Id.* Voir également le fragment 15 des *Pensées* (*op. cit.*, p. 163).

Tandis que dans ses tragédies profanes, Racine ne faisait que montrer ce genre de passions « d'attache », ses pièces bibliques les omettent – dans le cas d'*Esther* – ou mettent en garde contre un amour excessif. Dans *Athalie*, en effet, Josabet incarne l'amour familial dont elle « craint » elle-même les expressions violentes[42]. Son mari, Joad, lui reproche à plusieurs reprises cette tendresse aux dépens de l'amour de Dieu : « Non, non, c'est à Dieu seul qu'il nous faut *attacher* » (III, 6, 1093, nous soulignons). Le sacrifice immédiat de Joas alarme davantage Josabet et met sous pression l'équilibre fragile entre sa foi et son amour pour son fils adoptif. « Hélas ! », s'écrie-t-elle à Joas, « Dieu ne se souvient plus de David votre père » (IV, 5, 1432-1433). Joad coupe court aux doutes et aux blasphèmes de sa femme :

> Quoi ? vous ne craignez pas d'attirer sa colère
> Sur vous, et sur ce Roi si cher à votre amour ?
> Et quand Dieu de vos bras l'arrachant sans retour
> Voudrait que de David la Maison fût éteinte ;
> N'êtes-vous pas ici sur la Montagne sainte,
> Où le Père des Juifs sur son fils innocent
> Leva sans murmurer un bras obéissant,
> Et mit sur un bûcher ce fruit de sa vieillesse,
> Laissant à Dieu le soin d'accomplir sa promesse,
> Et lui sacrifiant avec ce fils aimé
> Tout l'espoir de sa Race en lui seul renfermé ?
>> IV, 5, 1434-1444

La rigueur du grand prêtre est remarquable. Son courroux face à Josabet perce dans le tempo et le débit de ses propos, conçus comme une longue tirade, trop indignée, semble-t-il, pour bien se contenir dans la versification. Ainsi la deuxième « question » s'étire-t-elle sur neuf vers et, pour se prolonger davantage, s'initie par un « et » qui cherche à faire le lien avec ce qui précède. La conjonction « et » est par ailleurs reprise deux fois en tête du vers, et là où il n'y a pas de conjonction, l'enjambement assure la liaison entre les vers (à la fin des vers 1436, 1439 et 1443). Tout accélère donc, jusqu'au vers 1443 où la diérèse de « sacrifiant » instaure un tempo plus lent, insistant sur le geste extraordinaire d'Abraham. La composition de la phrase souligne, en effet, l'incommensurable soumission du patriarche, d'autant plus remarquable qu'Isaac est « inno-*cent* » et qu'Abraham « obéis-*sant* » est pourtant prêt à le sacrifier

---

42    « Même de mon amour craignant la violence, / Autant que je le puis, j'évite sa présence » (I, 2, 191-192).

« *sans* murmures » – la répétition du son \\sã\\ renforce la suite inhabituelle de ces mots.

Abraham est érigé en exemple, pour Josabet d'abord, mais également pour le public – les jeunes filles de Saint-Cyr et la Cour qui assistera rapidement aux représentations d'*Athalie*. En raison de l'intransigeance religieuse de Joad, le spectateur et le lecteur sont plus enclins à s'identifier avec Josabet dont la tendresse pour son fils adoptif, le seul espoir de son peuple, est profondément humaine, mais la leçon de Joad sert de rappel au public qu'il faut éviter tout amour trop violent et trop exclusif. Le sacrifice de Joas illustre ainsi non seulement le désintéressement de Joas, prêt à mourir pour son Dieu et son peuple, mais également le détachement de ses parents adoptifs qui doivent, eux aussi, sacrifier ce qui leur est cher pour un intérêt plus grand.

### 1.3    *Un pur amour sans Dieu ?*

Outre le rapport nécessaire à Dieu, l'amour juste des hommes se caractérise donc principalement par le désintéressement et l'oubli de soi devant Dieu ou devant l'autre. Au début du siècle, François de Sales condamne ainsi l'amour-propre de ceux qui n'aiment que pour le plaisir qu'ils en tirent, car ils ne s'intéressent alors plus à l'être aimé, Dieu en l'occurrence. C'est une dégradation lente mais sure, explique François de Sales :

> [P]etit à petit, étant duits et exercés au saint amour, ils [nos cœurs] prennent imperceptiblement le change, et en lieu d'aimer Dieu pour plaire à Dieu, ils commencent d'aimer pour le plaisir qu'ils ont eux-mêmes ès exercices du saint amour, et en lieu qu'ils étaient amoureux de Dieu, *ils deviennent amoureux de l'amour qu'ils lui portent* : ils sont affectionnés à leurs affections, [...] se contentant en cet amour en tant qu'il est à eux, qu'il est dans leur esprit et qu'il en procède ; [...] car en lieu d'aimer ce saint amour parce qu'il tend à Dieu qui est l'aimé, nous l'aimons parce qu'il procède de nous qui sommes les amants[43].

François de Sales condamne l'amour de l'amour où l'on se délecte plus en soi-même qu'en Dieu, le sujet aimant devenant lentement plus important que l'objet aimé. L'amour même n'est alors pas regardé d'un œil méfiant, car « Dieu est amour[.] Si Dieu est amour, tout homme qui aime l'amour aime Dieu »[44].

---

43    François de Sales, *Traité de l'Amour de Dieu*, dans *Œuvres*, *op. cit.*, p. 333-972, IX, 9, p. 785-786. Nous soulignons.

44    Augustin, *Homélies sur la première épître de saint Jean*, IX, 10 (*Œuvres de Saint Augustin*, t. 76, éd. John William Mountain *et al.*, Paris, Institut d'Études Augustiniennes,

C'est en revanche la façon selon laquelle cet amour est vécu, et à quelle fin, qui devient problématique. Augustin admet que Dieu et l'autre peuvent occuper une place cruciale dans l'amour de l'amour, mais il en condamne l'expérience apparentée à la volupté, recherchée à des fins purement égoïstes. Ses *Confessions* racontent sa propre expérience célèbre avec l'amour de l'amour, « amans amare » :

> Je vins à Carthage,
> Et autour de moi, partout,
> Crépitait la rôtissoire des honteuses amours.
> Je n'aimais pas encore et j'aimais à aimer ;
> Et par une indigence plus profonde
> Je me haïssais d'être moins indigent.
> Je cherchais sur quoi porter mon amour,
> Dans mon amour de l'amour ; [...]⁴⁵

Aimer l'amour, en l'occurrence, n'est pas aimer, pour Augustin : « Je n'aimais pas encore et j'aimais à aimer ». Le contexte est différent de celui du *Traité de l'Amour de Dieu* de François de Sales, mais les deux textes semblent pareillement critiquer le fait que l'objet aimé – divin ou humain – est trop peu important pour l'amant. L'objet de l'amour est interchangeable, anonymisé, omis au profit des plaisirs de l'amant ; le complément d'objet est supprimé pour mieux saisir l'émotion du sujet : « j'aime ». Cette formule déroutante revient souvent dans les tragédies profanes de Racine⁴⁶. « [C]ette déclaration ("J'aime", "J'ai peur", etc.) exprime la structure de mon être-au-monde », commente Denis Kambouchner, qui voit en elle la trace du *Cogito* cartésien, en ce qu'« elle dit à la fois un état dont je ne suis pas maître et qui a sa réalité physique, et d'un autre côté, la liberté ou indépendance de l'âme, qui seule rend possible son objectivation ou son énonciation »⁴⁷. En d'autres termes, – ceux de François de Sales –, ces personnages raciniens semblent en effet « se content[er] en cet amour en tant qu'il est à eux, qu'il est dans leur esprit et qu'il en procède »

---

« Bibliothèque augustinienne », 2008, p. 389). Pour plus de détails sur la conception tripartite de l'amour selon Augustin, voir Daniel Dideberg, « Note complémentaire 31 », dans Augustin, *Homélies sur la première épître de saint Jean, op. cit.*, p. 499-503. Pour Arendt, la charité est en réalité l'amour de l'amour : « Dans cet amour du prochain, ce n'est pas exactement le prochain qui est aimé, mais l'amour lui-même » (*op. cit.*, p. 178). Elle se réfère alors au même passage d'Augustin.

45    Augustin, *Les Confessions*, t. I, *op. cit.*, III, 1, 1, p. 362-363. Versification du traducteur.
46    Pour une énumération, voir : Jennifer Tamas, *Le Silence trahi, op. cit.*, p. 171.
47    Denis Kambouchner, « Racine et les passions cartésiennes », dans Gilles Declercq et Michèle Rosellini (éds), *Jean Racine 1699-1999, op. cit.*, p. 531-541, p. 537.

(cf. *supra*). Cette nouvelle subjectivité énoncée n'est toutefois pas nécessairement la preuve de leur amour de l'amour. Les amoureux chez Racine sont pris,
certes, par leur propre expérience, violente, méditée et toujours mise en avant
par le dramaturge, mais ses personnages épris de Dieu, le sont-ils moins, eux ?

Il suffit, pour l'instant, de remarquer que le problème de l'amour de l'amour,
se concentrant sur le moi et son amour et ignorant l'être aimé, soulève une
seconde opposition, qui est parallèle à celle qui oppose la charité et les concupiscences, mais ne la recouvre pas entièrement. Il s'agit de la distinction tho-
miste, adoptée notamment par François de Sales et par Descartes, entre d'une
part, « l'amour de convoitise, [...] par lequel nous aimons quelque chose pour le
profit que nous en prétendons » et d'autre part, « l'amour de bienveillance [...]
par lequel nous aimons quelque chose pour le bien d'icelle, car qu'est-ce autre
chose avoir l'amour de bienveillance envers une personne que de lui vouloir du
bien ? »[48]. La motivation du moi est ici cruciale : le juste amour d'autrui efface
son propre intérêt et se voue entièrement à l'objet de son amour. Dans cette
perspective, l'amour des hommes ne se mesure donc plus exclusivement au
rapport à Dieu, mais au rapport désintéressé à l'autre. Non moins chrétienne,
cette acception est également adoptée par les moralistes du XVIIe siècle.
D'un point de vue plus anthropologique que théologique, La Rochefoucauld
estime par exemple que le véritable amour est très « rare »[49], car les relations
humaines sont souvent corrompues par l'égoïsme des personnes concernées :
« Il n'y a point de passion où l'amour de soi-même règne si puissamment que
dans l'amour »[50]. Ce qui compte pour les moralistes c'est le renoncement à soi :
« Toute la religion ne consiste qu'à sortir de soi et de son amour-propre », idéa-
lement, précise Fénelon, pour ensuite « tendre à Dieu »[51].

•••

---

48   François de Sales, *Traité de l'Amour de Dieu, op. cit.*, I, 13, p. 392. Descartes, pour sa part, dis-
     tingue entre « l'Amour de concupiscence & de bienveillance » (*Les Passions de l'âme*, dans
     *Œuvres*, t. XI « Le Monde, Description du corps humain, Passions de l'âme, Anatomica,
     Varia », trad. et éd. Charles Adam et Paul Tannery, Paris, Vrin, 1967, p. 291-497, art. 81,
     p. 388). Voir également sa correspondance avec l'abbé Chanut : l'amour de concupis-
     cence « n'est qu'un désir fort violent, fondé sur un amour qui souvent est faible » (René
     Descartes et Pierre Chanut, *Lettres sur l'amour*, éd. Denis Kambouchner, Paris, Mille et
     une nuits, 2013, p. 33-34). La particularité de la distinction de Descartes est le focus sur les
     *effets* de l'amour (voir : Denis Kambouchner, *L'Homme des passions*, t. I, *op. cit.*, p. 228-231).
49   Voir entre autres : « Quelque rare que soit le véritable amour, il l'est encore moins que la
     véritable amitié » (François de La Rochefoucauld, *Maximes, op. cit.*, max. 473).
50   *Ibid.*, max. 262, p. 167.
51   François Fénelon, *Lettres et opuscules spirituels*, dans *Œuvres*, t. I, *op. cit.*, p. 555-777, XII
     « Sur la prière », p. 611.

Dans ses deux pièces bibliques, Racine illustre les deux composantes de « la religion », telle que définie par Fénelon. Esther et Joas sont exemplaires en ce qu'ils aiment de façon désintéressée *et* en ce qu'ils aiment leurs proches selon une inspiration divine. Pour les tragédies profanes, en revanche, ce rapport à Dieu est inexistant et *ne peut* exister. Reste toutefois l'autre critère, axé sur l'oubli de soi et de ses intérêts dans les rapports humains. Celui-ci ouvre la possibilité d'examiner la vertu dans la représentation de l'amour profane, ou mieux, d'évaluer le modèle du pur amour divin dans l'amour des hommes, où il s'agit alors également de « sortir de soi et de son amour-propre », mais pour tendre non pas « à Dieu », mais à l'autre.

## 2      Trouble et ravissement

« Oui tu retiens, Amour, mon âme fugitive », s'écrie Antigone dans la première tragédie de Racine (v, 1, 1351). Sous l'effet de la passion « extraordinaire » du locuteur[52], l'amour apostrophé – ou mieux « Amour », avec majuscule – devient un personnage « supposé présent »[53] sur la scène racinienne. Ce personnage peut « retenir », « engager »[54], « inspirer »[55]... Comme le Dieu des Juifs dans *Esther*, cette force surnaturelle semble activement – cette fois même malicieusement – distribuer et décider des passions profanes dans les tragédies de Racine. L'amour est souvent présenté comme le sort, le destin, le mobile principal des héros raciniens, la force toute-puissante qui permet toutes les lectures jansénistes – ou généralement chrétiennes, comme l'a fait remarquer Campbell[56] – de l'œuvre racinien. Selon une telle lecture, Dieu n'est plus amour, comme le voulait Augustin, mais Amour est Dieu.

Comment les personnages profanes ressentent-ils cet amour qui s'impose à eux, bon gré mal gré, et quels sont les parallèles avec l'expérience de l'amour divin ? Les pièces bibliques ont thématisé un oubli de soi au profit de l'amour de Dieu et de son prochain, une domination qui ne tolère pas la moindre opposition : ce Dieu jaloux, il faut le craindre. Cette crainte des fidèles leur est chère cependant, et fait partie intégrante de leur amour, qui est une soumission bienheureuse. L'expérience amoureuse équivoque thématisée dans *Esther* et *Athalie*, à l'instar des sources chrétiennes et mystiques, sera au cœur de la

52    Bernard Lamy, *op. cit.*, p. 212.
53    L'abbé d'Aubignac, *op. cit.*, IV, 8, p. 476-477.
54    « Si sous mes Lois, Amour, tu pouvais l'engager ! » (Hermione dans *Andromaque*, II, 1, 439).
55    « L'Amour m'en eût d'abord inspiré la pensée. » (Phèdre dans *Phèdre*, II, 5, 654).
56    John Campbell, *op. cit.*, p. 163-172.

présente analyse, qui examinera d'abord le ravissement dans l'amour profane –
entre domination et soumission, entre sacrifice et violence –, ensuite le trouble
de l'expérience tragique – entre compassion et crainte.

### 2.1    *La passion et l'action sous l'empire de l'amour*

Si la première tragédie de Racine porte déjà l'empreinte de l'amour personnifié, la dernière tragédie profane se prête le mieux aux lectures chrétiennes,
insistant sur la souillure héréditaire de Phèdre, condamnée par l'amour illicite
de ses parents, sur le langage religieux des descriptions amoureuses ou sur le
déterminisme[57]. Dans *Phèdre*, l'amour n'est même plus « Amour », concept
allégorique, mais personnifié par Vénus, reconnue et implorée comme telle
par Phèdre :

> Je reconnus Vénus, et ses feux redoutables,
> D'un sang qu'elle poursuit tourments inévitables.
> Par des vœux assidus je crus les détourner,
> Je lui bâtis un Temple, et pris soin de l'orner.
> [...]
> Ce n'est plus une ardeur dans mes veines cachée.
> C'est Vénus toute entière à sa proie attachée.
>
>       I, 3, 277-306

Très célèbres, les vers ont été largement commentés, notamment par Patrick
Dandrey, qui y relève le refus de responsabilité de Phèdre, sa « dénégation »,
retournée « sur le sentiment amoureux lui-même, que l'allégorisation par le
nom de Vénus permet d'objectiver, de situer en position d'altérité cruelle »[58].
Par la représentation de l'amour comme une déesse avec une volonté bien
précise – « Puisque Vénus le veut » (I, 3, 257) – Phèdre accentue son sentiment
de totale impuissance[59]. Le personnage qui aime se sent *en proie* à son amour,

---

57    Philippe Sellier, *Port-Royal et la littérature II. Le siècle de saint Augustin, La Rochefoucauld,
      Mme de Lafayette, Mme de Sévigné, Sacy, Racine*, Paris, Champion, 2012, p. 471-485. Voir
      également mon étude « La tache de l'amour racinien dans *Phèdre* », *Orbis litterarum*, 73,
      2018, p. 170-185.

58    Patrick Dandrey, « "Ravi d'une si belle vue" : le ravissement amoureux dans le théâtre de
      Racine », dans Claire Carlin et Kathleen Wine (éds), *Theatrum Mundi. Studies in Honor of
      Ronald W. Tobin*, Charlottesville, Rookwood Press, 2003, p. 72-81, p. 77. Fumaroli va plus
      loin encore en réduisant les dieux païens dans *Phèdre* à des « ornements poétiques »
      (voir : Marc Fumaroli, « Entre Athènes et Cnossos : les dieux païens dans *Phèdre* », *Revue
      d'Histoire Littéraire de la France*, 2, 1993, p. 172-190).

59    Sur le sentiment de l'impuissance en amour, alternant avec la *libido dominandi*, voir
      *supra*, chap. 1, 3.

traqué par une puissance qui le transcende, qui le ravit. Phèdre est livrée à sa *passion*, qui devient, elle, une force agissante, personnifiée et toute-puissante. Ainsi Racine comprend la passion dans son sens le plus large étymologiquement, c'est-à-dire qu'il combine les idées de la passivité, de l'emportement et de la souffrance volontaire, de l'extase religieuse[60]. Phèdre se sent la captive de Vénus, mais en tant qu'amante furieuse elle ne vit pas son amour de façon complètement passive : sa soumission sert à masquer ou à contrebalancer, consciemment ou non, son action.

Phèdre n'est pas la première amante de Racine qui se cache sous un voile de passivité. Dandrey cite les dénégations de Pyrrhus, le pyromane[61] brûlé, et de Néron, le ravisseur ravi. Le jeu de l'action et de la passion est au cœur du procédé de réfutation. Pyrrhus se dit « Vaincu, chargé de fers, de regrets consumé, / Brûlé de plus de feux que je n'en allumai » (I, 4, 319-320), mais les participes passés racontent en réalité les actions de Pyrrhus à Troie, retournées contre Andromaque qui, elle, a réellement été vaincue, chargée de fers et dont la ville a été brûlée, consumée par les flammes[62]. Aussi la comparaison « plus de feux que je n'en allumai » sert-elle moins à renforcer la sympathie pour la souffrance de Pyrrhus, qu'à trahir sa propre action, cette fois en voix active, qui a consisté à allumer le feu de Troie. Il en va de même dans *Britannicus*, où Néron combine dans quelques vers les dérivés actif et passif du verbe 'ravir' : il se demande si « le farouche aspect de ses fiers ravisseurs » rendait Junie plus belle encore, et conclut que « quoi qu'il en soit », il est « ravi d'une si belle vue » (II, 2, 393-395). L'empereur essaie de se distancier de ces « ravisseurs » et de camoufler son désir pervers par le « quoi qu'il en soit », mais il ne fait aucun doute qu'il est lui-même le « ravisseur ravi », ravi non seulement par Junie, mais également par son propre acte.

---

60  Originellement, πάθος désigne « une chose qui affecte ou dont on est prisonnier ». Ensuite, sous l'influence d'Aristote et du stoïcisme, la notion a subi une évolution sémantique graduelle, qui dotera la passion du sens de l'« emportement » marquant le début d'une activité. Au Moyen Age, le christianisme et le mysticisme, notamment celui de Bernard de Clairvaux, se sont emparés de la notion de « passion » pour désigner une souffrance volontaire. Sont rapprochés alors la souffrance et l'amour divin, l'extase : la passion rapproche de Dieu. Sur cette évolution sémantique, voir : Erich Auerbach, « De la *Passio* aux passions », dans *Le Culte des passions*, op. cit., p. 50-81 ; Susan James, *Passion and Action*, op. cit.

61  Le nom de Pyrrhus est étymologiquement proche de « feu » (πῦρ).

62  Sur ce vers d'*Andromaque*, voir également : Alain Viala, « Racine galant ou l'amour au pied de la lettre », dans *Les Cahiers de la Comédie française*, 17, 1995, p. 39-48. Sur d'autres métaphores précieuses ou galantes courantes pour l'amour au XVIIe siècle, voir notamment Jean-Michel Pelous, op. cit.

Par son double sens d'« Emporter » ou de « captiver », et de « trouble[r] agreablement l'esprit »[63], le verbe « ravir » rend donc bien compte de l'ambiguïté de l'expérience amoureuse chez Racine entre joie et souffrance, entre impuissance et *libido dominandi*. Dans son livre *Ravie et enlevée*, Danielle Haase-Dubosc cherche à réconcilier les deux sens, apparemment contraires du « ravissement » :

> N'y a-t-il pas, en effet, une racine psychologique commune aux deux d'où proviendraient les passions violentes et antagonistes : « sortir de soi pour rencontrer l'Autre » et « s'approprier l'Autre pour qu'il fasse partie de soi » ? Racine enfouie au plus profond des pulsions humaines, pliant et repliant les deux significations l'une sur l'autre en dépit de tout effort pour les séparer[64].

Volontairement ou non, Haase-Dubosc reformule ici la définition de la religion selon Fénelon, citée plus haut : « Toute la religion ne consiste qu'à sortir de soi et de son amour-propre pour tendre à Dieu »[65]. Dieu *ravit* les religieux ; « les Saints ont été souvent *ravis* en extase », lit-on chez Furetière[66]. Dans le ravissement se recoupent, selon Haase-Dubosc, l'expérience religieuse et l'expérience profane : « À la pulsion sexuelle et ses passages à l'acte transgressifs s'ajoute donc la notion d'extase, de transport, qui peut trouver son origine dans le sacré aussi bien que dans le profane »[67]. Néron, en effet, est tellement saisi de l'image de Junie qu'il semble sortir de lui-même, pour rencontrer celle qu'il a voulu s'approprier. L'amour, tout violent et dominateur qu'il puisse être, contient toujours un mouvement vers l'autre.

Si l'on retient avant tout le sadisme de Néron, c'est-à-dire la joie qu'il éprouve en voyant les larmes de sa captive, ce ravissement au sens figuré de Néron contient toujours, mais partiellement, la référence au sens fort du mot, au transport qu'il subit et qui le surprend. De même, la plainte de Pyrrhus traduit l'expérience ambiguë de Pyrrhus, qui a du mal à accepter qu'il se trouve, lui, dans une situation qu'il a l'habitude d'infliger aux autres. Alors que pour Néron et Pyrrhus le sens fort et figuré des verbes « ravir » et « brûler » se brouillent à la voix passive, pour rendre compte de la *passion* teintée de souffrance des

---

63    Antoine Furetière, *op. cit.*, art. « Ravir », respectivement la première, deuxième et cinquième entrée.

64    Danielle Haase-Dubosc, *op. cit.*, p. 36.

65    François Fénelon, *Lettres et opuscules spirituels*, *op. cit.*, XII « Sur la prière », p. 611.

66    Antoine Furetière, *op. cit.*, art. « Ravir », cinquième entrée.

67    Danielle Haase-Dubosc, *op. cit.*, p. 35.

deux personnages généralement *actifs*, pour Junie et Andromaque, réellement ravies, il y a peu de place pour le ravissement au sens figuré.

Rares sont en effet ceux qui sont ravis (heureux) d'être ravis (enlevés). Pourtant c'est en cela que consiste l'exemple de l'amour de Dieu, le pur amour indifférent au bonheur personnel. *Esther* et *Athalie* abondent des mêmes verbes, des mêmes figures de feu brûlant, de captivité et de soumission décrivant leur expérience quasi-mystique, leur ravissement. Dans le prologue d'*Esther*, la Piété explique que le zèle pour Dieu « enflamme » et « dévore » le roi Louis XIV (23), et dans *Athalie*, est déclaré « Heureux ! qui pour Sion d'une sainte ferveur / Sentira son âme embrasée ! » (III, 7, 1171-1172). Les Juifs d'*Esther* « [a]dor[e]nt dans leurs fers le Dieu qui les châtie » (III, 4, 1108). Enfin, le joug que doivent subir les jeunes Lévites, « sous un ciel étranger [...] *transportées* » – autrement dit, ravies –, leur est malgré tout « aimable » (III, 9, 1265).

Ces vers d'*Esther* ne vont pas sans rappeler les nombreuses occurrences dans les tragédies profanes de Racine où il ne s'agit alors plus de la domination de l'amant, mais de l'amour : les maux et la souffrance de la tyrannie amoureuse y sont accompagnés d'une appréciation ambiguë ou parfois même explicitement positive : à l'idée d'un Hippolyte amoureux, Aricie se l'imagine « vainement mutiné » contre « un joug *qui lui plaît* » (II, 1, 452, nous soulignons) ; devant la perspective d'un futur avec Bérénice, Titus se dit « trop content de [s]es fers » (V, 6, 1413) ; et Oreste est confronté par Pylade à son esclavage amoureux volontaire :

> Quoi ! votre Âme à l'Amour, en Esclave asservie,
> Se repose sur lui du soin de votre vie ?
> Par quels charmes, après tant de tourments soufferts
> Peut-il vous inviter à rentrer dans ses fers ?
>
> I, 1, 29-32

Dans la réédition définitive d'*Andromaque* en 1697, Racine a modifié ce dernier vers en « Pouvez-vous *consentir* à rentrer dans ses fers ? »[68]. Le dramaturge insiste ainsi sur l'acceptation et même le désir de soumission amoureuse éprouvé par Oreste. Même la relation à l'amour, à Vénus, de Phèdre n'est pas univoquement négative : « Je goûtais en tremblant ce funeste plaisir » (IV, 6,1248). « [C]e vers de Phèdre [...] composé de deux de ces oppositions paradoxales, est caractéristique des joies inquiètes auxquelles aboutit la passion de l'héroïne », estime Leo Spitzer, « mais », ajoute-t-il, « aussi de tout héros

---

68    Jean Racine, « Notes et variantes d'*Andromaque* », *OC I*, p. 1349, nous soulignons.

racinien »[69]. En effet, le critique allemand repère « le paradoxe de la passion » et son « double éclairage » – celui de l'objectivité morale d'un côté et celui de la sympathie avec le personnage de l'autre – à la fois dans les tragédies profanes et dans les pièces bibliques de Racine, où les fidèles, pour la cause divine, peuvent être « saintement homicides »[70] et leur Dieu «*fidèle* en toutes ses *menaces* » (*Athalie* IV, 3, 1365 et I, 1, 112, nous soulignons)[71]. Dans toute expérience amoureuse convergent des passions opposées, l'engouement, la crainte, l'épouvante, le plaisir, le crime et la dévotion. Les amants profanes se plaisent dans la tyrannie de l'amour. Pire peut-être, ils la recherchent.

### 2.2 L'acceptation de l'enfer et le sacrifice par amour

Cette soumission et cette souffrance bienheureuses rappellent l'émotion extrême recherchée par les mystiques de la fin du siècle. Non seulement l'homme, s'il aime véritablement Dieu, devrait être prêt à souffrir les pires épreuves, mais cette souffrance est parfois donnée comme le *critère* même du pur amour, un passage obligé pour effacer tout reste d'intérêt. Dans ses méditations, intitulées *Les Torrents* (1683-1684), Madame Guyon explique ainsi que pour aimer Dieu véritablement, le fidèle doit se perdre en Dieu : « Un abandon entier et total n'excepte rien, ne réserve rien, ni mort, ni vie, ni perfection, ni salut, ni Paradis, ni Enfer. O pauvres âmes, jetez-vous à corps perdu dans cet abandon : il ne vous en arrivera que du bien »[72]. Guyon esquisse ici le songe mystique de « l'acceptation de l'enfer, voire du choix de l'enfer »[73]. Pourtant elle comprend l'implication de ses paroles, car elle ne recule pas devant les souffrances : « l'extrémité de la souffrance [en enfer] n'empêche pas le bonheur parfait »[74].

Racine réactualise le thème de la descente aux Enfers par amour, mais non pas tel qu'il a été rendu éternel par la fable d'Orphée y cherchant son Eurydice. Le Thésée de *Phèdre* aurait à plusieurs reprises pénétré dans les Enfers pour quelque mission amoureuse. C'est l'explication de sa prétendue mort au début de la tragédie[75], et Hippolyte et Phèdre expriment tous deux leur aversion pour cette réputation de Thésée, « Volage adorateur de mille objets divers, / Qui va

---

69  Leo Spitzer, *op. cit.*, p. 257.

70  Karl Vossler s'étonne de la méchante « double morale » que Racine aurait consciemment logé, par des oxymores et des antithèses, dans plusieurs des énonciations du grand-prêtre Joad (voir : *Jean Racine*, München, Max Hueber, 1926, p. 134 ; passage cité et traduit par Leo Spitzer, *op. cit.*, p. 256).

71  Leo Spitzer, *op. cit.*, p. 256-257.

72  Madame Guyon, *Les Torrents*, dans *Œuvres mystiques*, éd. Dominique Tronc, Paris, Champion, 2008, p. 149-263, II, I, 9, p. 244-245.

73  Jacques Le Brun, *Le Pur Amour de Platon à Lacan*, *op. cit.*, p. 120.

74  Madame Guyon, *Les Torrents, op. cit.*, II, IV, 6, p. 261.

75  Voir : *Phèdre*, II, 1, 380-391.

du Dieu des Morts déshonorer la couche » (II, 5, 636-637). La descente dans le monde souterrain n'est plus un acte héroïque et les Enfers ont déjà pleinement pris leur sens chrétien : c'est là où l'on va quand on adore « mille objets divers ». Certes, les quêtes amoureuses de Thésée ne sont donc nullement comparables à l'abandon religieux prescrit par les mystiques, mais ces vers servent de préparation pour la suite de la scène, le célèbre fantasme du labyrinthe. Phèdre s'imagine dans le rôle d'Ariane – qui est d'ailleurs un de ces « mille objets » – et se voit accompagner Hippolyte, qui a pris la place de Thésée, pour affronter le Minotaure. La référence à la descente aux Enfers peu glorieuse de Thésée est un déclencheur d'interprétation, car Phèdre ferait plus que sa sœur et descendrait au labyrinthe avec Hippolyte – « Un fil n'eût point assez rassuré votre Amante » (II, 5, 658). Elle ferait plus même que son mari volage, car plutôt que de *suivre* l'objet de son amour, Phèdre le *devance* :

> Compagne du péril qu'il vous fallait chercher,
> Moi-même devant vous j'aurais voulu marcher,
> Et Phèdre au Labyrinthe avec vous descendue,
> Se serait avec vous retrouvée, ou perdue.
> II, 5, 659-662

Ce passage, dont on a souvent souligné l'érotisme, mêle amour et souffrance à la façon du pur amour mystique. Indifférente à son salut, Phèdre exprime ici l'ardeur de sa passion, si forte qu'elle est prête à affronter des démons. Contrairement à Thésée, elle considère la possibilité de sa perte, mais ne recule pas.

Le plaisir qu'éprouvent les amants sous le joug de l'amour n'est toutefois pas tout à fait le même que le bonheur des croyants punis par Dieu. Pour arriver à la même extase paradoxale que ressentent les Juifs opprimés mais croyants dans *Esther* et *Athalie*, les personnages chez Racine doivent être ravis non pas seulement de vivre la tyrannie de l'amour, mais de vivre la tyrannie de l'être aimé, dans le sens de l'enlèvement pris au pied de la lettre et non pas dans un contexte de dénégation. L'acceptation de l'enfer est également l'acceptation du fait que celui qu'on aime peut nous vouloir du mal[76]. Or Racine ne met pas en scène des personnages ravis à la fois au sens propre et au sens figuré... à une

---

76    C'est une des raisons pour lesquelles la doctrine du pur amour de Fénelon était théologiquement inadmissible pour ses adversaires, dont Bossuet. Voir *supra* dans ce chapitre (1.1) : Fénelon et Guyon remettent en question la promesse gratuite de la récompense éternelle, car seul un homme qui n'attend pas la grâce divine peut aimer d'un amour véritablement pur. S'ensuit la possibilité que Dieu pourrait vouloir du mal à la créature (voir : Jacques Le Brun, *Le Pur Amour de Platon à Lacan, op. cit.*, p. 81).

exception près : Ériphile. Iphigénie s'indigne de son amour contre-nature pour
son oppresseur :

> Ses bras [d'Achille] que dans le sang vous avez vus baignés,
> Ces morts, cette Lesbos, ces cendres, cette flamme,
> Sont les traits dont l'amour l'a gravé dans votre âme.
> Et loin d'en détester le cruel souvenir,
> Vous vous plaisez encore à m'en entretenir.
>
> II, 5, 680-684

Comme Esther, Ériphile est « ravie et pourtant ravie » : sa passion brave le sang,
la mort, les cendres et les flammes – toujours ces flammes. Contrairement aux
héros des tragédies bibliques cependant, récompensés pour leur amour inconditionnel et d'autant plus pur, Ériphile – comme Phèdre d'ailleurs – payera bien
cher sa passion violente pour son oppresseur. Elle souffrira exactement cette
peine – le sacrifice –, qui est différée pour les personnages vertueux, comme
Esther, Joas et, en l'occurrence, Iphigénie.

En effet, à l'instar des héros bibliques, Iphigénie est trop « vertueuse » et
« aimable » pour être sacrifiée[77]. Pour ces raisons, le mythe antique d'Iphigénie
à Aulide posait problème à l'époque : l'innocence d'Iphigénie, doublée de son
acceptation du sacrifice – selon la version d'Euripide – la rapprochait du Christ,
qui est, lui aussi, guidé par un amour inconditionnel du Père et des hommes[78].
Dans son *Iphigénie*, Racine suit Euripide sur ces points. Non seulement il peint
une jeune fille innocente, il la montre également consentante devant le sort
que lui a préparé son père :

> Ma vie est votre bien. Vous voulez le reprendre,
> Vos ordres sans détour pouvaient se faire entendre.
> D'un œil aussi content, d'un cœur aussi soumis
> Que j'acceptais l'Époux que vous m'aviez promis,
> Je saurai, s'il le faut, Victime obéissante,
> Tendre au fer de Calchas une tête innocente,
> Et respectant le coup par vous-même ordonné,
> Vous rendre tout le sang que vous m'avez donné.
>
> IV, 4, 1177-1184

---

77   Jean Racine, « Préface à *Iphigénie* », OC I, p. 698.
78   Debora Kuller Shuger traite des connotations chrétiennes du mythe d'Iphigénie, qu'elle
     compare au sujet biblique du sacrifice par Jephté (*The Renaissance Bible. Scholarship,
     Sacrifice, and Subjectivity*, Berkeley, University of California Press, 1994, chap. 4).

Racine réemploiera, une quinzaine d'années plus tard, plusieurs de ces images et de ces arguments dans son *Athalie*, où Joas sait qu'« un fils n'a rien qui ne soit à son père » (IV, 1, 1261), où il se dit « prêt, s'il veut, de lui donner ma vie » (IV, 2, 1274), et où enfin Racine fait rimer, pour le sacrifice d'Isaac, « innocent » et « obéissant » (IV, 5, 1439-1440). Or le consentement grandiose d'Iphigénie touche davantage que celui de Joas, qui est dicté par le grand prêtre. Comme Joas, Iphigénie mentionne aussi son devoir filial, mais ses mots respirent davantage l'amour. Aussi le parallèle qu'elle dresse entre le sacrifice et le mariage espéré avec Achille – tous les deux accueillis avec bonheur – est-il annonciateur[79]. Iphigénie considère son sacrifice comme un acte ou une preuve d'amour, de l'amour paternel d'abord, elle n'en doute à aucun moment – « un Père que j'aime, un Père que j'adore, / Qui me chérit lui-même, et dont jusqu'à ce jour / Je n'ai jamais reçu que des marques d'amour. » (III, 6, 1002-1004) –, mais également de l'amour de son fiancé, Achille, et cet amour lui « est plus cher que [s]a vie ». C'est là peut-être le nœud du problème, raisonne Iphigénie :

> Qui sait même, qui sait si le Ciel irrité
> A pu souffrir l'excès de ma félicité ?
> Hélas ! il me semblait qu'une flamme si belle
> M'élevait au-dessus du sort d'une Mortelle.
>     III, 6, 1041-1046

Iphigénie se demande si l'arrêt divin, si son sacrifice ne serait pas dû à la jalousie des dieux, provoquée par son extrême bonheur amoureux : le sacrifice est la conséquence directe de l'amour ; l'amour est la seule raison du sacrifice. Jacques Derrida l'a pareillement observé en étudiant l'épisode biblique du sacrifice d'Isaac. Quand Dieu demande à Abraham le sacrifice gratuit de son fils, l'obéissance d'Abraham témoigne de son amour absolu de Dieu, cela est évident. Derrida fait cependant remarquer que l'ordre divin du sacrifice révèle également un autre amour absolu, celui d'Abraham pour son fils. Élaborant cette idée, Derrida cite l'ouvrage *Crainte et Tremblement* de Søren Kierkegaard :

---

79    C'est un parallèle qui est maintenu durant toute la tragédie, mais il ne s'agit plus ici de petits « jeux » sinistres d'ironie dramatique et d'équivoque concernant l'interprétation des mots d'« autel » et de « cérémonie » (voir par exemple III, 5, 897-898) ou encore du sens littéral ou figuré du « don du cœur » (v, 2, 1599-1600). Iphigénie a déjà appris la vérité, donc elle dresse consciemment un parallèle mettant au même niveau son « contentement » et sa « soumission », en amour comme en sacrifice. Sur ce parallèle, sur l'autel nuptial qui devient autel sacrificiel chez Racine, voir entre autres : Tom Bruyer, *Le Sang et les Larmes*, *op. cit.*, chapitre 2.

Dieu ne lui demanderait pas de donner la mort à Isaac, c'est-à-dire de donner cette mort en offrande sacrificielle à lui-même, à Dieu, si Abraham
ne portait à son fils un amour absolu, unique, incommensurable, « car
cet amour qu'il porte à Isaac est ce qui, par son opposition paradoxale à
l'amour qu'il a pour Dieu, fait de son acte un sacrifice »[80].

Derrida considère l'histoire du sacrifice d'Isaac comme fondatrice de la conception de l'amour en Occident. Cette histoire sous-tend l'idée de la nécessité
parfois insupportable du choix et de la responsabilité[81]. L'homme doit choisir
entre deux amours absolus : l'amour de Dieu et l'amour humain, profane. Or la
lecture de Derrida et de Kierkegaard montre aussi que les deux se renforcent
mutuellement, et que – à l'inverse de ce que soutiennent les moralistes –
l'amour des hommes peut également être donné comme critère de l'amour de
Dieu : plus l'amour humain est fort, plus le sacrifice, qui répond de l'amour de
Dieu, sera admirable.

Dans *Iphigénie*, Racine a réduit le rôle des dieux ; la pièce permet une lecture religieuse, mais accentue surtout les décisions humaines[82]. L'acte sacrificiel garde toutefois son sens de preuve de l'amour des hommes. L'arrêt
du sacrifice d'Iphigénie – que l'oracle la désigne elle ou non – est d'emblée
interprété comme la confirmation qu'elle est aimée. Iphigénie le sent – d'où
son consentement –, mais c'est Ériphile qui en articule le mieux les implica-
tions. Elle envie « Iphigénie entre les bras d'un Père » et qui « fait tout l'orgueil d'une superbe Mère » (II, 1, 421-422). Ériphile est jalouse de tout l'amour
dont Iphigénie reçoit les marques, alors qu'elle-même est abandonnée par
ses parents et « n'[a] pas même en naissant / Peut-être reçu d'eux un regard
caressant ? » (II, 3, 587-588). Paradoxalement, cette jalousie latente d'Ériphile
éclate véritablement devant l'arrêt de la mort d'Iphigénie, ou mieux, devant
ses effets :

N'as-tu pas vu sa gloire, et le trouble d'Achille ?
J'en ai vu, j'en ai fui les signes trop certains.
Ce Héros si terrible au reste des humains,

---

80    Jacques Derrida, *Donner la mort*, Paris, Galilée, 1999, p. 94.

81    *Ibid.*, p. 97.

82    Georges Forestier, *Jean Racine, op. cit.*, p. 494-497. Sur le traitement par Racine du mira-
      culeux dans la fable d'Iphigénie, voir : Roy C. Knight, *op. cit.*, p. 304-307. Pour Barthes,
      *Iphigénie* est « la plus séculière des tragédies de Racine », car la pièce présente « de véri-
      tables individus, des monades psychologiques bien séparées les unes des autres par des
      rivalités d'intérêts, et non plus liées entre elles dans une aliénation ambiguë » (*Sur Racine*,
      *op. cit.*, p. 109).

Qui ne connaît de pleurs que ceux qu'il fait répandre,
Qui s'endurcit contre eux dès l'âge le plus tendre,
[...]
Pour elle de la crainte a fait l'apprentissage,
Elle l'a vu pleurer et changer de visage.
Et tu la plains, Doris ? Par combien de malheurs
Ne lui voudrais-je point disputer de tels pleurs ?
Quand je devrais comme elle expirer dans une heure...

IV, 1, 1094-1105

La jalousie d'Ériphile perce dans la versification : en accentuant jusqu'à deux reprises le pronom « el-le » en deux syllabes (v. 1101-1102), Ériphile souligne la position d'altérité d'Iphigénie. Contrairement à Ériphile, *elle*, Iphigénie, a droit aux pleurs et aux craintes d'Achille. Ce pouvoir sur l'impassible Achille est une véritable *gloire* aux yeux d'Ériphile, qui ne peut que se compter au rang du « reste des humains » qui répandent des pleurs à cause de – ou pour – Achille. Toutefois l'amour n'est pas vraiment une question de gloire pour Ériphile ; elle ne veut pas spécialement – à l'exemple d'une Aricie – « faire fléchir un courage inflexible » ou « porter la douleur dans une âme insensible » (*Phèdre* II, 2, 449-450). Elle aspire, au contraire, à un amour parental tout à fait naturel, mais toute sa tragédie à elle, les vers le montrent bien, est de ne pas être aimée, ni par ses parents, ni par un homme, pas même par son bourreau.

Si le personnage d'Iphigénie semble imprégné d'un amour chrétien, inconditionnel et désintéressé, qui lui sauve la vie, Ériphile présente des caractéristiques de l'amour mystique, qui puise à son tour dans des histoires d'amour profanes, populaires et pas toujours heureuses. Ainsi la mystique Madame Guyon possédait plusieurs romans et contes de fées, dont *Don Quichotte*, *Peau d'Âne* et *Grisélidis*, ouvrages que l'autorité religieuse de l'époque appelait honteux car « badins et puérils » et « si contraires à la gravité des mœurs, si peu chastes et rempli[s] d'ordures »[83]. Quand Guyon est arrêtée en 1695 et qu'on lui demande d'expliquer pourquoi elle possédait ces livres, elle répond à propos de *Grisélidis* qu'elle le trouvait « très instructif »[84]. Ces propos n'avaient pas de sens pour l'interrogateur, mais selon Le Brun :

---

83    François Hébert, *Mémoires du curé de Versailles, 1686-1704*, introduction de Georges Girard, préface de Henri Bremond, Paris, Les Éditions de France, 1927, p. 279-280.
84    Manuscrit « B.N., ms. n. a. fr. 5250, f° 185r° », cité dans Jacques Le Brun, *Le Pur Amour de Platon à Lacan, op. cit.*, p. 90.

> L'interprétation spirituelle des œuvres littéraires permettait à Mme
> Guyon de trouver chez les poètes et les romanciers une représentation
> de l'amour, de ses impossibilités [...], mais un amour lié à l'absence de
> toute récompense, amour qui entraîne le malheur, la persécution par
> l'être aimé sans retour. Ces traits [sont] communs à l'amour romanesque
> et à l'amour pur des mystiques [...][85].

Alors que Fénelon et Racine retrouvent une inspiration divine et un modèle
chrétien dans les récits platoniciens des amours exceptionnelles et vertueuses,
Guyon va plus loin encore : elle croit que même les histoires d'amour non réciproques et profanes sont aptes à inspirer le lecteur ou dans le cas présent, la
lectrice, par la force des sentiments, et aptes à les toucher. Iphigénie en donne
la preuve pendant le sacrifice de sa rivale : « La seule Iphigénie / Dans ce commun bonheur pleure son Ennemie » (v, 6, 1789-1790). Les pleurs d'Iphigénie ne
sont mentionnés que très brièvement, mais leur emplacement, tout à la fin de
la tragédie, leur confère néanmoins une importance. Iphigénie exauce *in fine*
le vœu d'Ériphile d'être pleurée, d'être aimée. Les larmes d'Iphigénie ont même
été rapportées dans la critique contemporaine : « Racine, sur la scène élevant
son génie, / Eût fait verser des pleurs dans son *Iphigénie* »[86].
    La tragédie ne fait pas que montrer des larmes sur la scène. Comme beau-
coup d'autres tragédies de Racine, elle suscite également les pleurs du public
dans la salle. Ces pleurs, nous le montrerons, sont une réaction à l'investis-
sement semi-religieux des personnages de Racine, tant dans un amour réciproque que dans « un amour lié à l'absence de toute récompense, [un] amour
qui entraîne le malheur ».

### 2.3    *Un applaudissement physique*
En 1695, Claude Boyer, dramaturge contemporain de Racine, médite avec un
peu de recul sur le succès de l'*Iphigénie* de Racine :

> Un père est forcé par l'Oracle à plonger le couteau dans le sein de sa
> propre fille, *qu'il aime et dont il est aimé* : quelle source de crainte et de
> pitié n'enferme pas un sujet tel que celui-là ? Jugez-en, Madame, par le
> succès toujours nouveau de ses représentations. Y a-t-il un spectateur
> assez peu sensible pour leur refuser des larmes ? Non, les plus durs s'y

---

85    Jacques Le Brun, *Le Pur Amour de Platon à Lacan, op. cit.*, p. 91-92.
86    Gacon, *Satire, à M\*\*\** (1696), *NCR*, p. 390.

laissent amollir : hé ! comment y résister ? Tout soulève, tout émeut dans cette admirable pièce, et le trouble continuel dont le cœur y est agité fait presque oublier à l'esprit mille beautés capables de l'enchanter[87].

Boyer résume la pièce de Racine comme l'histoire d'un amour contrarié, tout comme Kierkegaard et Derrida mettent l'accent sur l'amour dans le sacrifice d'Isaac. Dans chacune de ses tragédies, Racine met en scène l'amour contrarié qui, justement parce qu'il est empêché, impossible, se manifeste dans toute sa violence. Du pur amour, Racine a emprunté la confirmation ou la légitimation de l'amour au mépris de tout risque et au détriment de soi. C'est cela, cet amour confirmé dans son impossibilité, qui est à même – Boyer l'écrit – de susciter les émotions tragiques qui agitent les cœurs et enchantent les spectateurs. C'est une expérience ambiguë, combinant crainte et pitié, mêlant les larmes et le trouble au plaisir. L'expérience dramatique rappelle ainsi la passion agissante, où les personnages se sentent « en proie » à la passion – « hé ! comment y résister ? » –, mais ne restent pas entièrement passifs et prennent part à l'émotion.

Tel un Achille terrible ou un Hippolyte insensible convertis à l'amour par Racine, les spectateurs, même « les plus durs », se laissent amollir devant le spectacle de l'amour[88]. Le parallèle se file : le spectateur pleure et sent un trouble dans son cœur, comme Achille avait montré son *trouble* et ses *pleurs* à Iphigénie (v. 1094-1102, cf. *supra*). Ces deux manifestations de la passion agissante, dérivée du pur amour, déterminent l'aspect de la salle pendant les représentations raciniennes et répondent ainsi de leur succès.

2.3.1       « Une chaîne de gens qui pleurent »
Après les représentations d'*Andromaque*, de *Bérénice* et de *Mithridate*, « hono-rée[s] de tant de larmes »[89], *Iphigénie* est le plus grand « succès de larmes » de Racine[90]. Sa création est l'occasion pour Barbier d'Aucour de publier *Apollon charlatan*, une « allégorie critique sur les ouvrages de M. Racine », dans laquelle

---

87    Claude Boyer, *Entretien sur le théâtre au sujet de «Judith»* (1695), NCR, p. 365. Nous soulignons.
88    De même, dans son *Idylle XVII* dédiée à Racine, Longepierre compare le dramaturge à Orphée : « Et tu pourrais aussi par des chants pleins de charmes / Aux tigres, aux rochers, faire verser des larmes » (Hilaire-Bernard de Longepierre, *Orphée. Idylle XII* (1690), NCR, p. 260).
89    Jean Racine, « Préface de *Bérénice* », OC I, p. 451.
90    Maurice Descotes, *Le Public de théâtre et son histoire*, Paris, PUF, 1964, p. 132 ; Alain Viala utilise la même formulation dans « Des conflits et des larmes », dans Nicholas Cronk et Alain Viala (éds), *La Réception de Racine à l'âge classique, op. cit.* p. 73-83, p. 78.

il insiste sur tous les pleurs des personnages raciniens et sur ceux du public. Au sujet d'*Iphigénie* il écrit :

> En effet sa racine [d'Apollon] attendrit tant de cœurs
> Lorsque d'Iphigénie elle anime les charmes
> Qu'elle fait chaque jour par des torrents de larmes
> Renchérir les mouchoirs aux dépens de ses pleurs[91].

Qu'est-ce que toutes ces pièces, applaudies de tant larmes, ont en commun ? Jean Donneau de Visé donne un indice : « *Andromaque* & *Iphigenie* ont tiré des larmes d'un nombre infin [*sic*] de Spectateurs, par le caractere noble & tendre qui s'y trouve, & qu'il est presque impossible de pousser plus loin »[92]. L'hypothèse se tient, car les personnages nobles et tendres des deux tragédies bibliques ont également su émouvoir les spectateurs. L'abbé Duguet se dit surtout « touché » par la « Vérité » d'*Athalie* : « c'est elle qui attendrit et qui arrache les larmes de ceux mêmes qui s'appliquent à les retenir »[93]. *Esther* est reçue par plus de larmes encore, à en croire Madame de Sévigné[94] et Donneau de Visé : « jamais on n'a goûté aucun divertissement, ny avec plus de tranquillité, ny avec plus de plaisir. Il a fait verser beaucoup de larmes, & inspiré des sentimens tout Chrétiens »[95].

Au XVIIe siècle, on pleure, parait-il, pour compatir avec les personnages innocents et vertueux : Esther, Joas et Iphigénie, mais donc également Andromaque, Bérénice et Titus, Monime et Xipharès. Ce sont tous de personnages persécutés dont l'amour tendre est mis à l'épreuve. L'amour profane des personnages du dernier groupe se rapproche en effet du pur amour divin, en ce qu'il est réciproque, désintéressé et légitime. Bérénice le dit, leur tendre amour sera un « exemple à l'Univers » (v, 7, 1514), et mérite donc le théâtre qu'on lui donne. C'est dans la représentation de cet amour « doux » que réside le succès de Racine, d'après les critiques du Grand Siècle et d'aujourd'hui. Barbier d'Aucour a beau les ridiculiser, « [l]es princes, les Rois, les Héros / [endormis dans un honteux repos] Sur les bords du fleuve de Tendre »[96] permettent à Racine de

---

91    Jean Barbier d'Aucour, *op. cit.*, p. 772.
92    Jean Donneau de Visé, *Le Mercure Galant*, avril 1699, Paris, M. Brunet, 1699, p. 259-260.
93    Jacques-Joseph Duguet, *Lettre à Mme ?* (1690), NCR, p. 258.
94    Voir : Madame de Sévigné, « À Madame de Grignan », 7 février 1689, lettre 1067, *op. cit.*, p. 498.
95    Jean Donneau de Visé, *Le Mercure Galant*, février 1689, Paris, G. de Luynes, 1689, p. 298-299.
96    Jean Barbier d'Aucour, *op. cit.*, p. 769.

répondre aux goûts galants et tendres de son public et surtout des dames[97]. Au tournant du siècle, Fontenelle s'étonne encore qu'« On *veut* être ému, agité ; on *veut* répandre des larmes »[98]. En effet, l'allégorie de Barbier d'Aucour montre que les spectateurs veulent partager les sentiments des amoureux représentés sur scène[99]. Ils pleurent des larmes mimétiques à l'exemple des héros et des héroïnes tendres et éplorés[100]. La Fontaine se moque du fait qu'au théâtre on trouve « un homme qui pleure auprès d'un autre homme, et cet autre auprès d'un autre, et tous ensemble avec la Comédienne qui représente Andromaque, et la Comédienne avec le Poète : c'est une chaîne de gens qui pleurent »[101]. Plutôt qu'une chaîne, la profusion des larmes sur scène et dans la salle suit un mouvement circulaire, étant donné que les personnages sur scène, eux, font couler les larmes en affectant un comportement proprement humain :

> Les larmes entrent alors dans un processus d'identification par l'émotion : on est ému de ce que l'autre (le personnage, être de discours) a soudain un corps (il pleure) et qu'il est, comme le spectateur, la représentation d'un mortel (il pleure comme nous, il est imparfait comme nous, il est donc homme)[102].

Les larmes rapprochent les personnages et les spectateurs, fondant une unité d'émotion. Le spectateur imite le personnage, d'autant plus séduisant qu'il fait montre d'un amour tout à fait exemplaire et extraordinaire, alors qu'en même temps il reste humain, reconnaissable. Le modèle du pur amour est atteignable. Par ses pleurs, le spectateur fait perdurer l'amour qu'il vient de voir, que cet

---

97  La critique estime que Racine doit son succès à « la fraction la plus mondaine, la plus jeune et la plus féminine du public de théâtre de cette époque » (Alain Viala, « Des conflits et des larmes », art. cit., p. 78). Voir également : Christian Biet, *Racine ou la passion des larmes, op. cit.*, et Maurice Descotes, *op. cit.*, p. 132.

98  Bernard Le Bovier de Fontenelle, *Réflexions sur la poétique*, dans *Œuvres complètes*, t. III, éd. Alain Niderst, Paris, Fayard, 1989, p. 111-159, XXXV, p. 132, nous soulignons.

99  Sur le « désir de larmes » des spectateurs à l'époque de Racine, voir : Jean-Jacques Roubine, « La stratégie des larmes au XVIIe siècle », *Littérature*, 9, 1973, p. 56-73.

100 Sur cette contagion émotive ou lacrymogène, voir notamment : Sylvaine Guyot et Clothilde Thouret, « Des émotions en chaîne : représentation théâtrale et circulation publique des affects au XVIIe siècle », *Littératures classiques*, 68, 2009, p. 225-241 ; Emmanuelle Hénin, « Le plaisir des larmes, ou la *catharsis* galante », *Littératures classiques*, 62, 2007, p. 223-244, p. 236-239 ; Carine Barbafieri, *op. cit.*, p. 187.

101 Jean de La Fontaine, *Les Amours de Psyché et de Cupidon*, dans *Œuvres diverses*, éd. Pierre Clarac, Paris, Pléiade, 1958, p. 121-259, p. 180.

102 Christian Biet, *Racine ou la passion des larmes, op. cit.*, p. 124. Sur la matérialité des larmes, voir également Alain Viala, « Des conflits et des larmes », art. cit. ; et Sylvaine Guyot, *Racine et le corps tragique, op. cit.*

amour soit récompensé – comme dans les pièces bibliques ou dans *Mithridate*
et *Iphigénie* –, ou que, toujours persécuté, il ait dû être sacrifié, comme dans
*Bérénice* ou *Britannicus*. Dans cet amour tendre, le spectateur reconnaît une
« Vérité », pour reprendre les mots de l'abbé Duguet, qui le touche et l'émeut
jusqu'aux larmes. Nous y reviendrons.

Au siècle dernier, cette union de larmes a fait conclure à Maurice Descotes
que le succès de Racine devait être « un malentendu partiel », car « [c]e que
l'on appréciait en lui, c'était le poète des 'douces' larmes : le 'tendre' Racine.
Xipharès et Monime intéressent bien davantage que Mithridate, Atalide [...]
beaucoup plus que Roxane »[103]. En effet, les critiques de l'époque de Racine,
depuis son *Alexandre*, semblent confirmer sa réputation d'auteur qui a voulu
(et su) faire son succès « dans un siècle où l'on veut de l'amour et de la galanterie partout »[104]. Souvent raillée, cette tendresse en est devenue une sorte
de blâme, si bien que même les défenseurs de Racine cherchent à la nuancer.
Aussi le baron de Longepierre écrit-il : « M. Racine a plus de tendresse [que
Corneille], plus de grace, plus de douceur ; *mais* cette grace est partout accompagnée de grandeur ; et cette douceur n'est jamais dépouillée de noblesse »[105].

Le constat est pour le moins remarquable. Que le créateur de Polynice et
d'Étéocle, de Néron et de Narcisse, d'Hermione et de Roxane puisse être critiqué pour son « doux suc », peut être dû au fait que Barbier d'Aucour n'a pas
encore vu *Phèdre*, mais même un Longepierre, en 1686, ne peut nuancer la tendresse et la douceur chez Racine que par sa grandeur et sa noblesse... Tous ces
documents du XVIIe siècle montrent que le public de Racine retient principalement la représentation de l'amour tendre. Quand il assiste au spectacle de
la fureur d'Hermione, des Furies d'Oreste, il pleure devant l'amour maternel
d'Andromaque, si injustement défié. Même de Mithridate, la clémence finale
semble effacer le portrait du tyran sanguinaire. Si Racine s'est défendu pendant toute sa carrière contre cette réputation de poète tendre, une telle réception de ses pièces, qui n'est sans doute pas entièrement fondée, a néanmoins
le mérite de le disculper de l'accusation, courante aujourd'hui, selon laquelle
Racine peint exclusivement un amour corrompu et concupiscent. Certes,
entre la *libido dominandi* et le pur amour, la route est longue et il n'y a pas
qu'une seule forme d'« amour racinien », mais il n'empêche que le public et les

---

103   Maurice Descotes, *op. cit.*, p. 133.

104   Pierre de Villiers, *Entretien sur les tragédies de ce temps, op. cit.*, p. 793.

105   Hilaire-Bernard de Longepierre, *Parallèle de Monsieur Corneille et de Monsieur Racine*,
      dans *Médée*, éd. Emmanuel Minel, Paris, Champion, 2000, p. 163-184, p. 167. Nous
      soulignons.

critiques ont repéré, dans la plupart de ses pièces, de l'amour « doux », exprimé par des caractères « tendres », sinon « nobles ».

Rappelons toutefois, avec Madame Guyon, que la tendresse et la galanterie ne coïncident pas entièrement avec le pur amour, qui désigne une passion violente, souffrante et potentiellement non réciproque. Si l'amour tendre rejoint l'amour divin des pièces bibliques en ce que l'amour est authentique, grandiose tout en étant pacifique, le véritable pur amour se caractérise davantage par un abandon entier et irréversible à l'être aimé. L'amour tendre et réciproque n'éclaire donc qu'un côté de ce pur amour, tout comme les larmes, marques de la pitié, ne traduisent qu'une partie de l'expérience tragique[106]. Le spectacle du pur amour demande autant de crainte et de révérence que de la compassion. Le public y répond. Les larmes ne sont ainsi pas la seule manifestation de l'unité d'émotion entre le public et les personnages.

### 2.3.2 Le trouble mimétique

Depuis Aristote, les théoriciens du théâtre, ses critiques et les dramaturges savent qu'une tragédie doit susciter de la pitié et de la frayeur. Conjuguées, ces deux passions créent un trouble agréable dans l'esprit des spectateurs, comme l'explique Donneau de Visé :

> Il faut [...] que le Poëte mette en usage ces grands objets de terreur & de pitié, comme les deux plus puissans ressorts qu'ait l'Art, pour produire le plaisir que peut donner la Tragedie, & ce plaisir qui est proprement celuy de l'esprit, consiste dans l'agitation de l'ame émeuë par les passions. [...] dés que l'ame est ébranlée par des mouvements si naturels et si humains, toutes les impressions qu'elle ressent luy deviennent agréables. Son trouble luy plaist[107].

Comme les pleurs, le trouble désigne un état physique quelque peu pénible, mais qui, par le processus artistique du théâtre, est transformé en un sentiment agréable, un « plaisir », un état du corps et de l'esprit recherché. La notion et les usages du « trouble » sont équivoques, traduisant le sens même du mot qui désigne une « confusion » et qui s'applique particulièrement au « desordre »

---

106   Jean-Jacques Roubine distingue deux types de personnages reconnaissables par leurs plaintes ou par leurs fureurs. Alors que les plaintes du premier type suscitent de la tendresse, de la pitié et des pleurs, les fureurs de l'autre type sont du côté de la terreur (art. cit., p. 64-65).

107   Jean Donneau de Visé, « Songe d'Ariste à Philémon. Sur le Projet de la Médaille de Bel Esprit », dans *Extraordinaire du Mercure Galant*, janvier 1685, Paris, T. Amaulry, 1685, p. 242-278, p. 245-247.

des passions[108]. Pourtant ce trouble, indéfini et ambigu, est employé couramment dans le discours théâtral pour désigner l'effet général de la tragédie, à la fois par ses critiques – comme Donneau de Visé et Boyer (cf. *supra*) –, ses censeurs – tels Goibaud du Bois, pour qui ce trouble est un poison[109] –, et, enfin, par ses théoriciens. L'abbé d'Aubignac définit le théâtre comme l'endroit « où règne le Démon de l'inquiétude, du trouble et du désordre »[110]. Bien entendu, d'Aubignac traite non pas du trouble dans la salle, mais de « l'agitation » représentée sur la scène. Comme les larmes, le trouble règne donc des deux côtés du quatrième mur du théâtre.

Racine est mentionné dans le texte de Donneau de Visé comme le modèle de composition visant à générer le trouble[111]. Il y réussit, suivant les préceptes de d'Aubignac, en maintenant une constante agitation dans ses tragédies « par des passions violentes »[112]. En d'autres termes, Racine inflige aux spectateurs un trouble mimétique, car les personnages troublés abondent dans ses pièces. *La Thébaïde* ouvre sur le « trouble »[113] de Jocaste rongée par la crainte que ses deux fils s'entretuent. La passion tragique de la frayeur est nommée dès la première scène : « Nous voici donc, Olympe, à ce jour détestable / Dont la seule frayeur me rendait misérable » (I, 1, 19-20).

Le trouble traduit la crainte de perdre ce qu'on aime, et est tournée vers des êtres en proie à leur passion. La crainte au sein des tragédies de Racine nécessite donc deux passions : l'une, tendre et contrariée, craint les effets

---

108    Furetière note pour le substantif « trouble » : « Confusion, desordre » et « se dit figurément en Morale des desordres de l'ame causés par les passions » (*op. cit.*, art. « Trouble », première et troisième entrées).

109    « [L]a volonté du poète est toujours criminelle ; les vers n'ont pas toujours assez de charmes pour empoisonner, mais le poète veut toujours qu'ils empoisonnent : il veut toujours que l'action soit passionnée, et qu'elle excite du *trouble* dans le cœur des spectateurs. » (Philippe Goibaud du Bois, *op. cit.*, p. 245. Nous soulignons).

110    L'abbé d'Aubignac, *op. cit.*, IV, 4, p. 430. Cette définition du théâtre par d'Aubignac a été amplement discutée dans la critique, qui fait, elle, le lien avec l'expérience des spectateurs. Voir : John D. Lyons, *Kingdom of Disorder, op. cit.* (dont le titre a été inspiré par le « Démon » de d'Aubignac) ; Timothy Murray, « Non-representation in *La Pratique du théâtre* », *Papers on French Seventeenth-Century Literature* IX, 16, 1982, p. 57-74. Voir également : Joseph Harris, *Inventing the Spectator. Subjectivity and the Theatrical Experience in Early Modern France*, Oxford, Oxford UP, 2014, p. 50-75.

111    Jean Donneau de Visé, « Songe d'Ariste à Philémon », *op. cit.*, p. 249.

112    L'abbé d'Aubignac, *op. cit.*, IV, 4, p. 430.

113    I, 3, 45 dans l'édition de 1697, voir : *OC I*, p. 1253. Dans l'édition originale de 1664, Racine avait écrit « mal si caché » (v. 49) au lieu de « trouble », ce qui reflète la connotation négative du trouble et son caractère physique.

destructeurs de l'autre passion amoureuse. Ainsi Andromaque ressent un
« trouble mortel » pour un fils qu'elle aime (III, 4, 874), craignant l'amour de
Pyrrhus ; Junie pressent seule le danger de la passion de Néron et craint pour
son amour à elle : « à la Cour, / [...] toujours quelque crainte accompagne
l'amour » (V, 3, 1589-1590), c'est ainsi qu'elle explique son « trouble » (1583)
à Agrippine. De même, dans *Iphigénie*, le père, la mère, l'amant et Iphigénie
disent leur trouble causé par la nouvelle du sacrifice qui répond de l'amour
du père[114]. Le trouble est plus présent encore dans *Bérénice*, où Bérénice et
Titus craignent tous deux leur séparation. L'héroïne éponyme se désigne à
Titus comme celle « dont vous connaissez le trouble et le tourment, / Quand
vous ne me quittez que pour quelque moment » (II, 4, 613-614). Sans le savoir,
Bérénice annonce leur sort tragique et Titus ne supporte pas d'en entendre
les effets mortels (615-616). Bérénice connaît le pouvoir de son trouble. Elle le
teste sur Antiochus : « Prince, c'est trop cacher mon trouble à votre vue. / [...]
/ Éclaircissez le trouble où vous voyez mon âme » (III, 3, 871, 879) ; et cherche
de la même manière à émouvoir Titus : Phénice doit « pein[dre] à ses yeux le
trouble de [son] âme » (IV, 2, 964) et Bérénice veut paraître devant lui en un
« désordre extrême » (967).

Ce que Bérénice veut provoquer à petite échelle auprès de Titus illustre bien
l'emploi du trouble des personnages à la grande échelle de la tragédie : le spectacle du trouble est censé susciter de la compassion. Ces personnages éplorés
et tendres, Bérénice, Andromaque, Iphigénie, Junie et Jocaste, font naître de
la pitié auprès du public et les larmes des spectateurs en sont les gages. Il s'ensuit également, ce trouble étant mimétique, que les spectateurs partagent la
crainte éprouvée devant la passion persécutrice. En d'autres termes, l'amour
tendre et persécuté suscite de la compassion, alors que l'amour persécuteur
inspire de la crainte. L'expérience tragique chez Racine n'est complète qu'en
réunissant les deux, et elle est d'autant plus subtile et satisfaisante que la pitié
et la crainte ont tous deux la passion comme source, et particulièrement la
passion amoureuse.

La tragédie de *Phèdre* fournit un dernier exemple d'amour tendre – celui
d'Hippolyte et d'Aricie – persécuté par la passion véhémente et violente – celle
de Phèdre. C'est néanmoins le trouble de Phèdre qui domine la pièce, signi-
fiant avant tout la crainte de sa propre passion :

---

114   Agamemnon à Arcas : « Tu vois mon trouble » (I, 1, 41) ; Achille : « Dans quelle trouble
      nouveau cette fuite me plonge ? » (II, 7, 730) ; Agamemnon à Iphigénie et Clytemnestre :
      « Quel trouble... Mais tout pleure, et la Fille, et la Mère » (IV, 4, 1173) ; Clytemnestre à
      Aegine : « Hélas ! je me consume en impuissants efforts ; / Et rentre au trouble affreux,
      dont à peine je sors. » (V, 4, 1671-1672).

Je le vis, je rougis, je pâlis à sa vue.
Un trouble s'éleva dans mon âme éperdue.
Mes yeux ne voyaient plus, je ne pouvais parler.
Je sentis tout mon corps et transir et brûler

      I, 3, 273-276

La rougeur, la pâleur, l'aveuglement, l'aphasie, le frisson à la fois froid et chaud... Le trouble, ce « mal » (269), n'est ici autre que l'amour même[115], qui naît avec la crainte et se manifeste à travers toutes ses marques extérieures possibles[116]. Phèdre rougit, d'amour *et* de honte[117], et elle s'imagine que tous ceux qui découvrent sa passion feront pareillement, par exemple son grand-père, le soleil : « Toi [...] Qui peut-être rougis du trouble où tu me vois » (I, 3, 170-171).

Phèdre aura raison, non pas en ce qui concerne Hélios, mais concernant les spectateurs – ou mieux spectatrices – de la tragédie. L'auteur anonyme de la *Dissertation sur les tragédies de Phèdre et Hippolyte* témoigne de l'effet de choc et de scandale qu'a provoqué la tragédie de Racine lors de sa création :

[O]utre l'horreur naturelle que nous avons pour ces sortes de crimes, la pureté de nos mœurs, et la délicatesse de notre Nation, ne peuvent envisager Phèdre sans *frémir*. [...] [À] mesure que les termes d'inceste et d'incestueux frappent nos oreilles, leur idée *glace nos cœurs*. J'ai vu les Dames les moins délicates, n'entendre ces mots, dont cette Pièce est farcie, qu'avec le dégoût que donnent les termes les plus libres, dont la modestie ne peut s'empêcher de *rougir*[118].

---

115    Dandrey retrouve chez Racine, et dans ces vers de *Phèdre* en particulier, une trace verbale de la physiologie et de la pathologie de la mélancolie : « [S]ous les parures verbales du lyrisme tragique, [...] quelque chose de la souffrance d'âme répercutée sur le corps continue de s'exprimer dans la vieille grammaire de la pathologie amoureuse » (Patrick Dandrey, « "L'amour est un mal ; le guérir est un bien" : La nature du mal d'amour au XVIIème siècle », *Littératures classiques*, 17, 1992, p. 275-294, p. 292). Voir également : Patrick Dandrey, « Molière et Racine : un théâtre d'anatomie ? », art. cit., p. 356-357.

116    Ce passage a été allégué par Étienne Gilson pour démontrer l'inspiration cartésienne de *Phèdre* : à comparer avec : René Descartes, *Les Passions de l'âme*, op. cit., art. 112 « Quels sont les signes exterieurs de ces Passions » – art. 135, p. 411-428. Voir : Étienne Gilson, « Le *Traité des passions* de Descartes inspira-t-il la *Phèdre* de Racine ? », *Les Nouvelles littéraires, artistiques et scientifiques*, 861, 15 avril, 1939, p. 1. Kambouchner (art. cit.) nuance cependant ce rapprochement, arguant que ces expressions chez Racine peuvent également renvoyer à une connaissance commune des signes des passions.

117    « Œnone, la rougeur me couvre le visage, / Je te laisse trop voir mes honteuses douleurs » (I, 3, 182-183) ; « Je [...] ne suis point de ces Femmes hardies / Qui [...] / Ont su se faire un front qui ne rougit jamais (III, 3, 849-852).

118    *Dissertation sur les tragédies de Phèdre et Hippolyte*, OC I, p. 880-881. Nous soulignons.

En exposant l'amour incestueux et adultère de Phèdre, Racine ne manque
pas de heurter les bonnes mœurs, des dames comme des critiques. Or, si cho-
quées qu'elles soient, les spectatrices miment en réalité le comportement – le
trouble – de Phèdre : la rougeur, le frisson, le froid glaçant... Les dames sont
touchées dans leur cœur et marquées dans leur corps. L'amour de Phèdre inspire une « horreur naturelle » et est donc censé faire naître de la terreur ou de
la crainte, mais la *Dissertation* suggère par la suite que plutôt que la crainte,
l'amour de Phèdre suscite de la pitié, précisément parce que Phèdre le décrit
comme un trouble : « je trouverais M. Racine fort dangereux, s'il avait fait cette
odieuse Criminelle, aussi aimable et autant à plaindre, qu'il en avait envie »[119].

L'amour de Phèdre fascine le spectateur en ce qu'il évoque, à lui seul, les
deux passions tragiques. Par cette double réception, le spectacle de l'amour
de Phèdre se rapproche, paradoxalement, de l'expérience du pur amour, où
l'amour pour Dieu et la *com-passion*[120] sont accompagnés de la révérence et de
la crainte. Le véritable amour, Castiglione le savait déjà, apparaît quand :

> [L]'âme se délecte, et avec un certain émerveillement s'épouvante et
> pourtant se réjouit, et, comme stupéfaite, ressent en même temps que
> du plaisir cette crainte et révérence que l'on a coutume d'avoir pour les
> choses sacrées, et elle pense être au Paradis[121].

L'expérience amoureuse, décrite par Castiglione, se lit tout aussi bien comme
le récit de l'expérience théâtrale et tragique idéale, mêlant le plaisir et la
crainte, l'admiration et la stupéfaction. D'une manière semblable, l'expérience
des spectateurs de *Phèdre*, dont la *Dissertation* suggère un trouble mimétique –
par la rougeur et le frisson –, frôle elle-même l'expérience amoureuse. Le parallèle entre ces deux expériences a également été exprimé pour *Bérénice*, par nul
autre que Jean-Jacques Rousseau, qui décrit l'identification du public avec les
amoureux sur scène : « [O]n sentoit d'avance la douleur dont son cœur seroit
pénétré ; et [...] chacun auroit voulu que Titus se laissât vaincre »[122]. Titus ne

---

119   *Ibid.*, p. 881.
120   Emmanuelle Hénin explique que la notion de « compassion » est préférée à celle de
      « pitié » à cause des connotations chrétiennes et collectives (com-passion) de la première
      (art. cit., p. 228). Dans son étude *Racine ou la passion des larmes, op. cit.*, Christian Biet
      approfondit cette idée de la compassion chrétienne dans les larmes.
121   Baldassar Castiglione, *Le Livre du Courtisan*, trad. Gabriel Chappuis, éd. Alain Pons, Paris,
      Flammarion, 1991, IV, 65, p. 395-396.
122   Jean-Jacques Rousseau, *À Monsieur d'Alembert*, dans *Œuvres complètes*, t. V « Écrits sur
      la musique, la langue et le théâtre », éd. Bernard Gagnebin, Marcel Raymond *et al.*, Paris,
      Pléiade, 1995, p. 1-125, p. 49.

se laisse pas vaincre cependant, et c'est alors que l'identification du spectateur s'interrompt, ou mieux, se surpasse en ce que le spectateur s'est décidé à mener sa propre vie en tant que Titus. Rousseau continue : « l'Empereur la renvoye *invitus invitam*, on peut ajouter *invito spectatore*. Titus a beau rester Romain ; il est seul de son parti ; tous les spectateurs ont épousé Bérénice »[123].

La clef de l'identification et de l'amour partagé est le trouble. Troublé, le public prend part aux émotions des personnages, même sans le savoir ou le vouloir. Il est comme séduit par un charme contre lequel il ne peut rien, piégé dans les griffes du « démon » de d'Aubignac. Selon Donneau de Visé, en effet, le trouble est pour l'âme du spectateur « une espéce de *charme* qui la jette dans une douce et profonde rêverie, & qui la fait entrer *insensiblement* dans tous les intérests qui joüent sur le Theatre »[124]. Une fois le trouble entré dans le spectateur, celui-ci s'abandonne aux passions représentées sur scène. C'est un ravissement à proprement parler, en ce que l'âme est ravie à ses préoccupations quotidiennes et à ses préjugés moraux. La passion racinienne est ravissante.

...

Que la chose soit claire, le véritable pur amour est inexistant dans les tragédies profanes de Racine. Ses personnages ont beau s'adonner à leur passion, leur intérêt personnel ne semble jamais entièrement s'effacer. Si le Dieu des chrétiens ou des Juifs est absent dans ses tragédies, sa place n'est pas laissée vacante et Amour a pris le relais. Ainsi son joug et ses fers sont-ils soufferts avec une jouissance qui rappelle l'ambiguïté amoureuse mystique et qui annonce l'amour divin dans *Esther* et *Athalie*. Même ces personnages concupiscents du premier chapitre, aussi orgueilleux soient-ils, sont contraints de capituler devant Amour. L'abandon des Pyrrhus et Néron, des Phèdre et Ériphile apparaît même comme d'autant plus puissant qu'ils se battent pour un amour non réciproque.

Contrairement aux amours plus tendres et réciproques de ceux qu'ils persécutent, leur amour inspire de la crainte, ce complément nécessaire à la pitié et

---

123   *Id.* Pour les détails de cette identification décrite d'un point de vue masculin et alternant entre l'intérêt pour Titus et pour Bérénice, voir : Joseph Harris, « The Selective Spectator : Desire and Identification in Rousseau's *Lettre à d'Alembert* », *Dalhousie French Studies*, 85, 2008, p. 119-129, p. 120-121.

124   Jean Donneau de Visé, « Songe d'Ariste à Philémon », *op. cit.*, p. 247. Nous soulignons. À comparer avec la condamnation du théâtre et des livres par les moralistes : « [E]n lisant les livres des hommes, nous nous remplissons *insensiblement* des vices des hommes » (Pierre Nicole, *De la manière d'étudier chrétiennement*, *op. cit.*, IX, p. 274. Nous soulignons). Voir également chap. 1, 3.3.

aux pleurs, pour s'assurer du plaisir des spectateurs. Si le sacrifice d'Iphigénie et celui de Titus émeuvent le public jusqu'aux larmes, Racine n'aurait pu être l'auteur de cette tendresse tant célébrée (et critiquée pour son succès), sans avoir également imaginé la passion, extérieure au couple ou intériorisée, qui persécute. Les tragédies de Racine touchent par l'amour contrarié par l'amour. Ou mieux, ils troublent le spectateur. Ce trouble est à l'origine d'une identification aux personnages amoureux qui, à son tour, ne peut générer qu'un plaisir ambigu, répondant de cette « tristesse majestueuse » qui définit *Bérénice*[125], ou encore de la souffrance bienheureuse, où l'expérience théâtrale retrouve l'expérience religieuse dans la représentation de l'amour.

## 3   Le culte de la passion

Cette rencontre entre le théâtre et la religion explique, selon Erich Auerbach, le succès des tragédies de Racine. Comme Norbert Elias, Auerbach explore différents facteurs socio-historiques pour expliquer les changements dans la sphère culturelle et dans les engouements du public du XVIIᵉ siècle. Alors qu'Elias a répertorié les conséquences de la « curialisation » de l'ancienne noblesse d'épée, refoulant désormais ses pulsions et se délectant de la peinture fictionnelle des passions, Auerbach se concentre sur les changements philosophiques et moraux. Au XVIIᵉ siècle, un processus de « déchristianisation » se met en place[126]. Après les guerres de religion du siècle précédent, les références chrétiennes s'effacent lentement de la vie quotidienne. Longtemps resté inconscient, ce processus, une fois découvert, provoque une crise de conscience : pour l'homme instruit, la vie quotidienne a perdu de sa dignité. Il se met donc en quête d'une nouvelle philosophie, d'un nouvel idéal, situé entre deux visions du monde qui s'excluent, celle qui fonde la rigueur de la religion d'une part et celle qui permet la liberté amorale des libertins de l'autre.

Selon Auerbach, l'originalité de Racine est de prendre en compte et de vouloir combler ce sentiment de manque lié à cette double perte d'identité, morale et sociale – car Auerbach prend également en compte les changements socio-politiques dus à la création et à l'essor de la classe bourgeoise. Dans ses tragédies, Racine développe « un intérêt nouveau et particulier pour le contenu

---

125    Jean Racine, « Préface à *Bérénice* », OC I, p. 450.

126    Erich Auerbach, « La cour et la ville », dans *Le Culte des passions, op. cit.*, p. 114-179, p. 169-171. Cette thèse audacieuse a rencontré quelque résistance, mais les critiques s'accordent généralement sur la « crise de la croyance » qui marque le XVIIᵉ siècle (Paul Hazard, *La Crise de la conscience européenne (1680-1715)*, Paris, Boivin, 1935 ; Bérengère Parmentier, *Le Siècle des moralistes. De Montaigne à La Bruyère*, Paris, Seuil, 2000, p. 9-13).

de la personnalité humaine, intérêt qui se préparait certes depuis longtemps, mais qui atteint ici son suprême épanouissement sensible et idéel »[127]. Ainsi le héros tragique sent et invite les autres à sentir les passions les plus intenses. Les personnages de Racine en tirent leur intégrité personnelle : « leur dignité et le sentiment de leur valeur trouvent leur fondement dans leur puissante vitalité, dans la constance de leur vie instinctive »[128].

« Quel est en effet le contenu, l'ambition de ses personnages, si ce n'est le culte de la passion [...] ? », se demande Auerbach[129]. Ce « culte » célébré dans les tragédies est également une nouvelle religion ou mode de vie qui charme le spectateur – tout, sans doute, est construit *pour* le charmer. En effet, si la littérature amoureuse répond aux besoins de l'aristocratie menacée[130], elle crée également des besoins auprès d'autres couches sociales. La bourgeoisie n'hésite pas à imiter la mode de la plus haute noblesse et les narrations amoureuses jouent un rôle dans cette diffusion de valeurs :

> [C]'est par le détour du bucolique et de la pastorale que la faculté d'analyser ses propres affects et de s'y complaire sentimentalement, la conscience de la dignité qu'ils confèrent, le désir d'une vie détachée de tout lien et entièrement consacrée à l'amour se fraient un chemin dans les couches bourgeoises[131].

Dans le même temps l'abandon à cette nouvelle vie amoureuse promue par la littérature amoureuse est rendu possible par la déchristianisation progressive :

> /et comme ces bourgeois n'ont plus en face d'eux la force vivante du christianisme, mais tout au plus le plat matérialisme de leurs parents ou tuteurs, il n'existe plus de résistance morale digne d'être prise au sérieux ;/ on voit /là aussi/ se faire jour l'état d'esprit dans lequel on méprise les contingences réelles comme indignes d'une âme noble, tout en aspirant à la richesse et à une vie menée dans les hautes sphères de la société, car elle seule semble réaliser le rêve de ce noble paradis amoureux[132].

---

127    Erich Auerbach, « Racine et les passions », dans *Le Culte des passions, op. cit.*, p. 35-49, p. 47.
128    *Ibid.*, p. 47-48.
129    *Ibid.*, p. 43.
130    Voir *supra*, chap. 1, 3.
131    Erich Auerbach, « La cour et la ville », *op. cit.*, p. 168-169.
132    *Ibid.*, p. 169.

*[handwritten note at top: we would have to believe that all spectators believe themselves to be outside religion.]*

Le lecteur ou le spectateur veut s'évader de la sinistre réalité dépourvue de passions et de profondeur. L'étude controversée de Félix Gaiffe montre qu'y pullulent, en revanche, les intrigues malhonnêtes et intéressées qui ont peu à voir avec les mœurs amoureuses revendiquées dans la littérature galante ; les *Relations, Souvenirs* et *Mémoires* des courtisans comme Tallemant des Réaux et Bussy-Rabutin dressent, estime-t-il, un plus fiable portrait de l'époque[133]. Au même moment où l'on s'arrache l'*Histoire amoureuse des Gaules*, Racine propose au même public une façon de transcender ces « contingences réelles » et « indignes ». Par la représentation des passions – mais des passions brûlantes et véhémentes et non pas volages et calculatrices –, Racine lui rend le goût de vivre pleinement. La force d'attraction de son univers réside dans son altérité : c'est comme « un autre monde, plus aventureux et plus généreux, dans lequel le désir, provisoirement réprimé, finit par s'épanouir »[134].

Racine accentue cette altérité du monde des passions *au sein* de ses tragédies, où il met en place une distinction entre la sphère privée des émotions et de l'amour d'une part et la sphère publique de la Cour, du monde des ambitions, de l'autre. Comment Racine réussit-il alors à faire en sorte que son public – troublé et en pleurs – retienne surtout, de cette distinction, le culte de la passion ?

### 3.1    *Le détachement du monde au milieu du monde même*

Racine a choisi le sujet d'*Esther*, nous l'avons vu au début du chapitre, parce que cette histoire est « pleine de grandes leçons d'amour de Dieu, et de détachement du monde au milieu du monde même »[135]. *Esther* traduit en quelque sorte le scénario décrit par Auerbach, selon lequel la vie sociale et politique, à la Cour ou ailleurs, ne réussit pas à combler les désirs des hommes, malgré la relative aisance de leur vie quotidienne. Esther ne peut retrouver son identité et sa dignité qu'en se retirant en un lieu secret où elle peut vivre sa religion et son amour de Dieu. De même, la vie amoureuse dans les tragédies profanes de Racine est généralement définie en opposition avec la vie à la Cour. Le cœur des personnages de Racine est souvent tiraillé entre la gloire et le devoir politiques

---

133    Dans *L'Envers du grand siècle. Étude historique et anecdotique* (Paris, Albin Michel, 1924), Gaiffe se propose de corriger l'image traditionnelle et brillante du XVIIe siècle, en réunissant « des échantillons suffisamment significatifs de la corruption des mœurs dans les différentes classes sociales, et particulièrement dans les ordres privilégiés » (*Ibid.*, p. XIV-XV). Si la perspective de Gaiffe a été dénoncée comme étant trop critique, l'étude, largement oubliée aujourd'hui, a toutefois le mérite de souligner la naïveté des historiens prenant la littérature galante pour réalité, et de prêter attention à la vie « souterraine ».

134    Michel Jeanneret, *op. cit.*, p. 237.

135    Jean Racine, « Préface à *Esther* », OC I, p. 946.

d'un côté et l'amour de l'autre. Le dramaturge montre l'affrontement entre ces deux mobiles, l'un appartenant à la sphère publique, l'autre étant plus privé et intime[136]. Il s'ensuit que même dans le monde des tragédies profanes, il y a une échelle d'occupations également profanes, selon laquelle la vie politique de la gloire et du pouvoir n'a, malgré son désir de contrôle, toujours pas entièrement intégré la vie amoureuse. Celle-ci préfère se tenir à l'écart de la Cour, à la fois au sens figuré et au sens littéral.

En effet, même si les intrigues de Racine lient toujours étroitement les passions politiques aux passions amoureuses, la tension entre la Cour et la politique d'une part et l'amour de l'autre est néanmoins entretenue, jusque dans la mise en scène même. La tension est spatiale, comme dans les tragédies bibliques où Esther se retire « [d]ans un lieu séparé de profanes témoins » (I, 1, 105) et où Joas est contraint de se cacher dans le temple des Juifs. Les émotions et l'expérience intime de la pratique amoureuse, comme la pratique religieuse, ne supportent pas les regards des courtisans, et sont incompatibles avec les ambitions terrestres et les guerres sanglantes. L'amour est censé être vécu ailleurs. Ainsi Mithridate tente de séparer ses campagnes guerrières de ses affaires amoureuses. Monime explique que « tandis que la Guerre occupait son courage / [Mithridate] [l]'envoya dans ces lieux éloignés de l'orage » (I, 3, 259-260)[137]. Or la Cour elle-même est bien souvent le lieu de l'orage et l'ennemi des amours : Junie et Britannicus se sont aimés heureusement après « [l]a fuite d'une Cour que sa chute a bannie » (II, 3, 647) ; Atalide évoque de même un passé tranquille et intime avec Bajazet où elle était « [é]levée avec lui dans le sein de sa Mère » (I, 4, 361) – toujours à la Cour, ce lieu métaphorique respire la protection et le refuge[138] ; pour Hippolyte, enfin, les forêts sont un refuge, le sanctuaire de son célibat, voué à Diane. Pourtant c'est là, en non pas à la Cour, qu'il vit pleinement son amour : « Présente je vous fuis, absente je vous trouve. / Dans le fond des forêts votre image me suit » (II, 2, 542-543). Il projette, en outre, un exil heureux avec Aricie fuyant Trézène. Tous ces personnages cherchent ou se souviennent d'un lieu – d'une utopie (*eu-topos*) – loin de la scène, où l'amour est possible.

---

136 C'est la théorie des deux corps du roi (Ernst Kantorowicz, *Les Deux Corps du Roi*, trad. Jean-Philippe et Nicole Genet, Paris, Gallimard, 1989). Sur cette confrontation dans la littérature du XVIIe siècle, voir : Hélène Merlin-Kajman, *L'Absolutisme dans les lettres, op. cit.*

137 De même dans *Iphigénie*, le camp à Aulide n'aurait jamais dû être le décor d'un mariage, mais uniquement de la guerre.

138 Barthes cite leur couple, ainsi que Britannicus et Junie et Antiochus et Bérénice, pour illustrer le fait que l'amour sororal « naît entre les amants d'une communauté *très lointaine* d'existence » (*Sur Racine, op. cit.*, p. 22, nous soulignons).

Pour d'autres, en revanche, la scène du théâtre sert de lieu de refuge où est tolérée et respectée l'émotion de l'amour. Le cabinet situé entre l'appartement de Titus et celui de Bérénice en est l'exemple le plus évident[139], présenté comme tel dès l'ouverture de la tragédie :

> Souvent ce Cabinet superbe et solitaire,
> Des secrets de Titus est le dépositaire.
> C'est ici quelquefois qu'il se cache à sa Cour,
> Lorsqu'il vient à la Reine expliquer son amour.
>
> I, 1, 3-6

C'est dans ce cabinet, c'est-à-dire sur scène, que Titus vient se *cacher* aux regards de la Cour. Il en va de même pour Bérénice, qui associe le lieu avec ses relations personnelles en opposition aux flatteurs opportunistes de la Cour : « Je *fuis* de leurs respects l'inutile longueur, / Pour chercher un Ami, qui me parle du cœur » (I, 4, 137-138, nous soulignons). C'est un lieu, où, comme Esther, elle vient se vouer à son amour, où elle se cherche elle-même ainsi que Titus, non pas l'empereur, mais « que lui-même » (I, 4, 160)[140]. Aussi le spectateur reçoit-il dès le lever du rideau la promesse d'être un témoin privilégié des passions intimes du nouvel empereur et de son amante. Paradoxalement, cet endroit « solitaire » et « dépositaire » des secrets est le seul lieu offert aux yeux d'une foule de spectateurs curieux.

Or, au fur et à mesure que la tragédie avance, ce cabinet sera envahi par des forces venant de l'extérieur, dérangeant ce refuge amoureux. Les voix du peuple et le tumulte semblent sans cesse assiéger la scène, comme une menace invisible et peut-être même imaginée. Titus reconnaît que ces cris ne résonnent qu'en sa propre tête : « L'entendons-nous [Rome] crier autour de ce Palais ? / [...] / Tout se tait. Et moi seul trop prompt à me troubler / [...] » (IV, 4, 1002-1005). Bérénice devient cependant elle aussi sensible à la menace. Au début de la pièce elle fuyait les « respects » du peuple ; à présent elle croit entendre autre chose. Quand Titus, désespéré, lui demande de rester, elle s'indigne :

---

139    Sur ce cabinet et sur les autres espaces dans *Bérénice*, voir notamment : Paul Hammond, « The rhetoric of space and self in Racine's *Bérénice* », *Seventeenth Century French Studies*, 36, 2014, p. 141-156.

140    « [M]oi, dont l'ardeur extrême, / (Je vous l'ai dit cent fois) n'aime en lui que lui-même, / Moi qui loin des grandeurs, dont il est revêtu, / Aurais choisi son cœur, et cherché sa vertu. » (I, 4, 159-162).

Et pourquoi ? Pour entendre un Peuple injurieux
Qui fait de mon malheur retentir tous ces lieux ?
Ne l'entendez-vous pas cette cruelle joie,
Tandis que dans les pleurs moi seule je me noie ?
> v, 5, 1325-1328

Bien que la foule extérieure ne réussisse pas à franchir véritablement le seuil du palais impérial, elle y fait néanmoins irruption par le biais du personnage de Rutile, que Racine décrit sèchement comme « Romain » dans sa liste des *dramatis personae*, comme s'il était l'émissaire, le représentant du peuple romain. Ce personnage au rôle très réduit de messager entre au cabinet pour sommer Titus :

Seigneur, tous les Tribuns, les Consuls, le Sénat,
Viennent vous demander au nom de tout l'État.
Un grand Peuple les suit, qui plein d'impatience
Dans votre Appartement attend votre présence.
> iv, 8, 1237-1240

Le refuge amoureux est assailli pour des raisons politiques. Titus va suivre Rutile et choisit donc de négliger le trouble extrême de Bérénice. C'est pour elle, d'abord, que le cabinet perd son sens et devient insupportable : « Tout cet Appartement préparé par vos soins, / Ces lieux de mon amour si longtemps les témoins » – le décor de la pièce est-il personnifié, ou est-ce réellement un appel au public, ces « témoins » ? – enfin même « [c]es chiffres [...] / Sont autant d'imposteurs que je ne puis souffrir » (v, 5, 1333-1338). Le lieu, ce symbole de l'amour de Titus, change avec sa perception de l'empereur. Aussi sont-ce Titus et ses marques d'amour qui sont en réalité qualifiés d'imposteurs. Le lieu de l'amour n'est plus, le cabinet semble dévalué, profané et donc remis en question avec l'amour de Titus.

Cette dévaluation du refuge qui se réalise si lentement au cours de *Bérénice*, s'accomplira pour *Bajazet* dès le lever du rideau. Incrédule, Osmin y demande à Acomat comment il se peut qu'ils pénètrent dans le Sérail : « Et depuis quand, Seigneur, entre-t-on en ces Lieux, / Dont l'accès était même interdit à nos yeux ? » (i, 1, 3-4). Il paraît, dès l'ouverture de la pièce, que le sérail n'est plus ce temple secret des amoureux. Avec Acomat et ses stratégies, la politique s'y est frayé un chemin. Les différents acteurs se leurrent quand ils pensent qu'ils peuvent « tromper tant de jaloux regards » (i, 1, 143). Roxane et Atalide se croient suffisamment à l'abri dans le sérail pour nourrir des relations d'amour secrètes, mais ils se trompent de lieu, car le sérail est plus propre à la feinte qu'au secret et à la sincérité. Loin du refuge amoureux, le sérail de *Bajazet* a toute l'apparence de la Cour française.

L'opposition spatiale entre la Cour et le refuge est généralement accompagnée, en effet, d'une autre distinction entre ce qui est public d'un côté et ce qui est privé ou mieux, secret, de l'autre. De même qu'Esther et Joas sont contraints de pratiquer leur religion dans un lieu confiné au risque d'être découverts, les amants profanes sont souvent contraints de vivre leur amour en secret, ou, du moins dans la sphère privée. Les exemples sont nombreux : Atalide et Bajazet doivent taire leur amour réciproque, ainsi que Xipharès et Monime, et Hippolyte et Aricie ; Phèdre et Ériphile ne peuvent partager le secret de leur passion qu'avec leurs confidentes ; et si Roxane a déjà avoué son amour à Bajazet, elle en fait néanmoins un secret pour les fidèles du sultan. Enfin, même ceux ou celles dont l'amour – réciproque ou non – n'est pas secret – Hémon, Antigone, Cléofile, Alexandre, Britannicus, Junie, Néron, Titus, Bérénice, Mithridate, Iphigénie, Achille et d'autres encore – même ces personnages ne réussissent pas entièrement à rendre public leur amour, en l'officialisant par le mariage espéré. Roxane, Mithridate, Néron et même Créon essaient de faire valoir leur pouvoir politique en amour et veulent faire converger les deux sphères de l'ambition et de la passion, en demandant celui ou celle qu'ils aiment en mariage. Leur tentative échoue cependant. Ces amants veulent imposer leur pouvoir, mais en même temps jouir d'une partie du culte amoureux, personnel et émotionnel, qui se perd dès que les deux sphères se superposent[141].

Ces demandes en mariage montrent toutefois que les deux sphères ne peuvent continuer à coexister séparément chez Racine. L'opposition public-privé devient petit à petit intenable. Tout comme Esther et Joas sont forcés de découvrir leur identité, juive et royale, et comme à la fin d'*Athalie*, « le fond du Théâtre s'ouvre » pour montrer un fond du temple qui crache des Lévites armés, le refuge, le secret et le privé dans les pièces profanes explosent ou implosent sous la pression de forces extérieures ou de considérations publiques. C'est le sujet de *Bérénice* : « les secrets de son cœur et du mien / Sont de tout l'Univers devenus l'entretien », s'exclame Titus (II, 2, 341-342). Tout le tragique du théâtre de Racine consiste dans le fait que le culte de l'amour ne peut rester une affaire privée. Chaque passion secrète sera découverte, ou mieux avouée ; chaque passion privée doit s'officialiser par le mariage ou se dissoudre. Or cette volonté, cette transition ne se fait pas sans frictions. L'amour de Titus pour Bérénice était toléré tant qu'il était privé et

---

141    Voir l'analyse de *Mithridate*, chap. 1, 3.1.

que Titus était lui aussi une personne privée, mais tout cela change à la mort de Vespasien. Contrairement à Titus, Pyrrhus, lui, parvient à rendre public son amour pour Andromaque. Il l'épouse et pousse ainsi jusqu'au bout le paradoxe de sa tyrannie sur Andromaque d'une part et sa soumission à l'amour d'autre part. Sa tentative ultime de forcer la frontière entre la sphère politique et la sphère amoureuse est cependant écrasée par son meurtre. D'un côté la passion ne peut se contenir et doit se dire et se vivre ; d'autre part, cette passion ne peut qu'échouer et ni ces héros tendres ni ces héros furieux ne pourront vivre un amour public et légitimé par le mariage.

Ainsi, contrairement à la célébration de l'amour divin dans les tragédies bibliques, la manifestation publique de l'amour, exposé à tous les risques, ne signifie pas un dénouement heureux. Alors qu'Esther est glorifiée pour le courage de son aveu, alors que les Juifs du temple dans *Athalie* sont loués pour leur décision de prendre les armes, l'aveu public de l'amour profane est loin d'être récompensé. *Esther* et *Athalie* montrent, comme les tragédies profanes, que l'amour ne peut finalement se contenir, que le détachement du monde au sein du monde même, veut finalement entrer dans ce monde pour le convertir. Aussi les tragédies profanes et les tragédies bibliques suivent-elles plus ou moins la même trame : celle d'un amour vécu jusqu'au bout, qui ne tolère pas de feinte et veut être reconnu comme tel. C'est ce qui est célébré dans les deux dernières tragédies de Racine, mais pénalisé dans les premières. L'amour des hommes en dehors de Dieu n'a pas le droit de se dire, de se manifester publiquement, sous peine de mort[142]. Malgré ce déroulement différent, le public découvre néanmoins dans ces pièces les mêmes manifestations d'amour, proches du sacrifice, de l'acceptation de l'enfer.

## 3.2    *Le théâtre comme refuge amoureux*

Le propre de la passion racinienne se trouve dans la force des sentiments mobilisés. Ce que ces personnages ressentent comme un fardeau et une faiblesse – cette passion qu'ils ne peuvent vaincre – constitue en réalité le nœud et la force de séduction des tragédies de Racine. Dans son *Traité de la Comédie et des spectacles*, le prince de Conti regrette que « [l]'amour [soit] présentement la passion qu'il y faut traiter le plus à fond ; et quelque belle que soit une pièce de théâtre, si l'amour n'y est conduit d'une manière délicate, tendre et passionnée, elle n'aura d'autre succès que celui de dégoûter les spectateurs »[143]. Dans *Entretien sur les tragédies de ce temps*, le père de Villiers précise une dizaine d'années plus tard que l'amour seul ne suffit pas pour

---

142    Voir *infra*, chap. 3, 2.3. sur la déclaration amoureuse.
143    Le prince de Conti, *op. cit.*, p. 200.

conquérir l'opinion publique. Le personnage Timante y estime que le public
de théâtre ne peut apprécier la passion amoureuse que si elle est représentée dans « toute son étendue » : « [I]l ne faut jamais introduire de personnage
Amoureux qui soit froid et languissant ; car représenter une passion et ne la
représenter qu'à demi, c'est une des grandes fautes de la Tragédie »[144]. Il ne
fait aucun doute que Racine traite ses amours « à fond », et les déploie « dans
toute leur étendue ». Ce qui plaît chez lui, c'est cet amour-*passion*, une passion
qui semble devenue rare à son époque, où – à en croire les chroniqueurs du
siècle – l'amour n'est plus vécu qu'« à demi ».

Il est certes difficile de juger des mœurs amoureuses courantes du temps
de Racine, mais les belles lettres en dressent un portrait plus calculateur et
intéressé que passionnel. À la Cour, il faut cacher sa passion et ses intentions,
si bien que la feinte et l'intérêt égoïste y sont la norme. « Un honnête homme
peut être amoureux comme un fou, mais non pas comme un sot » estime La
Rochefoucauld[145], même s'il donne peu de chances à cette possibilité, car
« [i]l est du véritable amour comme de l'apparition des esprits : tout le monde
en parle, mais peu de gens en ont vu »[146]. Les moralistes et les penseurs augustiniens propagent une vision cynique de la société, mais ils ne sont pas les
seuls. Les courtisans prennent note de la pompe et de l'extravagance de la
vie à la Cour, mais en soulignent avant tout la fausseté. Pour Primi Visconti,
la Cour de Louis XIV est « la plus belle comédie du monde »[147]. Les idées de
Bussy-Rabutin ne peuvent être plus opposées à celles des moralistes, mais son
*Histoire amoureuse des Gaules* confirme néanmoins leur portrait de la corruption des mœurs. Malgré son titre, le récit de Bussy-Rabutin comporte très peu
d'amour et encore moins de passion. Les personnages eux-mêmes témoignent
d'une soif d'amour authentiquement passionnel :

> Cet amant prenait toujours les imprudences qu'elle faisait pour le voir
> pour des marques d'une passion dont elle n'était plus la maîtresse,
> quoique ce ne fussent que des témoignages du dérèglement naturel de la
> raison. Quand elle avait quelque emportement pour lui qui éclatait, il la
> croyait vivement touchée, et cependant elle n'était que folle ; il était tel-
> lement persuadé de la passion qu'elle avait pour lui que quand il mourait
> d'amour pour elle il appréhendait encore d'être ingrat[148].

---

Pierre de Villiers, *op. cit.*, p. 779.

145  François de La Rochefoucauld, *Maximes, op. cit.*, max. 353.

146  *Ibid.*, max. 76.

147  Primi Visconti, *Souvenirs*, 1678, cité dans Félix Gaiffe, *op. cit.*, p. 28.

148  Roger de Bussy-Rabutin, *Histoire amoureuse des Gaules*, dans *Libertins du XVIIᵉ siècle*, t. II,
éd. Jacques Prévot *et al.*, Paris, Pléiade, 2004, p. 539-642, p. 548.

Le narrateur se moque de Candole, qui mésinterprète les signes d'Ardélise et se croit passionnément aimé d'elle, alors qu'elle l'aime si tendrement qu'elle l'a déjà oublié deux jours après sa mort. À ces plaisirs volages et trompeurs, qui répondraient des coutumes réelles des courtisans et courtisanes[149], Racine propose une autre solution. Certes, dans *Bajazet* il met également en scène une amante qui croit trop naïvement aux marques d'amour de celui qu'elle aime, mais Bajazet ne supporte pas de tromper Roxane de cette façon. Il ne demande que de cesser de faire semblant, d'arrêter la « comédie » :

> Roxane n'est pas loin. Laissez agir ma foi.
> J'irai bien plus content et de vous et de moi,
> Détromper son amour d'une feinte forcée,
> Que je n'allais tantôt déguiser ma pensée.
> > III, 4, 1007-1010

Bajazet paraît déterminé. Il met toute son indignation dans l'hémistiche « une feinte forcée », faisant siffler les fricatives et accentuant les « e » muets. La feinte lui est honteuse, indigne, elle est contraire à sa « foi » qui, dès lors, ne renvoie plus seulement à son amour pour Atalide, mais également à sa moralité, à son estime de lui-même et de celle qu'il aime. Bajazet veut se défaire de ce déguisement si propre – et nécessaire – à la Cour, comme l'a si bien exprimé avant lui Junie :

> Cette sincérité sans doute est peu discrète,
> Mais toujours de mon cœur ma bouche est l'interprète.
> Absente de la Cour je n'ai pas dû penser,
> Seigneur, qu'en l'art de feindre il fallut m'exercer.
> > II, 3, 639-642

Les personnages entièrement sincères comme Junie sont rares dans les tragédies de Racine, mais nombreux sont ceux qui, comme Bajazet, reconnaissent la supériorité morale de la sincérité et, tout en regrettant qu'ils ne puissent cacher leurs sentiments, en font en même temps une sorte de point

---

149  Sur la question de la véracité de l'*Histoire amoureuse de Gaules* de Bussy-Rabutin, voir notamment : Didier Foucault, « Le libertinage de la Renaissance à l'Âge classique : un territoire pour l'historien ? », *Les Dossiers du Grihl*, 2009 [en ligne, consulté le 29 avril 2018] ; Jacques Prévot, « Notice sur *Histoire amoureuse des Gaules* », dans *Libertins du XVIIe siècle*, t. II, *op. cit.*, p. 1605-1613.

d'honneur[150]. Ainsi Titus se méfie de « cette Cour peu sincère, / À ses Maîtres toujours *trop* soigneuse de plaire » (II, 2, 351-352, nous soulignons) et il se réfère à sa propre spontanéité naturelle – sa « langue embarrassée » et « glacée », son « trouble » et sa « douleur », ces « larmes » (475-480) –, qui doivent véhiculer le message douloureux à Bérénice. Phèdre, de même, s'applaudit de sa rougeur, car celle-ci la distingue de « ces Femmes hardies, / Qui goût[e]nt dans le crime une tranquille paix » (III, 3, 850-851)[151]. Seul un « monstre naissant »[152] ou un « Tyran dans le crime endurci dès l'enfance » maîtrise la manipulation des signes et la composition du visage serein et impassible « sans changer de couleur » (*Britannicus*, V, 8, 1730-1732)[153]. Mais même un Néron est rendu sensible par Racine : dans la scène finale de la tragédie, Néron perd son masque stoïque, qui, neutre en politique, n'est pas à l'épreuve des maux de l'amour. Quand Junie lui échappe, il n'est plus question de ces « yeux indifférents » : Néron « marche sans dessein, ses yeux mal assurés / N'osent lever au Ciel leurs regards égarés » (V, 9, 1777-1778). En somme, les personnages de Racine, tous, sont de mauvais courtisans, car, comme l'explique La Bruyère :

> Un homme qui sait la Cour, est maître de son geste, de ses yeux, et de son visage ; il est profond, impénétrable ; il dissimule les mauvais Offices, sourit à ses ennemis, contraint son humeur, déguise ses passions, dément son cœur, parle, agit contre ses sentiments[154].

Le problème des personnages de Racine, justement, est qu'ils ne peuvent agir contre leurs sentiments, que leurs passions dominent à tout moment. De cette manière, Racine crée une distance entre les personnages et les spectateurs qui,

---

150  Jean-Pierre Cavaillé montre comment la conception de l'artifice et de la simulation change vers la fin du XVIIe siècle : « [L]'homme qui ne se déclare pas, qui cultive la duplicité entre ses apparences et son intériorité, devient une figure morale et spirituelle foncièrement négative » (« De la construction des apparences au culte de la transparence. Simulation et dissimulation entre le XVIe et XVIIIe siècle », *Littératures classiques*, 34, 1998, p. 73-102, p. 101).

151  Forestier signale la référence biblique : « Après cela vous avez pris le front d'une femme débauchée ; vous n'avez point voulu rougir » (Jérémie, III, 3 ; trad. Lemaître de Sacy). Voir Georges Forestier, « Notes et variantes de *Phèdre* », OC I, p. 1652-1653.

152  Jean Racine, « Préface à *Britannicus* », OC I, p. 372.

153  Sur la *monstruosité* de Néron et des autres personnages raciniens insensibles et impassibles, voir Sylvaine Guyot, *Racine et le corps tragique, op. cit.*, p. 39-44, p. 93-96, p. 141-143.

154  Jean de La Bruyère, *Les Caractères ou Les Mœurs de ce siècle* [dorénavant appelés *Les Caractères*], dans *Les Caractères de Théophraste traduits du grec avec Les Caractères ou les Mœurs de ce siècle*, éd. Marc Escola, Paris, Champion, 1999, p. 151-608, VIII « De la Cour », 2 [I], p. 319.

s'ils ne sont pas courtisans eux-mêmes, ont sans aucun doute lu – et liront – La Rochefoucauld ou La Bruyère, qui généralisent la tromperie et la dissimulation en amour, ou Bussy-Rabutin, qui réduit l'amour à un rapport passager et sans conséquence. Les émotions que les personnages ne réussissent pas à cacher, sont donc autant ce qui aliène les spectateurs des personnages, que ce qui les rapproche. En effet, comme nous venons de le voir, les spectateurs se plaisent à épier les émotions des personnages, voire à les imiter.

Bien entendu, Racine n'est pas le seul écrivain parmi ses contemporains à imaginer des passions véritables, mais ses tragédies sont différentes par l'écart qu'elles accusent par rapport à la vie quotidienne. Ainsi les nouvelles galantes décrivent-elles ordinairement des passions violentes qui ne peuvent se contenir, sont confessées, consommées... et finalement consumées. Dans ces nouvelles, l'amour, en effet, ne brûle souvent pas très longtemps. Même *La Princesse de Clèves* soulève dans les dernières pages des doutes à propos de la pérennité de l'amour de Nemours. Les tragédies de Racine en revanche, même si elles ne se déroulent que pendant une journée, respirent une constance en amour, en désespérance, en folie passionnelle : on s'imagine Bérénice en orient, toujours soupirant, comme une autre Ariane de Naxos, on s'imagine Junie toujours pleurant la mort de Britannicus et Néron toujours courant les rues de Rome, criant le nom de Junie...

Plus encore, ce chef-d'œuvre de Madame de Lafayette se distingue de l'univers de Racine par son message moral, par le refus de la princesse de s'abandonner à ses passions, contrairement aux héros raciniens, mais conformément à la logique de la Cour. La princesse reçoit des ordres sévères de sa mère, qui s'aperçoit de son amour naissant : « [V]ous êtes sur le bord du précipice : il faut de grands efforts et de grandes violences pour vous retenir. [...]. Ayez de la force et du courage, ma fille, retirez-vous de la Cour »[155]. Dans la nouvelle – à travers les propos de Madame de Chartres ainsi qu'à la fin de l'histoire – la retraite est présentée comme la seule issue à un amour impossible, ou, sur un plan général, à la corruption contagieuse de la Cour.

Alors que de nombreuses nouvelles décrivent – et prescrivent – donc la retraite de la Cour et de l'amour, Racine imagine un refuge voué à l'amour et la passion. Mieux, son théâtre même devient un refuge, offrant aux spectateurs un moyen de méditer les exemples de l'amour et d'échapper à la réalité des fausses apparences à la Cour. Au théâtre, ils peuvent entrer dans un monde où l'amour donne des assurances, où bon gré mal gré, la passion prend le dessus sur la raison.

---

155  Madame de Lafayette, *La Princesse de Clèves*, dans *Œuvres complètes*, éd. Camille Esmein-Sarrazin, Paris, Pléiade, 2014, p. 327-478, p. 366.

### 3.3    *Le retour de l'instinct : l'impression cataleptique*

Racine présente un monde où toute fuite loin de l'amour est impossible. La retraite y est inexistante ; la raison est sacrifiée à la passion. L'émotion joue toujours un rôle de premier plan, même dans *Bérénice*, un cas à part dans l'œuvre de Racine en ce que les protagonistes y réussissent néanmoins à se séparer de celui ou celle qu'ils aiment et que la retraite par rapport à l'amour semble donc exister. Ce n'est toutefois qu'une apparence. La décision finale de Bérénice ne peut être inspirée par la raison, car la reine ne parvient pas à *comprendre* la décision de Titus de rompre avec elle. Sa raison lui dit que si Titus l'aime, il va l'épouser, et, inversement, si Titus la renvoie chez elle, il ne peut pas l'aimer. Dans la première moitié de la pièce, elle est convaincue de l'amour de Titus, elle le *sait* : « Titus m'aime », dit-elle à deux reprises (I, 5, 298 ; III, 3, 911). Il s'ensuit qu'elle ne peut comprendre rationnellement ce que lui annonce Antiochus de la part de Titus, d'autant plus que tous les obstacles à leur amour ont enfin disparu et que Titus « peut tout » (I, 5, 298). Elle ne peut concevoir le paradoxe qui fait toute la tragédie : « Vous m'aimez, vous me le soutenez, / Et cependant je pars, et vous me l'ordonnez ? » (V, 5, 1357-1358).

Pourtant c'est elle, Bérénice, qui reformulera cette formule antique « *invitus invitam* » sur laquelle est basée toute la pièce : « Je l'aime, je le fuis. Titus m'aime, il me quitte. » (V, 7, 1512). C'est elle, Bérénice, qui se résout à quitter Rome. Comment autrement expliquer ce changement que par l'émotion violente : « En quelle *extrémité* me jetez-vous tous deux ! » s'exclame-t-elle (V, 7, 1482). La conversion de Bérénice est émotionnelle, et déclenchée par les émotions de Titus :

> J'ai cru que notre amour allait finir son cours.
> Je connais mon erreur, et vous m'aimez toujours.
> Votre cœur s'est troublé, j'ai vu couler vos larmes.
>
> V, 7, 1493-1495

Bérénice n'explique pas précisément comment elle a « connu son erreur », mais on sait du moins que cette prise de conscience n'est pas le résultat des raisonnements froids de Titus, qu'elle a rejetés durant toute la pièce. Racine suggère que Bérénice reconnaît l'amour de Titus par instinct, que son cœur aimant sait. Aussi la résolution qui met si raisonnablement un terme à l'impasse vient-elle du personnage le plus émotionnel, le plus pathétique même, de la pièce, et son geste magnanime est-il inspiré par son amour affirmé et affermi.

Parfois, en effet, une émotion ou une impression véhicule mieux la connaissance que ne le fait la raison. Les stoïciens grecs appelaient ce genre de connaissance la catalepsie, littéralement le « saisissement ». Plus récemment,

Martha Nussbaum a illustré les mécanismes de cette connaissance en amour. Elle donne l'exemple de Marcel, le narrateur d'*À la recherche du temps perdu*, qui pense ne plus aimer Albertine, mais qui, quand il apprend son départ soudain, est accablé de douleur. Cette souffrance est une manifestation d'amour, et Marcel se rend alors compte qu'il aime Albertine. Nussbaum explique ce que ressent Marcel :

> Le choc de la peine et le déferlement de la douleur lui montrent que ses théories n'étaient que des rationalisations, destinées à le tromper lui-même. Elles n'étaient pas seulement *fausses* ; elles étaient les manifestations et les complices d'un réflexe pour nier ses propres vulnérabilités et leur barrer l'accès : et ce réflexe, selon Proust, est profondément ancré dans toute vie humaine[156].

Plus encore que Bérénice, qui (re)connaît son amour et l'amour de Titus par ce genre d'impression cataleptique, l'exemple de Nussbaum rappelle l'aveuglement d'Hermione dans *Andromaque*. Comme Marcel, Hermione cherche à se tromper elle-même. Elle veut désespérément croire qu'elle n'aime plus Pyrrhus pour sauver son honneur devant les refus de Pyrrhus. Elle le dit mot pour mot à sa confidente :

> Crois que je n'aime plus. Vante-moi ma victoire.
> Crois que dans son dépit mon Cœur est endurci.
> Hélas ! et s'il se peut, fais-le moi croire aussi.
>
> II, 1, 430-432

Petit à petit, – mais malheureusement pour elle – Hermione réussit dans ce dessein. Aveuglée, elle prend son amour unilatéral pour une haine vengeresse et incite Oreste à tuer Pyrrhus. Or, quand peu après, elle apprend la mort de Pyrrhus, mort qu'elle a voulue et causée, elle est vite désabusée. Sa douleur et sa surprise lui font comprendre qu'elle est toujours amoureuse de Pyrrhus. « [N]e voyais-tu pas dans mes emportements, / Que mon cœur démentait ma bouche à tous moments ? », s'écrie-t-elle, furieuse, à Oreste (v, 4, 1586-1588). Hermione confirme qu'on ne peut la connaître qu'en lisant son cœur. Sa tirade et son aveuglement entrent en résonance avec la pensée des moralistes contemporains, dont les *Maximes* de La Rochefoucauld – « S'il y a de l'amour pur et

---

156    Martha Nussbaum, « La connaissance de l'amour », dans *La Connaissance de l'amour. Essais sur la philosophie et la littérature*, trad. Solange Chavel, Paris, Cerf, 2010, p. 387-423, p. 390-391.

exempt du mélange de nos autres passions, c'est celui qui est caché au fond du cœur et que nous ignorons nous-mêmes »[157] – et les *Pensées* de Pascal – « Le cœur a ses raisons, que la raison ne connaît point »[158].

Les penseurs augustiniens ont compris, avant Nussbaum, que l'amour et le cœur sont bien souvent impénétrables et insaisissables par la raison, mais qu'ils génèrent en même temps une science, ou une con-science, plus susceptibles de toucher à la vérité que la raison. « Nous connaissons la *vérité* non seulement par la raison, mais encore par le cœur », écrit Pascal[159]. Dans son *Apologie*, le cœur joue en effet un rôle majeur, en ce qu'il est un « outil » indispensable pour toute conversion : « C'est le cœur qui sent Dieu, et non la raison : voilà ce que c'est que la foi. Dieu sensible au cœur, non à la raison »[160].

Racine fait œuvrer cette vérité du cœur dans ses pièces bibliques. « Vérité, que j'implore, achève de descendre », prie une des Israélites, après qu'Esther a révélé ses origines juives à Assuérus (III, 4, 1141). Le roi s'éloigne, le sang tout enflammé « de colère et de honte » (1137), mais quand il revient, l'aspect d'Aman lui sert de révélation :

Ah ! dans ses yeux confus je lis ses perfidies,
Et son trouble appuyant la foi de vos discours,
De tous ses attentats me rappelle le cours.
    III, 6, 1169-1171

Comme Bérénice croit enfin à l'amour de Titus en contemplant son trouble et ses larmes, Assuérus croit les paroles d'Esther en s'échauffant de la voir touchée, souillée, des mains du traître. Son émotion, et celle d'Aman, lui apprennent la sincérité d'Esther. Comme lors de l'évanouissement, le cœur d'Assuérus s'attendrit devant sa douce femme. Dieu s'est frayé un chemin en lui par son cœur, qu'il avait ouvert pour Esther afin qu'Esther puisse l'ouvrir à Dieu.

Dans *Athalie*, la reine éponyme est pareillement sujette aux mouvements de son cœur, à la surprise de ses proches : elle « n'est plus cette Reine éclairée »

157    François de La Rochefoucauld, *Maximes, op. cit.*, max. 69.
158    Blaise Pascal, *Pensées, op. cit.*, fr. 680, p. 510.
159    *Ibid.*, fr. 142, p. 213, nous soulignons. En parlant de « vérité », Pascal va plus loin que Nussbaum et les stoïciens, qui traitaient de la « connaissance ». Pour Pascal, le cœur « est une faculté d'intuition *intellectuelle* par laquelle nous acceptons des vérités inaccessibles, aussi bien par le raisonnement mathématique que par le témoignage de l'expérience des sens » (Leszek Kolakowski, *Dieu ne nous doit rien. Brève remarque sur la religion de Pascal et l'esprit du jansénisme*, trad. Marie-Anne Lescourret, Paris, Albin Michel, 1997, p. 192. Pour une discussion, voir : p. 192-211).
160    Blaise Pascal, *Pensées, op. cit.*, fr. 680, p. 510.

mais, avance Mathan, en proie à « je ne sais quel charme » (III, 3, 871, 884).
Athalie elle-même avoue la cause confuse de son trouble : « Dans le Temple des
Juifs un *instinct* m'a poussée » (II, 5, 527, nous soulignons). Pulsion maternelle
ou inspiration divine, ce « je ne sais quoi » et cet « instinct » causeront la perte
d'Athalie. La pitié qu'elle ressent pour Joas lui annonce déjà son lien intime
avec l'enfant, avant même qu'elle ne le comprenne. Dans la tragédie, cette
séduction émotionnelle est le travail de Dieu, ce « je ne sais quoi » pouvant
se référer, selon Bouhours, à « *une impression de l'esprit de Dieu, une onction
divine, une douceur toute puissante, un plaisir victorieux, une sainte concupiscence, une convoitise du vrai bien* »[161]. L'instinct, l'émotion, la vérité du cœur,
c'est la main de Dieu qui fait que l'homme, pour un bref moment, peut transcender sa nature humaine, surpasser sa propre raison et atteindre une vérité
qui ne lui est pas toujours accessible. Pascal écrit : « Malgré la vue de toutes
nos misères, qui nous touchent, qui nous tiennent à la gorge, nous avons un
instinct que nous ne pouvons réprimer qui nous élève »[162].

Ayant partie liée avec ce « je ne sais quoi »[163], l'amour a ce même pouvoir
d'élever dans les tragédies profanes de Racine. La passion a beau détruire la
majorité des personnages raciniens, ce faisant – c'est-à-dire en se manifestant
dans toute sa violence –, elle atteste néanmoins sa propre vérité, dans l'émotion même. Comme les personnages de Racine, aveuglés puis éblouis par cette
vérité provenant du cœur, les spectateurs prennent part au trouble des personnages et retrouvent, dans ce trouble même, une vérité émotionnelle et personnelle capable de les élever. L'expérience artistique provoque en somme une
autre impression cataleptique où, sans que la raison intervienne, le spectateur
est « saisi », ravi, par la possibilité d'un amour authentique.

•••

Du pur amour, les relations amoureuses chez Racine empruntent un acharne-
ment, ou mieux, un dévouement. Comme les tragédies bibliques thématisent
le détachement du monde des croyants, qui se créent un refuge, un temple

---

161    Dominique Bouhours, *Les Entretiens d'Ariste et d'Eugène*, éd. Bernard Beugnot et Gilles
       Declercq, Paris, Champion, 2003, V, p. 295. Notons les connotations positives attribuées
       aux notions de « concupiscence » et de « convoitise » (voir : Gérard Ferreyrolles, art. cit.).
162    Blaise Pascal, *Pensées, op. cit.*, fr. 526, p. 424. Seul le cœur permet à l'homme de transcen-
       der sa nature humaine : « Sans [le sentiment du cœur] la foi n'est qu'humaine et inutile
       pour le salut » (*Ibid.*, fr. 142, p. 214).
163    Voir notamment l'entretien sur le « je ne sais quoi » dans Dominique Bouhours, *Les
       Entretiens d'Ariste et d'Eugène, op. cit.* Voir également : Blaise Pascal, *Pensées, op. cit.*, fr. 32,
       p. 168.

entièrement voué à leur amour, les tragédies profanes construisent le rêve d'un secret paradis amoureux, défini en opposition avec le monde extérieur, public et politique. C'est un endroit où l'on peut échapper aux regards malveillants des autres, une pensée rassurante, l'espace privé de l'amour permettant de se retrouver, soi-même et l'être aimé.

Le « rêve de ce noble paradis amoureux » hante également, selon Auerbach, l'époque de Racine[164], dont les tragédies, dès lors, peuvent se lire comme une mise en abyme de son siècle : le théâtre même occupe le rôle du refuge passionnel qui se définit en position d'altérité à la Cour réelle. La mise en abyme se justifie par le portrait, digne d'un moraliste, que les tragédies raciniennes donnent de la Cour d'un Néron, d'un Titus, de la Sultane. Peuplée de flatteurs et d'acteurs, cette Cour créée par Racine fait ressortir le pire en les personnages. Les amoureux se révoltent donc, quittant le refuge assiégé, assumant le secret dérobé. S'ensuit, par endroits, une sincérité passionnelle inédite mais vouée à l'échec : la révélation de l'amour des hommes, en effet, est rarement touchée de la grâce, bien que Racine dote ses passions d'un certain « je ne sais quoi ». C'est alors, devant ce spectacle authentique de la *passion* amoureuse, que le public, composé de ceux qui ont appris à cacher leurs émotions, se troublent et pleurent à l'exemple des amoureux représentés sur scène. La mimésis des larmes, du trouble et même du transport trouve ainsi, paradoxalement, son origine dans une expérience d'aliénation, convertie en identification, ou mieux, en participation instinctive : « [O]n devient bientôt un *acteur* secret dans la tragédie, on y joue sa propre passion ; et la fiction au dehors est froide et sans agrément, si elle ne trouve au dedans une *vérité* qui lui réponde »[165]. Au cœur des tragédies de Racine, le spectateur trouve une « vérité qui lui réponde » et qui se situe entre les concupiscences latentes de la sombre réalité et le pur amour inatteignable ou dangereusement passionnel du culte imaginé. C'est une vérité qu'il connaît et qui est pourtant proprement tragique : c'est le désir d'être aimé.

---

164   Voir *supra* : Erich Auerbach, « La cour et la ville », *op. cit.*, p. 169.
165   Voir *supra*, chap. 1, 3.3 : Jacques-Bénigne Bossuet, *op. cit.*, chap. IV, p. 178-179. Nous soulignons.

## CHAPITRE 3

# Les trois publics de l'amour : le désir d'être aimé

> La grandeur des Romains, la pourpre des Césars,
> N'a point, vous le savez, attiré mes regards.
> J'aimais, Seigneur, j'aimais, je voulais être aimée.
> v, 7, 1489-1491

Ces paroles sont de Bérénice, adressées à Titus. Jamais on n'a vu la reine de Palestine « soupirer pour l'Empire » (1488), son seul souhait est d'être aimée de Titus. Ce désir d'un amour partagé et réciproque est central dans l'œuvre de Racine. Il tient le milieu entre l'ouverture à l'autre – car l'amour est toujours une ouverture à autrui, à ce qui ne dépend pas de soi –, et l'intégration de l'autre, la volonté de contrôler même ses sentiments les plus intimes. Les personnages puissants, en effet, ne se contentent pas de leur position dominante ou de l'usage de la violence (physique). Même s'ils exercent un pouvoir de vie et de mort sur leur captif ou captive, ils veulent plus : s'unir à lui ou à elle par les liens sacrés et éternels du mariage. Pyrrhus, Néron, Roxane et Mithridate veulent tous épouser celui ou celle qu'ils ont emprisonné(e). Au fond cependant, le sceau institutionnel du mariage, marque de possession amoureuse, ne suffit pas. Au héros racinien il faut et le corps et le cœur du bien-aimé : après tout, le héros veut surtout être aimé en retour. Aussi la volonté d'être aimé est-elle autant affiliée à l'amour-propre et aux concupiscences – en ce qu'elle génère de la *libido dominandi* et de la curiosité –, qu'au pur amour – en ce qu'elle inspire un abandon intégral à l'amour, un sacrifice comme celui de Bérénice.

Cette appréciation double du désir d'être aimé est partagée par les moralistes. Pierre Nicole consacre un de ses *Essais de morale* à ce désir d'être aimé. Il estime que ce sentiment naît dans l'amour-propre mais reconnaît en même temps les effets positifs :

> [L]a recherche de l'amour et de l'estime des hommes [...] sait si bien se revêtir des apparences de la charité, qu'il est presque impossible de connaître nettement ce qui l'en distingue. Car en marchant par les mêmes voies, et produisant les mêmes effets, elle efface avec une adresse

© KONINKLIJKE BRILL NV, LEIDEN, 2021 | DOI:10.1163/9789004458888_005

merveilleuse toutes les traces et tous les caractères de l'amour-propre dont elle naît, parce qu'elle voit bien qu'elle n'obtiendrait rien de ce qu'elle prétend, s'ils étaient remarqués[1].

Nicole et les autres moralistes, comme Jacques Esprit, dressent le portrait d'un homme égoïste, mais qui en cache les manifestations nuisibles : « [C]'est à cause qu'on est doux, paisible, indulgent, bon & officieux, non pour observer les commandemens de Dieu, mais pour se faire aimer des hommes, & tirer divers avantages de leur amitié ; qu'on n'est pas veritablement vertueux »[2]. Pascal avait formulé la même idée : « le moi à deux qualités : il est injuste en soi, en ce qu'il se fait centre de tout ; il est incommode aux autres, en ce qu'il les veut asservir »[3]. L'homme qui aspire à l'amour des autres « ôt[e] l'incommodité, mais non pas l'injustice », car sous ses apparences charitables il continue à se faire centre de tout. En adressant ces paroles à Mitton, gentilhomme libertin et un des théoriciens de l'idéal de l'honnête homme[4], Pascal dénonce l'hypocrisie de l'honnêteté, cet idéal de politesse du XVIIe siècle, « le comble et le couronnement de toutes les vertus » selon certains de ses théoriciens[5]. Nicole est plus franc encore : « Que l'amour-propre suit la charité en plusieurs choses, et particulièrement en se cachant. En quoi consiste l'honnêteté humaine »[6].

Ce que les moralistes critiquent en l'honnêteté est son idée phare, louée et diffusée depuis le manuel de Faret : l'art de plaire[7]. Celle-ci est de nature intéressée, étant nécessaire à la survie à la Cour. La Bruyère explique : « Vous êtes homme de bien, vous ne songez ni à plaire ni à déplaire aux favoris, [...] vous êtes perdu »[8]. Alors que l'ancien gentilhomme se faisait une gloire de son indépendance, le nouvel honnête homme se montre soumis aux volontés d'autrui. Rohou résume bien le propre de cette évolution, de cette « curialisation » : « Il ne s'agit plus de s'entre-tuer, mais de s'entre-flatter »[9]. Très vite cependant

1 Pierre Nicole, *De la charité et de l'amour propre, op. cit.*, chap. IV, p. 423.
2 Jacques Esprit, *La Fausseté des vertus humaines*, t. I, Paris, G. Desprez, 1678, « Préface »). Esprit exhorte ses lecteurs à distinguer entre « les *actions* de justice, de foy & de probité que les hommes *font* » et « leur *intention*, où Dieu les regarde, & qui peut elle seule les rendre dignes de blâme ou de loüange » (*Id.*, nous soulignons).
3 Blaise Pascal, *Pensées, op. cit.*, fr. 494, p. 411-412.
4 Mitton a écrit des *Pensées sur l'honnêteté*. Pour plus de détails sur sa vie et son œuvre, voir *Moralistes du XVIIe siècle*, éd. Jean Lafond, Paris, Robert Laffont, 1992, p. 85-90.
5 Chevalier de Méré, *De la vraïe Honnêteté*, dans *Œuvres complètes*, éd. Charles-Henri Boudhors et Patrick Dandrey, Paris, Klincksieck, 2008, p. 69-84, p. 77.
6 Pierre Nicole, *De la charité et de l'amour propre, op. cit.*, chap. IV, p. 422.
7 Voir : Nicolas Faret, *L'Honnête homme ou l'Art de plaire à la cour*, éd. Maurice Magendie, Paris, PUF, 1925.
8 Jean de La Bruyère, *Les Caractères, op. cit.*, VIII « De la Cour », 40 [1], p. 331.
9 Jean Rohou, *XVIIe siècle, op. cit.*, p. 306.

l'art de plaire égale ainsi « l'art de feindre », pour reprendre les soupirs de Junie dans *Britannicus* (II, 3, 642).

Ce faisant, l'honnête homme ne modifie pas seulement ses rapports à autrui, en les polissant – ne serait-ce qu'en apparence –, il entretient également « une sorte de rapport réfléchi à soi-même »[10]. Les critiques soulignent cette dualité :

> Il faut voir que cette discipline de simulation et dissimulation, en habituant les gens à dissocier leur attitude de leur sentiment intérieur, et à la modifier à leur gré, renforce la conscience et la maîtrise de soi – et parfois même, par réaction, l'authenticité intime. Parallèlement, la vigilance déployée pour démasquer les autres développe la compétence et l'acuité psychologiques[11].

Mieux que quiconque, les censeurs de l'honnêteté, les moralistes, ont identifié cette attention particulière accordée à la figure du moi, à ses réflexions et ses mobiles. Si dans un premier temps, ils démasquaient l'hypocrisie intéressée de l'honnête homme qui cherche à plaire pour avancer à la Cour, ils comprennent aussi que le désir de l'estime des autres est devenu un but en soi, moins dangereux, certes, mais toujours blâmable. C'est la vanité qui est désormais en butte aux critiques. Elle est omniprésente, selon les moralistes, même dans sa propre négation :

> Les hommes dans le cœur veulent être estimés, et ils cachent avec soin l'envie qu'ils ont d'être estimés ; parce que les hommes veulent passer pour vertueux, et que vouloir tirer de la vertu tout autre avantage que la même vertu, je veux dire l'estime et les louanges, ce ne serait plus être vertueux, mais aimer l'estime et les louanges, ou être vain ; les hommes sont très vains, et ils ne haïssent rien tant que de passer pour tels[12].

La Bruyère montre que l'homme – et l'honnête homme en particulier – est très préoccupé par son image, par les apparences qu'il donne aux autres, mais également par ce qu'il découvre lui-même au fond de son cœur. Le désir de l'estime des autres est inséparable du désir du respect de soi. Dans son étude des *Maximes* de La Rochefoucauld, Jon Elster ramène l'amour-propre à deux désirs distincts, axés sur l'image du moi : d'un côté le désir d'être estimé par les autres,

---

10   Hélène Merlin-Kajman, « Détour par le XVII<sup>e</sup> siècle : littérature et civilité, ou comment repenser la "généralité" de la "culture" », *Atala*, 14, 2011, p. 153-167, p. 166.

11   Jean Rohou, *XVII<sup>e</sup> siècle, op. cit.*, p. 227.

12   Jean de La Bruyère, *Les Caractères, op. cit.*, XI « De l'Homme », 65 [IV], p. 419.

de l'autre, le désir d'être estimé par soi-même[13]. Elster a recours à la métaphore du théâtre pour expliquer cette distinction. Non seulement le moi doit être un bon acteur pour plaire au public (extérieur), il veut également être applaudi par son public intérieur qui n'est autre que sa conscience intime[14]. L'idée, y compris la métaphore théâtrale, se fait retracer, via Montaigne[15], à Cicéron qui écrit que « la vertu ne connaît pas de théâtre plus grand que la conscience »[16]. Le public intérieur sait mieux juger de la vertu que le public extérieur, pour lequel, par vanité, on se pare de fausses vertus. Ainsi, dans le cas d'un conflit entre les deux applaudissements, externes et internes, l'estime des autres est sacrifiée au profit de l'estime de soi, d'une bonne conscience[17]. « Toute personne d'honneur choisit de perdre plustost son honneur, que de perdre sa conscience », écrit Montaigne[18]. Or au XVIIe siècle, La Rochefoucauld met en question cette « vertu » cicéronienne exercée *sans* « l'esprit de l'ostentation » et *sans* « le souci de l'opinion publique »[19], car il y entrevoit malgré tout la possibilité de l'orgueil[20] : « L'orgueil se dédommage toujours et ne perd rien, lors même qu'il renonce à la vanité »[21]. S'il le faut, l'estime de soi pourrait se passer de l'estime des autres, car l'amour-propre dicte qu'il vaut mieux avoir une bonne image de soi, que d'être apprécié des autres.

---

13  Jon Elster, *Alchemies of the Mind. Rationality and the Emotions*, Cambridge, Cambridge UP, 1999, p. 85 : « *Amour-propre* or pridefulness takes two main forms : a desire for esteem [...] and a desire for self-esteem. We are concerned both with the image others have of us and with our self-image ».

14  *Ibid.*, p. 94 (cf. *infra*). Florence Dumora insiste sur cette idée de « spatialité », ce « dispositif scénographique » des émotions dans les traités de passions du XVIIe siècle, dont principalement celui de Descartes et celui de Cureau de La Chambre (« Topologie des émotions. *Les Caractères des passions* de Marin Cureau de La Chambre », *Littératures classiques*, 68, 2009, p. 161-175, p. 162). Surtout chez Cureau de La Chambre, cette « spatialité » se traduit dans l'altérité des passions personnifiées.

15  « [Q]ui ne veut bien faire qu'en condition que sa vertu vienne à la connoissance des hommes : celuy-là n'est pas homme de qui on puisse tirer beaucoup de service [...]. Ce n'est pas pour la montre que nostre ame doit jouer son rolle, c'est chez nous, au-dedans, où nuls yeux ne donnent que les nostres » (Michel de Montaigne, *Les Essais*, éd. Pierre Villey et Verdun-Louis Saulnier, Paris, PUF, 1965, II, 16 « De la gloire », p. 623).

16  Cicéron, *Tusculanes*, t. I, trad. Jules Humbert, éd. Georges Fohlen, Paris, Les Belles Lettres, 1970, II, 64, p. 113.

17  Jon Elster, *op. cit.*, p. 86.

18  Michel de Montaigne, *op. cit.*, II, 16, p. 630.

19  Cicéron, *Tusculanes*, t. I, *op. cit.*, II, 64, p. 113.

20  « The act of hiding one's virtue that Montaigne and Pascal found so virtuous cannot be hidden to oneself. The very act of renouncing to the outer audience is applauded by the inner audience and may be performed for the sake of that applause rather than for its own sake. Virtue, if it exists, cannot also be conscious of itself. » (Jon Elster, *op. cit.*, p.93-94).

21  François de La Rochefoucauld, *Maximes, op. cit.*, max. 33, p. 139.

Les amoureux chez Racine sont-ils du même avis ? Comment leur amour et leur désir d'être aimé influencent-ils leur estime d'eux-mêmes ? Altèrent-ils cette même image, ou, au contraire, la consolident-ils ? Le présent chapitre examinera ces chocs ou ces chevauchements entre le moi et l'autre, réunis dans une passion, réciproque ou non. À ces publics intérieur et extérieur que se donnent les personnages de Racine, s'ajoute en outre un troisième public, lui bien réel. En effet, si l'amour et le désir de l'amour ne réussissent pas toujours à plaire à ces deux premières instances observatrices, il n'est pas question, pour Racine, de ne pas chercher à plaire à ses lecteurs et spectateurs. Les personnages de Racine sont alors embarqués dans la difficile mission d'une triple quête d'approbation et d'amour.

## 1      Entre l'amour et la gloire : la plus générale inclination des « Grands »

Pour Nicole « la plus générale inclination qui naisse de l'amour-propre est le désir d'être aimé »[22]. Or cela pose problème, explique Pascal : « il [l'homme déchu] veut être l'objet de l'amour et de l'estime des hommes, et il voit que ses défauts ne méritent que leur aversion et leur mépris »[23]. Les désirs égoïstes de grandeurs et de domination sont souvent incompatibles, en effet, avec le désir de se faire aimer, mais c'est alors généralement, selon Nicole, le désir de l'amour qui l'emporte sur le désir de grandeur :

> Il y a même quantité de gens, en qui l'inclination de se faire aimer est plus forte que celle de dominer, et qui craignent plus la haine et l'aversion des hommes et les jugements qui les produisent, qu'ils n'aiment d'être riches et puissants et grands. Enfin au lieu qu'il y a peu de Grands, et peu même de gens qui puissent aspirer à la grandeur, il n'y a personne au contraire qui ne puisse prétendre à se faire aimer[24].

Nicole suggère une répartition dans les manifestations de l'amour propre : le moi peut rassasier ses désirs égoïstes et égocentriques autant par la *libido dominandi* que par l'estime et l'amour d'autrui. En d'autres mots, l'amour-propre brut est doublé d'un amour-propre raffiné. Nicole estime que pour le commun des hommes cet objectif, l'amour, est le plus atteignable, beaucoup plus,

---

22    Pierre Nicole, *De la charité et de l'amour propre, op. cit.*, chap. III, p. 421.
23    Blaise Pascal, *Pensées, op. cit.*, fr. 743, p. 590.
24    Pierre Nicole, *De la charité et de l'amour propre, op. cit.*, chap. III, p. 421.

du moins, que la grandeur et la domination. Pour les personnages de tragé-die cependant la donne est différente, étant donné qu'ils sont déjà grands, « héroïques » même, par définition[25] : Racine représente des rois et des empe-reurs, des reines et des princesses. Pour eux, la grandeur pose, de fait, moins de problèmes que l'amour et l'estime, d'autant plus problématiques que ces deux « applaudissements » ne sont souvent pas parallèles, l'être aimé ayant d'autres intérêts que ces sujets anonymes, desquels un bon régent doit obtenir la faveur.

L'aspiration à la grandeur est donc une condition *sine qua non* pour le héros tragique qui est par définition jaloux de sa gloire, mais d'un autre côté, ce héros veut être aimé. Selon l'observation de Nicole, ce même héros tragique est alors prêt à tout pour satisfaire son « inclination de se faire aimer », car son orgueil et son image en bénéficieraient. Or les personnages des tragédies de Racine le sont-ils ? S'ils veulent tous *être aimés*, ils ne sont peut-être pas tous prêts à *se faire aimer*, à chercher à *plaire* activement. Quel est en outre le poids de l'amour du seul être aimé face à l'estime du peuple entier ? Les rapports de l'amour et du désir de l'amour réciproque, à la grandeur, à l'orgueil et aux devoirs politiques des « Grands » varient dans les différentes tragédies de Racine. Celles d'*Alexandre le Grand*, d'*Andromaque* et de *Bérénice* offriront ici un échantillon et esquisseront une évolution. *Mithridate*, enfin, permettra d'analyser le désir de plaire sur le plan dramatique.

### 1.1 Quand aimer, c'est vouloir plaire : Alexandre le Grand et les rois des Indes

Après *La Thébaïde* où l'orgueil et le désir de régner dominent l'action tragique, la deuxième tragédie de Racine donne le ton pour celles qui suivront et repré-sente un « Grand » – ou mieux *des* grands – qui expriment plus librement leur désir d'être aimés, tout en reconnaissant les tensions avec la gloire. Dans *Alexandre le Grand*, la volonté d'amour est un engagement étonnamment actif. S'y lancent tous les héros principaux ; ou du moins en apparence, les femmes de la tragédie sont là pour en examiner la valeur véritable. Elles enquêtent en profondeur sur l'étendue de ce caractère galant qu'on a attribué à leurs amants depuis Saint-Évremond.

Il est vrai que la volonté de plaire des hommes dans *Alexandre le Grand* est tellement mis au premier plan, qu'une critique comme celle de Saint-Évremond ne doit pas surprendre :

---

25    « [D]ans une Tragédie [...] il suffit que l'Action en soit grande, que les Acteurs en soient héroïques » (Jean Racine, « Préface à *Bérénice* », *OC I*, p. 450).

Tout ce que l'intérêt a de plus grand et de plus précieux parmi les hommes, la défense d'un pays, la conservation d'un Royaume, n'excite point Porus au combat ; il y est animé seulement par les beaux yeux d'Axiane, et l'unique but de sa valeur est de se rendre recommandable auprès d'elle[26].

Le personnage de Porus avoue en effet subordonner sa « Gloire » à son amour ; il fait tout pour gagner le cœur d'Axiane :

Ordonnez de mes jours, disposez de mon âme,
La Gloire y peut beaucoup, je ne m'en cache pas,
Mais que n'y peuvent point tant de divins appas !
I, 3, 330-332

Et Porus d'expliquer que ce qui l'incite à combattre l'armée d'Alexandre est moins le désir de vaincre que « [d]'en triompher tout seul aux yeux de son Rival » (336), c'est-à-dire de Taxile, qui prétend également au cœur d'Axiane et qui est prêt lui aussi à donner sa vie par amour d'elle[27]. Porus n'aspire plus qu'à « [l]a gloire de combattre et de mourir pour vous [Axiane] » (288). Pour ce roi indien, la gloire est désormais entièrement orientée vers son amour, d'autant plus grand que la victoire sera difficile. Or Axiane démasque ce discours galant et courtois du sacrifice amoureux, en y découvrant toujours un reste de gloire égoïste : « Pourvu que ce grand cœur périsse noblement, / Ce qui suivra sa mort le touche faiblement » (315-316). En lui faisant comprendre qu'il doit accepter l'aide de Taxile, son rival, pour avoir de meilleures chances de vaincre Alexandre et d'assurer sa vie et son amour, Axiane obtient de Porus qu'il « met[te] à [ses] pieds et sa gloire, et sa haine [pour Taxile] » (338). Pour Porus, l'amour a remplacé la gloire.

Le grand Alexandre se dit pareillement transformé par les attraits de Cléofile, la sœur de Taxile. Cet Alexandre n'aurait mené et gagné tant de batailles qu'afin d'occuper « quelque place en [son] âme » (III, 6, 886) : « Je vous avais promis que l'effort de mon bras, / M'approcherait bientôt de vos divins appas », dit-il (883-884). Ainsi continue-t-il comme Porus, « Je suis venu. L'amour a combattu pour moi. » (887). Il craint toutefois que sa « gloire » ne soit « stérile » (878), c'est-à-dire que toutes ses victoires sur le champ de bataille ne résultent pas en une victoire amoureuse. C'est pourtant exactement cette rhétorique de conquêtes qui cause la réticence de Cléofile. Tout comme

---

26    Charles de Saint-Évremond, *op. cit.*, p. 186.
27    Or Taxile prévoit bien que ce sacrifice sera vain : « Quand j'irais pour vous plaire affronter le trépas, / Je me perdrais, Madame, et ne vous plairais pas ? » (IV, 3, 1215-1216).

Axiane, cette princesse ne se laisse pas si facilement séduire par les propos galants d'Alexandre, y reconnaissant avant tout le poids de la gloire. À Cléofile revient donc la véritable réflexion sur les tensions – ou les heureux parallèles – entre la gloire et le désir de plaire :

> Mais, Seigneur, cet éclat, ces victoires, ces charmes,
> Me troublent bien souvent par de justes alarmes.
> Je crains que satisfait d'avoir conquis un cœur,
> Vous ne l'abandonniez à sa triste langueur,
> Qu'insensible à l'ardeur que vous aurez causée,
> Votre âme ne dédaigne une conquête aisée.
> On attend peu d'amour d'un Héros tel que vous.
> La Gloire fit toujours vos transports les plus doux.
> Et peut-être, au moment que ce grand Cœur soupire,
> La Gloire de me vaincre est tout ce qu'il désire.
>
> III, 6, 901-910

Cléofile a peur qu'Alexandre ne l'ait séduite que pour confirmer son image de vainqueur, des terres et des cœurs. Or Alexandre insiste sur sa métamorphose : « J'avouerai qu'autrefois au milieu d'une Armée / Mon cœur ne soupirait que pour la Renommée » (914-915) ; il était « Amoureux de la Gloire » (921), mais ayant vu les « yeux [d'Axiane] ces aimables tyrans » (923), le seul soin de ses sujets ne lui suffisait plus : « Ce grand nom de Vainqueur n'est plus ce qu'il [son cœur] souhaite » (925). Le vainqueur est vaincu et *veut* respecter les lois de ce nouveau « tyran ». Toutefois la gloire n'a pas entièrement perdu son attrait ; elle a plutôt intégré l'amour et Alexandre se propose directement de « rendre fameux par l'éclat de la Guerre » le nom de Cléofile désormais attaché au sien (936-937). C'est ainsi qu'Alexandre, qui veut être aimé par Cléofile, pense lui plaire et la rassurer.

La métamorphose d'Alexandre ne semble donc pas achevée. Certes, comme Porus, Alexandre veut être aimé et s'apprête à plaire à sa maîtresse, mais il n'est pas prêt à tout faire par amour pour elle. À la fin de la tragédie, Alexandre n'écoute pas la volonté de sa maîtresse qui exige qu'il venge la mort de son frère, Taxile, causée par Porus (V, 3, 1521-1528), mais accorde sa clémence à Porus, disant que « c'est ainsi que se venge Alexandre » (V, 3, 1578). Pourquoi ? Il met tout son soin à défendre ce traitement « surprenant » à Cléofile :

> Je vous aime, et mon cœur touché de vos soupirs
> Voudrait par mille morts venger vos déplaisirs.

> Mais vous-même pourriez prendre pour une offense
> La mort d'un Ennemi qui n'est plus en défense.
>
> v, 3 1579-1582

Alexandre se réfère toujours à sa volonté de plaire à sa maîtresse pour défendre la grâce accordée au meurtrier de son frère. L'argumentation est habile, mais Alexandre ne peut s'empêcher d'ajouter qu'étant mis à mort, « Porus dans le tombeau descendrait en Vainqueur » (1584), et c'est cela, sans doute, qu'Alexandre ne supporte pas. Même la clémence est une question de victoire, et donc, de gloire ; Cléofile ne le comprend que trop bien (1610). Les moralistes ont pareillement examiné les mobiles souvent intéressés de la clémence. La Rochefoucauld explique : « Cette clémence dont on fait une vertu se pratique tantôt par vanité, quelquefois par paresse, souvent par crainte et presque toujours par tous les trois ensemble »[28].

En effet, Alexandre présente son acte de grâce comme une vertu, ou du moins comme une façon de préserver sa vertu : « J'apporte à vos beaux yeux ma Vertu toute entière » dit-il à Cléofile (1586). Cette affirmation de sa vertu semble cependant moins concerner Cléofile et les autres témoins – le peuple même, dont Alexandre a avoué se soucier de moins en moins –, qu'Alexandre lui-même, son image, sa vanité et sa gloire. Alexandre confirme-t-il l'observation des moralistes que si l'homme doit choisir entre les applaudissements du public extérieur et ceux du public intérieur, il préférera les derniers ? Qu'il renoncerait à l'appréciation et à l'amour de l'autre pour mieux s'aimer lui-même ?

La génétique théâtrale de la tragédie pointe du moins dans cette direction. Georges Forestier a démontré que Racine créait ses tragédies « à rebours », à partir du sujet de la tragédie[29]. Dans le cas d'*Alexandre le Grand*, le sujet est la générosité brillante du roi face à son ennemi Porus. Afin de rendre cette clémence d'Alexandre plus magnanime, Racine a voulu renforcer l'hostilité entre Alexandre et Porus, par le biais du personnage de Taxile. Dans *La Vie d'Alexandre le Grand*, Quinte-Curce précise que ce roi indien s'est, d'une part, allié à Alexandre et, d'autre part, brouillé avec Porus[30]. Or Racine va plus loin

---

28    François de La Rochefoucauld, *Maximes, op. cit.*, max. 16, p. 137. Voir Jon Elster, *op. cit.*, p. 87, pour d'autres exemples concrets tirés de La Rochefoucauld et de Pascal.

29    Georges Forestier, « Dramaturgie racinienne (petit essai de génétique théâtrale) », *Littératures classiques*, 26, 1996, p. 13-38. La technique n'est pas neuve : Corneille la maîtrisait bien avant lui (voir : Georges Forestier, *Essai de génétique théâtrale. Corneille à l'œuvre*, Genève, Droz, 2004).

30    Racine commence sa préface d'*Alexandre* par une référence à Quinte-Curce (*OC I*, p. 125).

que sa source : à l'aide des épisodes amoureux, il renforce à la fois l'alliance
entre Alexandre et Taxile et l'hostilité entre Taxile et Porus : Alexandre aime
la sœur de Taxile, Cléofile ; Taxile et Porus se disputent l'amour d'Axiane. Dans
ce sens, le personnage de Cléofile et l'amour que lui porte Alexandre n'ont été
créés par Racine que pour faire briller davantage Alexandre, car toutes ces
relations épisodiques devraient le pousser à un acte de vengeance. Dire que la
tragédie tourne uniquement autour des inventions amoureuses, comme le fait
Saint-Évremond[31], c'est reconnaître le génie de Racine à intégrer les épisodes
amoureux dans le sujet de sa tragédie.

Ce même sujet confirme donc la primauté de l'image glorieuse et vertueuse
d'Alexandre, que même un amour véhément et sincère n'a pu altérer. Toutefois
Racine a voulu atténuer la vanité du roi, qui serait avant tout inspirée par
l'amour de son amante. Alexandre retourne l'argument de Cléofile : ce n'est
pas l'amour de Cléofile qui est censé augmenter la gloire d'Alexandre, mais la
gloire et la vertu du roi qui le rendent digne de l'amour de Cléofile. L'image de
soi est cruciale dans *Alexandre le Grand*, mais plus – à en croire Alexandre –
pour mériter l'amour que pour assurer sa position de vainqueur. En ce sens,
Alexandre continue donc, paradoxalement, à chercher à plaire à celle dont
il veut être aimé. Alexandre fait ainsi figure d'exception parmi les rois et les
reines de l'univers racinien. La gloire y recule moins facilement devant l'amour,
même si l'on veut toujours être aimé. La tragédie d'*Andromaque* constitue alors
un moment charnière, car le désir de l'amour réciproque en fait le nœud tragique, mais cet amour est désormais néfaste pour leur honneur et leur image
d'eux-mêmes.

### 1.2    *Quand l'orgueil veut cacher l'amour : Oreste, Pyrrhus et Hermione*
Tragédie de l'amour non réciproque, *Andromaque* défie l'attestation de Nicole
qu'« au lieu qu'il y a peu de Grands, et peu même de gens qui puissent aspirer à la grandeur, il n'y a personne au contraire qui ne puisse prétendre à se
faire aimer »[32]. Dans sa troisième tragédie, Racine met en scène les descendants des héros mythiques les plus célèbres, Agamemnon, Ménélas, Hélène
et Achille. Leurs enfants sont prêts à accumuler les titres de gloire, mais ne
parviennent pas à atteindre ce bonheur pourtant beaucoup plus commun, qui
est celui de se faire aimer[33]. C'est cette ironie du sort qui fait tout basculer

---

31    « [N]e ruinons pas les Héros établis par tant de siècles, en faveur de l'amant que nous
      formons à notre seule fantaisie » (Charles de Saint-Évremond, *op. cit.*, p. 186).

32    Pierre Nicole, *De la charité et de l'amour propre, op. cit.*, chap. III, p. 421.

33    Sur le désir d'être aimé dans *Andromaque*, voir également mon article : « *Andromaque* or
      the Desire to Be Loved », art. cit.

pour les personnages principaux. Ils reconnaissent, avec La Bruyère, qu'il vaut mieux « cache[r] avec soin l'envie [...] d'être estimés »[34], surtout s'il s'agit d'un amour impossible. À l'opposé donc des héros d'*Alexandre le Grand*, ils tentent de combattre l'amour et la volonté de l'amour, mais en vain.

La tragédie s'ouvre sur la tentative d'Oreste d'« étouffer [s]a tendresse » pour Hermione (I, 1, 57). À son ami Pylade, le prince explique qu'il pensait avoir enfin surmonté son amour : « *Je fis croire, et je crus* ma victoire certaine. / Je pris tous mes transports pour des transports de haine » (53-54, nous soulignons). Le polyptote reprenant le verbe de *croire* transcrit la portée de l'aveuglement d'Oreste. Enfant de son siècle, il détruit la vérité de son amour « autant qu'il peut, dans sa connaissance et dans celle des autres ; c'est-à-dire [...] qu'il ne peut souffrir qu'on les lui fasse voir ni qu'on les voie »[35]. C'est ainsi qu'il croit sauver son image de lui, mais il est vite désabusé et se résout à assumer les conséquences de cet amour : « Puisqu'après tant d'efforts ma résistance est vaine, / Je me livre en *aveugle* au destin[36] qui m'entraîne » (I, 1, 97-98, nous soulignons). En reconnaissant la force de ses passions, Oreste ôte un bandeau de dessus ses yeux, pour le remplacer par un autre, en se soumettant à *l'aveuglement* amoureux.

Pyrrhus emprunte le même chemin. De sa haine prétendue d'Andromaque (II, 5) – qui lui sert à sauver la face, mais qui en réalité est quelque peu comique[37] –, il est contraint de passer à la capitulation devant son amour. Depuis le début, la menace de mettre à mort le fils d'Andromaque était en fait moins un signe de haine qu'une manifestation désespérée de son amour, contraint de recourir au chantage pour garder Andromaque auprès de lui. Pyrrhus n'aimerait rien plus que de plaire à Andromaque : « Voyez si mes regards [...] sont d'un Ennemi qui cherche à vous déplaire » (III, 7, 957-958). Il n'aimerait rien plus que de couronner Andromaque, de « ser[vir] de Père » à Astyanax pour avec lui « venger les Troyens » (I, 4, 326-327), de « faire éclater de[s] haines » à la suite de serments rompus pour Andromaque (III, 7, 966).

---

34    Voir *supra* : Jean de La Bruyère, *Les Caractères, op. cit.*, XI « De l'Homme », 65 [IV], p. 419.

35    Blaise Pascal, *Pensées, op. cit.*, fr. 743, p. 590.

36    Dans la version originelle de la tragédie, on lit « transport » au lieu de « destin » (voir : Georges Forestier, « Notice d'*Andromaque* », OC I, p. 1340 et « Notes et variantes d'*Andromaque* », OC I, p. 1350).

37    Ainsi les vers de Pyrrhus « Crois-tu, si je l'épouse [Hermione] / Qu'Andromaque en secret n'en sera pas jalouse ? » (II, 5, 673-674) ont été particulièrement critiqués à l'époque : Boileau les trouvait indignes de la tragédie et l'abbé Du Bos, un siècle plus tard, rapporte à propos de ces vers : « Le parterre rit presque aussi haut qu'à une scène de comédie » (critiques citées dans Georges Forestier, « Notes et variantes d'*Andromaque* », OC I, p. 1357). La critique récente a également relevé les « tons discrètement comiques » de l'embarras de Pyrrhus (Jacques Scherer, *Racine et/ou la cérémonie*, Paris, PUF, 1982, p. 164).

Et c'est ce qu'il fera, une fois qu'Andromaque consentira à l'hymen. Au fond, Hermione ne lui apprend donc rien de nouveau quand elle raille : « Pour plaire à votre Épouse, il vous faudrait peut-être / Prodiguer les doux noms de Parjure, et de Traître » (IV, 5, 1333-1334). Elle en appelle à la dignité de Pyrrhus, mais ce dernier semble définitivement avoir choisi le chemin de son amour, comme l'avait fait Oreste au début de la tragédie.

Celui-ci, par ailleurs, accepte pareillement tous les risques pour plaire à son tour à Hermione. Il consent à sa vengeance, au régicide, pour être « sûr de [s]on cœur » (IV, 3, 1235), mais ce chantage émotionnel est perdu d'avance. À la fin de la tragédie, Oreste en payera le prix et s'exclame : « Et l'Ingrate, en fuyant, me laisse pour salaire / Tous les noms odieux que j'ai pris pour lui plaire ! » (V, 4, 1625-1626). Comme Alexandre, Porus et Taxile, Oreste et Pyrrhus sont donc finalement prêts à beaucoup pour conquérir le cœur de celle qu'ils aiment. Or là où dans *Alexandre le Grand*, la gloire, l'image de soi et l'amour se renforçaient, Pyrrhus et Oreste sont conscients du fait qu'ils devront sacrifier leur image glorieuse et se réinventer au nom de l'amour.

Il n'en va pas de même pour Hermione, qui persiste beaucoup plus long-temps dans son aveuglement, exprimant sa haine pour le traitement indigne que lui inflige Pyrrhus :

> Si je le hais, Cléone ? Il y va de ma gloire,
> Après tant de bontés dont il perd la mémoire.
> Lui qui me fut si cher, et qui m'a pu trahir ?
> Ah ! je l'ai trop aimé, pour ne le point haïr.
>
> II, 1, 413-416

Comme Oreste et Pyrrhus, Hermione confond l'amour et la haine. Son tiraille-ment entre ces deux passions contraires apparaît dans les trois derniers vers, chacun divisé en deux hémistiches. Leur première moitié rappelle à chaque fois les sentiments positifs et la bienveillance d'Hermione, augmentée par des marqueurs d'intensité, « tant », « si » et « trop » ; la seconde moitié des vers 414 et 415 exprime alors l'ingratitude de Pyrrhus, pour dans le vers 416 résulter en la haine d'Hermione. Ainsi la princesse va-t-elle le plus loin dans la confusion des deux passions, leur prêtant un lien de causalité dont l'explosivité est accen-tuée par l'exclamation dans le vers 416, suivie d'une triple répétition du son [p]. Déjà Hermione fait entendre que sa haine est aussi réelle, aussi violente, que son amour. L'auteur des *Maximes* l'avait prédit : « Si on juge l'amour par la plu-part de ses effets », écrit La Rochefoucauld, « il ressemble plus à la haine qu'à l'amitié »[38]. Même quand Hermione ordonne le meurtre de Pyrrhus, elle est

---

38    François de La Rochefoucauld, *Maximes, op. cit.*, max. 72, p. 144.

toujours sous l'empire de l'amour. Sa haine était un aveuglement, finalement, mais trop tard, dissipé par l'impression cataleptique. Revenue à elle, elle s'indigne qu'Oreste l'ait crue, « une Amante insensée » (v, 4, 1585).

Or, à les considérer de plus près, ni l'adjectif « insensée », ni le mot « aveuglement » ne semblent recouvrir complètement la réaction d'Hermione, qui provient plutôt d'un retour de la raison, valorisant son honneur. Quand elle comprend que Pyrrhus préfère Andromaque à elle, Hermione commence à se soucier de l'image qu'elle donne. Si Pyrrhus « renvoie Hermione, [il] me[t] sur son front, / Au lieu de [l]a Couronne, un éternel affront » (iii, 7, 967-968). Pour les femmes de l'Ancien Régime, l'honneur lié au mariage est vital[39]. Hermione a donc raison d'alléguer sa gloire blessée comme la raison de sa haine mortelle contre Pyrrhus. Il y a pire encore pour l'honneur d'Hermione : si Pyrrhus méprise Hermione, celle-ci le laisse faire. On s'en étonne : la princesse grecque « pleure en secret le mépris de ses charmes. / Toujours prête à partir, et demeurant toujours » (i, 1, 130-131). Hermione comprend que pour ne pas perdre la face, il faudrait quitter Épire. Son reste d'espoir le lui interdit cependant :

> Fuyons. Mais si l'Ingrat rentrait dans son devoir !
> Si la Foi dans son Cœur retrouvait quelque place !
> S'il venait à mes pieds me demander sa Grâce !
> Si sous mes Lois, Amour, tu pouvais l'engager !
> S'il voulait !...
>
> ii, 1, 436-440

Hermione multiplie les possibilités d'un heureux revirement. L'anaphore du « si » et les cinq points d'exclamation soulignent la force de son espoir, et le fait qu'Hermione est prête à tout pour se convaincre elle-même. Elle se laisse notamment entraîner par ses souhaits. Au début de l'exclamation, elle n'aspire qu'à un retour au « devoir » de celui qu'elle appelle toujours « l'Ingrat », mais l'énumération présente une évolution : le « devoir » devient « la Foi » puis une demande de pardon faite par Pyrrhus. Or au vers 439, Hermione semble revenir vers elle et sentir tout le poids de ces « si » qui ne sont, en effet, que des hypothèses. Quand elle considère donc enfin la possibilité de l'amour, Pyrrhus n'est plus l'agent de la phrase – ce serait pousser trop loin les hypothèses – mais celui qui, tout au plus, pourrait devenir sensible, à l'aide des forces surnaturelles. Hermione ne peut alors qu'interrompre le cours de ses pensées. Elle sait que ses espoirs sont vains, mais son cœur ne semble pas vouloir l'accepter, donc elle reste malgré tout. « Nous n'agissons pas par raison, mais par amour,

---

39    Voir notamment : Arlette Farge, « Famille, l'honneur et le secret », dans Philippe Ariès et Georges Duby (éds), *Histoire de la vie privée*, t. iii, *op. cit.*, p. 565-600.

parce que ce n'est pas l'esprit qui agit, mais le cœur qui gouverne », écrit le moraliste et ami de Pascal, Jean Domat[40]. Hermione confirme son observation, mais à contre-*cœur*. Elle ne veut plus de cet amour. Domat l'avait prévu : « toute la déférence qu'a le cœur pour l'esprit est que, s'il n'agit pas par raison, il fait au moins croire qu'il agit par raison »[41]. La princesse invente alors la seule excuse compatible avec sa raison et son honneur : la vengeance. « Demeurons toutefois, pour troubler leur fortune » (441).

En effet, Hermione explique que sa « *Gloire offensée* / Demande une Victime, à [elle] seule adressée » (IV, 3, 1193-1194, nous soulignons) : Oreste doit tuer Pyrrhus. L'amour insensé prend l'allure d'une haine bien fondée. Pour conserver son image de soi, Hermione préfère se montrer inspirée par l'amour-propre, plutôt que toujours hantée par un amour non réciproque et devenu indigne d'elle. Au siècle dernier Paul Bénichou a noté que ce genre de discours axés sur la gloire et l'honneur se réfère au « langage de Corneille, mais à une place où tout le dénonce comme mensonger. La tradition héroïque, fidèle à elle-même en apparence, ne se retrouve ici que pour se nier »[42]. Bénichou compare les apparences nobles et raisonnables des héros raciniens à un masque, « une sorte de caricature de l'héroïsme, réduit à une façade verbale, dont nous entrevoyons le réel et peu brillant revers »[43]. La gloire est sans cesse, mais uniquement, invoquée pour cacher, consciemment ou non, sa passion irrationnelle.

En somme, Hermione préfère l'expression du plus cru des amours-propres à l'aveu de l'amour inconditionnel. Racine répond ainsi à l'observation des moralistes : l'amour-propre brutal et les désirs égoïstes ne sont pas dissimulés afin de plaire aux autres. Quand ils comprennent leur impuissance totale face à leurs passions, les personnages d'*Andromaque* ajustent leurs ambitions : s'ils ne peuvent pas se défaire de toute passion, ils préfèrent au moins se montrer gouvernés par la haine et la colère, plutôt que par l'amour. Si le héros racinien réagit avec une violence indéniable, celle-ci est bien souvent un masque pour celer l'amour et sauver la face. Or ce repli, *in extremis*, sur l'image de soi est lui-même une manifestation d'amour, d'autant plus inefficace que le désir d'être aimé ne disparaît pas avec le désir de plaire. Alors qu'Oreste et Pyrrhus se sont finalement rangés sous les lois de l'amour, Hermione a réellement résisté,

---

40　Jean Domat, *Pensées*, dans *Moralistes du XVIIᵉ siècle, op. cit.* p. 610-613, p. 611. Elster commente : "It is an important part of our self-image that we believe ourselves and want ourselves to be swayed by reason rather than by passion or interest" (*op. cit.*, p. 91). Dans ce sens, Domat anticipe et prépare la pensée de David Hume.

41　Jean Domat, *Pensées, op. cit.*, p. 611.

42　Paul Bénichou, *op. cit.*, p. 140.

43　*Id.*

annonçant ainsi ces personnages qui aspirent toujours à l'amour, mais ne sont plus prêts à tout pour l'obtenir.

Les personnages d'*Andromaque* sont ainsi précurseurs de ces rois et reines amoureux qui, « tyranniques » dans le sens pascalien[44], pensent avoir droit à l'amour de l'autre sans vouloir activement chercher à lui plaire. Les héros au pouvoir sont loin de sacrifier, comme le suggérait Nicole, leurs désirs libidineux et orgueilleux, loin d'abandonner leur grandeur et leur gloire pour augmenter leurs chances d'un amour partagé. Plutôt que de cacher leur amour de la grandeur, ils en tirent un argument pour se faire aimer[45]. Ainsi Néron dit à Junie : « César digne seul de vous plaire / [...] doit être lui seul l'heureux dépositaire » du « trésor » qu'est Junie (II, 3, 579-580), et Athalie pense que ses richesses suffisent pour obtenir l'affection de Joas (II, 7). Pour ces héros qui, après Pyrrhus, s'éprennent de leurs prisonniers ou emprisonnent ceux et celles dont ils s'éprennent, le verbe « plaire » a perdu son sens actif, crucial encore pour les théoriciens de l'honnêteté et de la galanterie. Le verbe « plaire » recoupe désormais la forme passive d'« aimer » : Néron, Roxane, Mithridate, Phèdre et Athalie veulent toujours être aimés, mais ont en même temps honte d'une telle volonté qui s'avère impossible, d'une telle *faiblesse* à laquelle ils se disent de ne pas succomber. Ces héros ne veulent plus plaire, et soumettent aux pires épreuves ceux dont ils veulent être aimés : la fureur jalouse d'Hermione – et la jalousie tient de la gloire – préfigure celle de Phèdre qui confirme l'arrêt de mort d'Hippolyte ; le chantage d'Andromaque par Pyrrhus annonce ceux qu'entreprennent Néron, Roxane, Mithridate et Athalie. Or à l'instar des personnages d'*Andromaque*, ces reines, empereurs, rois et sultanes sont rattrapés, tôt ou tard dans leur entreprise amoureuse, par cette sensibilité amoureuse qu'ils n'ont pas réussi à supprimer entièrement : le désespoir final de Phèdre et de Néron[46], la crédulité et les hésitations de Roxane ou d'Athalie

---

44  Blaise Pascal, *Pensées, op. cit.*, fr. 91, p. 190. Voir également chap. 1, 3.1.

45  Nicole y voit un lien causal, expliquant que bien souvent les Grands veulent dominer *pour* se faire remarquer, *pour* se faire aimer : « Ce que l'amour-propre recherche particulièrement dans la domination, c'est que nous soyons regardés des autres comme grands et puissants, et que nous excitions dans leur cœur des mouvements de respect et d'abaissement conformes à ces idées. [...] Il aime généralement tous les mouvements qui lui sont favorables, comme l'admiration, [le respect,] la confiance, et principalement l'amour » (Pierre Nicole, *De la charité et de l'amour propre, op. cit.*, chap. III, p. 421).

46  On pourrait ainsi discuter de la mesure dans laquelle Racine peint Néron comme ce « monstre naissant » qu'il mentionne dans la préface de *Britannicus*. Certes, l'empereur commet son premier crime en empoisonnant son frère, mais en même temps la tragédie décrit l'éveil à l'amour et à la sensibilité de Néron : celui dont on apprend au début de la tragédie que « Las de se faire aimer il veut se faire craindre » (I, 1, 12), ne semble pas pouvoir continuer sur ce nouveau chemin et veut être aimé par Junie. Néron, assassin de

et la clémence finale surprenante de Mithridate confirment l'omniprésence de la volonté d'être aimé, qui ne peut être contrôlée.

Pour ces héros au pouvoir qui, en revanche, vivent un amour réciproque – Titus, Agamemnon, Assuérus – la tension tragique est décalée. Leur dilemme entre la gloire et le devoir politique d'une part et l'amour de l'autre est autrement difficile, car ils connaissent les douceurs d'un amour heureux. Plus que les autres tragédies, sans doute par sa fameuse simplicité, *Bérénice* met au premier plan ce conflit proprement tragique.

### 1.3    *Quand l'amour et la gloire se réconcilient : l'évolution de Titus*
De même qu'*Andromaque* peut se lire comme la réponse aux critiques des héros trop soucieux de plaire d'*Alexandre*, l'histoire de Titus semble en quelque sorte commencer où celle de Néron s'arrête : par un empereur épris d'une femme qui lui est interdite, qui bouleverse sa vie et son regard politique. Pour Néron, la révolution amoureuse n'a pas pu s'accomplir, mais pour Titus, éduqué à cette même Cour « machiavélique », la métamorphose est activée dès qu'il voit Bérénice, si bien que Néron devient un contre-exemple :

> Cette ardeur que j'ai pour ses appas [de la gloire],
> Bérénice en mon sein l'a jadis allumée.
> Tu ne l'ignores pas, toujours la Renommée
> Avec le même éclat n'a pas semé mon nom.
> Ma jeunesse nourrie à la Cour de Néron
> S'égarait, cher Paulin, par l'exemple abusée,
> Et suivait du plaisir la pente trop aisée.
> Bérénice me plut. Que ne fait point un Cœur
> Pour plaire à ce qu'il aime, et gagner son Vainqueur !
>
> II, 3, 502-510

Avant que Titus connût Bérénice, il suivait l'exemple de Néron, qui ne se souciait guère de ses sujets ou de l'image qu'il donnait. Tout change cependant quand il ramène Bérénice à Rome. Pour plaire à la reine orientale, il prend d'abord les armes et « prodigu[e] [s]on sang » à l'exemple des gages d'amour des héros d'*Alexandre le Grand* et d'*Andromaque*. Il se veut ensuite également bienfaiteur du peuple : « J'entrepris le bonheur de mille Malheureux », le tout

---

Britannicus et futur pyromane de Rome, s'affole quand il perd une maîtresse. Sur cette interprétation d'un Néron malgré tout digne de pitié, voir : Jennifer Tamas, « L'amour des monstres : Racine ou la pitié pervertie », *Revue d'Histoire du Théâtre*, 289, Gilles Declercq (éd.), « Bienséances et Poétique théâtrale au dix-septième siècle en France », 2020.

pour « paraître à ses yeux satisfaits / Chargé de mille cœurs conquis par [s]es bienfaits » (511-518). Sa nouvelle gloire et le respect regagné du peuple, Titus les doit entièrement à Bérénice : « Je lui dois tout » (519). Ainsi Bérénice l'a rendu sensible aux appas de la renommée. Ayant conquis *un* cœur, celui de Bérénice, Titus mise désormais sur les « *mille* cœurs » de ses sujets. C'est l'ironie du sort de Bérénice, car tout ce qu'elle a fait de bon « va retomber sur elle » (520). En cherchant à lui plaire, Titus se convertit en bienfaiteur du peuple, mais ce faisant, l'opinion publique devenant de plus en plus importante pour lui, il doit renoncer à son amour pour Bérénice.

En effet, l'évolution déclenchée par Bérénice se poursuit quand Titus est couronné empereur. Ainsi la tragédie offre un regard exceptionnel sur l'avènement d'un roi et sur ses liens avec l'image de soi. En Titus se confondent désormais, selon la thèse de Kantorowicz, « les deux corps du roi » : la nature humaine de Titus, c'est-à-dire son corps terrestre et mortel, est maintenant doublée de la nature souveraine ou d'un corps politique et immortel[47]. De même, l'image que Titus se construisait essentiellement à travers l'amour de Bérénice, se double désormais de celle construite par les sujets. Une fois empereur, même la « Cour idolâtre » ne lui suffit plus, Titus « [s]e propose un plus ample Théâtre » (II, 2, 355-356)[48]. La métaphore théâtrale se file au cours de la pièce[49] et répond aux analyses des moralistes qui distinguent, nous le rappelons, un public extérieur et un public intérieur. Le public extérieur que se donne Titus se limitait auparavant à Bérénice, mais s'étend désormais au peuple romain et au sénat. Titus ressent sans cesse le poids de leur regard : « les secrets de son cœur et du mien / Sont de tout l'Univers devenus l'entretien » (II, 2, 341-342). Le privé devient public et Titus a l'impression qu'il doit défendre et expliquer le moindre de ses gestes. Or en réalité, ce public extérieur semble peu enclin à censurer son nouvel empereur. Quand Titus s'inquiète au sujet de la voix publique, son confident Paulin le rassure d'abord : « Vous pouvez tout. Aimez, cessez d'être amoureux, / La Cour sera toujours du parti de vos vœux » (II, 2, 349-350).

Le public extérieur étant muet, le seul et véritable obstacle à la relation de Titus avec Bérénice vient de Titus lui-même. Il le sait : « Je viens percer un cœur

---

47  Ernst Kantorowicz, *op. cit.* Sur la théorie des deux corps dans la *Bérénice* de Corneille et dans celle de Racine, voir : Hélène Merlin-Kajman, *L'Absolutisme dans les lettres, op. cit.*, p. 301-336.

48  En 1697, Racine changera ce « plus ample Théâtre » en « plus *noble* Théâtre » (OC I, p. 1471). Titus augmente ainsi l'argument quantitatif pour son nouveau public, d'un argument qualitatif, en opposant le « noble » peuple romain aux « Flatteurs » de la Cour (v. 357). Est renforcée également la connotation dépréciatrice attribuée à la Cour (voir : chap. 2, 3.2).

49  Sur la métaphore théâtrale, voir Jean-Christophe Cavallin, *op. cit.* Sur *Bérénice* en particulier voir : p. 6 et p. 139-167.

que j'adore, qui m'aime. / Et pourquoi le percer ? Qui l'ordonne ? Moi-même »
(IV, 3, 999-1000). Pendant ce monologue célèbre, Titus ne prétend plus s'adres-
ser au public extérieur qui continue à se taire – « L'entendons-nous crier
autour de ce Palais ? / [...] / Tout se tait. Et moi seul trop prompt à me troubler
[...] » (1002-1005). Titus se tourne vers son jury intérieur, vers ce moi d'empereur qu'il faut désormais contenter pour pouvoir s'estimer. Et ce nouveau moi
se mesure à l'opinion publique. Aussi Titus continue-t-il : « Quels pleurs ai-je
séchés ? Dans quels yeux satisfaits / Ai-je goûté le fruit de mes bienfaits ? »
(1033-1034). La référence à la scène 3 du deuxième acte est mordante : Titus n'a
plus besoin de l'intermédiaire des yeux de Bérénice pour jouir de ses propres
bienfaits populaires (cf. *supra*) : il vaut mieux plaire à mille cœurs qu'à un seul ;
mieux vaut sécher mille larmes que celles de Bérénice seule. Titus semble toujours se conformer aux vœux du public extérieur, où le peuple l'emporte sur
Bérénice, mais en réalité tout tourne autour de sa propre image : « Sont-ce là
les projets de grandeur et de gloire / Qui devaient dans les cœurs consacrer *ma*
mémoire ? » (1027-1028, nous soulignons).

Bérénice se doute que les applaudissements du Sénat recherchés par Titus
ne traduisent que les applaudissements que Titus se donne lui-même :

> Retournez, retournez vers ce Sénat auguste
> Qui vient vous applaudir de votre cruauté.
> Hé bien, avec plaisir l'avez-vous écouté ?
> Êtes-vous pleinement content de votre gloire ?
>> V, 5, 1340-1343

Dans ces publics extérieur et intérieur confondus, la place de Bérénice pose
problème pour Titus. D'une part, il essaie de la 'ranger' du côté de Rome, du
public extérieur qui juge de sa conduite. C'est dans ce contexte que le dilemme
de Titus entre la gloire et l'amour prend son aspect le plus cornélien : ce n'est
qu'en renvoyant Bérénice que Titus peut être digne de celle qui lui a appris
l'importance du peuple. Une fois de plus, Titus se croit au théâtre, ou mieux au
tribunal où Bérénice est le jury sévère qui jugera de ses actions :

> Vous-même rougiriez de ma lâche conduite.
> Vous verriez à regret marcher à votre suite
> Un indigne Empereur, sans Empire, sans Cour
> Vil *spectacle* aux humains des faiblesses d'amour.
>> V, 6, 1415-1418, nous soulignons

Là où ces mots touchaient, venant d'un Rodrigue ne pouvant pas *ne pas* venger son père, ou même d'un Alexandre racinien ne voulant pas condamner à mort un homme vaincu, ces propos tenus par Titus convainquent moins. En premier lieu, sans doute, parce que Bérénice n'est pas Chimène, pour qui la grandeur et l'honneur de sa famille ne seraient jamais subordonnés à son amour. De même que Bénichou démasquait le faux dans la rhétorique héroïque d'Hermione, l'argument de Titus pour ne pas aller « [s]oupirer avec [Bérénice] au bout de l'Univers » (v, 6, 1414) ne semble qu'un masque, non pas pour plaire à Bérénice, mais à lui-même[50].

Pourtant ce serait mal comprendre l'enjeu tragique de la pièce que de négliger l'importance que Titus accorde aux sentiments de Bérénice. Si d'un côté, Titus considère Bérénice comme faisant partie du public extérieur, il sait d'autre part qu'elle occupe toujours une place particulière dans son cœur, et dans ce qu'il est. Quand il se perd, il se rend auprès d'elle pour se retrouver : « Mon amour m'entraînait, et je venais peut-être / Pour me chercher moi-même, et pour me reconnaître » dit-il à Bérénice (v, 6, 1395-1396), restaurant une ultime fois la fonction propre du refuge amoureux[51], pour le démolir ensuite. L'être et la présence de Bérénice définissent autant son être que sa nouvelle couronne d'empereur. Les monologues, les combats intérieurs et les hésitations de Titus montrent, en effet, que le moi antérieur à celui qui incarne l'empereur, ce moi défini par l'amour pour Bérénice, n'a pas entièrement disparu. Si la tragédie met en scène « les ultimes douleurs de la métamorphose d'un homme en monarque »[52], l'homme et le monarque ont droit à une présence simultanée en Titus. Cette juxtaposition des deux « moi » sera conçue par Titus comme l'affrontement entre deux cœurs, d'une part le cœur de l'amoureux, « *mon cœur* », et d'autre part le « cœur *d'un Empereur* », dont la formulation renforce l'aliénation par rapport à Titus :

> Tout l'Empire parlait. Mais la Gloire, Madame,
> Ne s'était point encor fait entendre à mon cœur
> Du ton, dont elle parle au cœur d'un Empereur.
> Je sais tous les tourments où ce dessein me livre.
> Je sens bien que sans vous je ne saurais plus vivre,

---

50 C'est l'interprétation de Roland Barthes, particulièrement sévère pour Titus : « c'est en *feignant* d'être requis par une fidélité générale au Passé que Titus va justifier son infidélité à Bérénice [...] Pourtant Titus ne parvient même pas à donner à cette instance [Rome] une apparence héroïque » (*Sur Racine, op. cit.*, p. 97-98, nous soulignons).

51 Voir chap. 2, 3.1 pour une analyse du cabinet de *Bérénice* comme refuge amoureux.

52 Georges Forestier, *Jean Racine, op. cit.*, p. 392.

Que mon cœur de moi-même est prêt à s'éloigner.
Mais il ne s'agit plus de vivre, il faut régner.

    IV, 5, 1096-1102

Alors qu'au vers 1098 le « cœur d'un Empereur » se trouvait encore en position
d'altérité par rapport à Titus, trois vers plus tard ce sera le cœur amoureux qui
« s'éloigne » de Titus. Le cœur de l'homme en Titus fait un avec Bérénice, de
sorte que le départ de la dernière signifierait la mort du premier. La métamorphose de Titus en empereur nécessite la mort de ce moi intime, amoureux.
Titus sacrifie son amour et sa vie (privée) pour être un bon empereur, pour
accomplir ce devoir – « il faut » – qu'il s'est imposé lui-même.

    Comme tant d'autres personnages chez Racine, Titus veut censurer son
cœur : « Aidez-moi, s'il se peut, à vaincre sa faiblesse » dit-il à Bérénice, toujours se référant à ce cœur amoureux (IV, 5, 1055). Or Titus ne pourra pas
« vaincre sa faiblesse », pas plus que les autres personnages amoureux chez
Racine. Ce qu'il a seul compris, en revanche, est que son amour peut lui servir
comme point d'appui à sa gloire :

Ou si nous ne pouvons commander à nos pleurs,
Que la Gloire du moins soutienne nos douleurs,
Et que tout l'Univers reconnaisse sans peine
Les pleurs d'un Empereur, et les pleurs d'une Reine

    IV, 5, 1057-1060

Ayant trop longtemps opposé son devoir et sa gloire à son amour, Titus essaie
désormais de concilier les deux. Ce grand théâtre, dont le regard sévère
l'effrayait auparavant, est maintenant convoqué comme témoin de ses
larmes. Celles-ci, il se rend compte, sont autant des signes de « faiblesse »,
comme le voulait Cureau de La Chambre[53], que de sa grandeur en tant
qu'empereur[54]. Tandis que la Gloire *soutient ses douleurs*, les pleurs de Titus

53    « [I]l faut se souvenir que la Foiblesse est le premier fondement des Larmes, parce qu'elles
      sont destinées pour demander secours, & qu'il n'y a que la Foiblesse qui en ait besoin »
      (Marin Cureau de La Chambre, *Les Characteres des passions*, t. V « Des larmes », Paris,
      J. d'Allin, 1662, p. 88).
54    Pelous estime que « les amants tendres tirent l'essentiel de leur force de leur faiblesse
      même » (*op. cit.*, p. 56) ; Barbafieri note l'existence de la « larme glorieuse », source d'un
      nouvel héroïsme et moyen de persuasion stratégique, rhétorique (*op. cit.*, p. 189-190) ;
      Merlin-Kajman esquisse une évolution dans la perception des larmes et de la sensibilité
      au cours du siècle (« Les larmes au XVIIe siècle : entre pathos et logos, féminin et mascu-
      lin, public et privé », *Littératures classiques*, 62, 2007, p. 205-221).

soutiennent sa gloire, car ils mettent en valeur le sacrifice douloureux que fait l'empereur pour son peuple.

Ainsi l'amour de Titus pour Bérénice est-il non seulement à la base de sa conversion en empereur sensible aux volontés du peuple, mais, toujours au niveau de l'histoire, cet amour renforce également le dévouement de Titus envers son devoir politique. Racine représente un roi qui fonde sa gloire et sa réputation auprès du peuple sur son dévouement politique *et* amoureux. Dans leur mouvement et leur visée contradictoires, l'amour et la politique se renforcent mutuellement. Plus grand est l'amour pour Bérénice, plus difficile devient la séparation, et d'autant plus digne d'admiration. De cette façon, l'amour de Titus joue également un rôle dramaturgique. Tout comme l'amour qu'Alexandre portait à Cléofile servait à souligner la clémence désintéressée d'Alexandre, l'amour de Titus pour Bérénice, cette « faiblesse », renforce l'idée de la perfection de l'évolution de Titus : d'un homme uniquement occupé de ses plaisirs à un empereur sérieux, dévoué et sensible en même temps. Loin d'être une faiblesse honteuse, l'amour et la sensibilité deviennent en quelque sorte un rite de passage pour le régent, ou du moins un critère pour distinguer les bons maîtres de l'État des tyrans et des monstres[55]. L'empathie et l'ouverture envers l'autre font désormais partie de la nouvelle éthique du héros et dictent l'estime qu'il inspire.

Les personnages de Racine ne s'estimeront pas plus, quand ils suppriment leur faiblesse, par exemple en menaçant la vie de ceux qu'ils aiment. Les chantages et les fureurs sous prétexte de la « gloire offensée » ne sont qu'un masque pour ne pas paraître faibles. Cette faiblesse cependant, cette sensibilité à l'amour ne nuit pas à leur image, ni à celle qu'ils ont d'eux-mêmes – comme Titus, tous les personnages sont forcés de rajuster leur image d'eux –, ni à l'image qu'ils donnent au public extérieur – qui a généralement déjà deviné la sensibilité. À la fin de la tragédie, Titus a persuadé Bérénice *et* le peuple romain de son amour, et s'assure ainsi une place dans leur cœur et leur mémoire. Il en va de même pour cet autre public, celui du théâtre réel qui observe Titus.

### 1.4    *Quand les rois doivent plaire au roi : Mithridate*

Comme pour *Alexandre*, la sensibilité des personnages de *Bérénice* devient vite le point de mire des critiques : Villars ridiculise les « lamentations et irrésolutions » d'Antiochus « qui a toujours un *toutefois* et un *Hélas* de poche pour

---

55    De cette façon, écrit Sylvaine Guyot, « l'émotion d'un cœur particulier [...] participe à la (re)fondation de la communauté politique et/ou de l'éthique héroïque » (*Racine et le corps tragique, op. cit.*, p. 83). Sur la « dignité du corps sensible », voir son chapitre II.

amuser le Théâtre »[56], ainsi que les larmes abondantes et incontrôlables du couple[57]. Il se moque particulièrement de l'exclamation de Bérénice – « Vous êtes Empereur, Seigneur, et vous pleurez » (IV, 5, 1154) –, qui, dit-il, « fera toujours rire le Spectateur » et est peu digne d'un roi[58]. Il fonde sans doute sa critique, comme le suggère Forestier, sur un pamphlet qui circulait dès 1665 et qui s'en prenait aux amours de Louis XIV et de Marie de Mancini[59]. Le pamphlet, attribué à Bussy-Rabutin, fait dire à la Mancini : « Vous pleurez, vous êtes roi, et cependant je suis malheureuse, et je pars effectivement »[60]. La caricature est jugée scandaleuse parce qu'elle remet en question l'autorité du monarque, mais ce roi qui pleure, en soi, ne s'avère plus si ridicule par la suite. À partir de 1670, l'année de la création de *Bérénice* – hasard ou non[61] –, plusieurs mémoires rapportent les pleurs de Louis XIV avec plus de sérieux[62], accordant

---

56   L'abbé de Villars, *op. cit.*, p. 517.

57   Jean-Jacques Rousseau s'indignera toujours, un siècle plus tard, des « plaintes efféminées » avilissant le personnage de Titus, mais il est contraint d'avouer par la suite qu'il « finit par plaindre cet homme sensible qu'il méprisoit » (*op. cit.*, p. 48-49).

58   L'abbé de Villars, *op. cit.*, p. 518.

59   Georges Forestier, « Notes et variantes de *Bérénice* », OC I, p. 1479-1480.

60   Roger de Bussy-Rabutin (attribué à), « Le Palais-Royal ou les Amours de Mme de Lavallière », dans *Histoire amoureuse des Gaules, suivie des Romans historico-satiriques du XVIIe siècle*, t. II, éd. Paul Boiteau et Charles-Louis Livet, Paris, P. Jannet, 1857, p. 25-96, p. 33.

61   Sur l'« invention » ou la « fabrication » de l'image de Louis XIV par les arts, voir entre autres : Jean-Marie Apostolidès, *Le Roi-machine. Spectacle et politique au temps de Louis XIV*, Paris, Minuit, 1981 ; Louis Marin, *Le Portrait du roi*, Paris, Minuit, 1981 ; Peter Burke, *The Fabrication of Louis XIV*, New Haven, Yale UP, 1992 ; Hélène Merlin, *Public et littérature en France au XVIIe siècle*, Paris, Les Belles Lettres, 1994.

62   Forestier donne l'exemple des *Mémoires* de Mme de Motteville, qui rapporte les paroles suivantes de la Mancini : « Vous pleurez et vous êtes le maître ! » (voir : « Notes et variantes de *Bérénice* », *op. cit.*, p. 1479). Comme ces *Mémoires* n'ont paru qu'en 1723, Forestier avance l'hypothèse que ces paroles ont pu être influencées par les vers de Racine. De même, dans ses *Mémoires* inédits, rédigés entre 1670 et 1687, Philibert de La Mare commente l'affaire : « elle lui dit par forme de reproche, vous estes Roy, vous m'aimez et je m'en vais, comme est-ce que toutes choses-là peuvent compatir ensemble » (*Mémoires*, bibliothèque municipale de Dijon, mss 839-839 *bis*, t. I, 1670, p. 64, cité dans Arnaud de Vallouit, « Un portrait éclaté de Louis XIV : la représentation fragmentaire du souverain dans les *Mémoires* inédits de Philibert de La Mare », dans Mathieu Da Vinha, Alexandre Maral et Nicolas Milovanovic (éds), *Louis XIV, l'image et le mythe*, Rennes, PU de Rennes, 2014, p. 189-199, p. 192). Cependant c'est Voltaire qui explicite le parallèle entre Bérénice et la Mancini : « Ce vers si connu faisait allusion à cette réponse de mademoiselle Mancini à Louis XIV 'Vous m'aimez, vous êtes roi, vous pleurez, et je pars' ! » (Voltaire, *Commentaires sur Corneille*, dans *Les Œuvres complètes de Voltaire*, t. 55, éd. David Williams, Oxford, Voltaire Foundation, 1975, p. 952).

aux rois, réel ou fictifs, le droit de pleurer pour des raisons amoureuses tout en sauvegardant leur dignité et la vraisemblance de ces récits.

Que le Roi Soleil ne s'offusquait pas vite des représentations royales amoureuses, Racine l'avait déjà compris en 1665. Dans *Alexandre le Grand*, Racine a modelé bien plus explicitement son héros éponyme d'après Louis XIV, estimant, à raison, que l'attention du roi lui ouvrirait le chemin le plus assuré vers la gloire littéraire[63]. Contrairement à ses personnages, Racine, lui, est prêt à tout pour plaire. Pour ceux qui n'avaient pas vu le parallèle, il se trouve explicité dans la dédicace au roi :

> Je ne me contente pas d'avoir mis à la tête de mon Ouvrage le nom d'Alexandre, j'y ajoute encore celui de Votre Majesté, c'est-à-dire que j'assemble tout ce que le Siècle présent et les Siècles passés nous peuvent fournir de plus Grand[64].

*Alexandre* présente, en effet, un curieux amalgame de siècles : Racine peint moins l'Orient antique que la Cour du XVIIᵉ siècle. Le personnage d'Alexandre est aussi galant que clément, à la fois homme de Cour et homme de guerre, symbole de la générosité et de l'honnêteté. En d'autres termes, Alexandre est l'alter ego perfectionné du souverain français[65]. Que Louis XIV ait accepté de figurer comme destinataire de la tragédie prouve ainsi qu'il cautionne l'association publique de sa figure à Alexandre, et cela, fait plus important, en dépit de la critique croissante qui se moque ouvertement de la tendresse inédite du héros antique. Louis XIV ne semble pas gêné d'être représenté en tendre amant en larmes vouant ses conquêtes glorieuses aux beaux yeux de sa maîtresse. À une époque où l'ancien guerrier se convertit en courtisan frustré n'ayant plus droit qu'aux fades galanteries, le monarque peut s'enorgueillir de ses réussites tant sur le plan du gouvernement, au combat et envers ses sujets, que dans l'amour.

---

63  Si l'influence du roi sur la réception d'une pièce de théâtre est indéniable, sa capacité à discerner le véritable talent littéraire l'est beaucoup moins. Antoine Adam réfute le mythe créé au XIXᵉ siècle selon lequel tous les chefs-d'œuvre de l'âge classique doivent leur existence à l'intervention personnelle de Louis XIV. Adam estime au contraire que « Louis était très ignorant » et qu'« il n'est pas certain qu'il ait eu pour les lettres un véritable goût ». Certes, le roi aimait rire sans prétention à Molière et pleurer à Racine, mais avant tout il préférait les ballets et opéras de Lully (Antoine Adam, *Histoire de la littérature française au XVIIᵉ siècle*, t. III, Paris, Domat, 1952, p. 6).

64  Jean Racine, « Dédicace d'*Alexandre le Grand* : Au Roi », *OC I*, p. 123.

65  Sur l'image véhiculée par la représentation de Louis XIV comme Alexandre, voir : Chloé Hogg, *Absolutist Attachments : Emotion, Media, and Absolutism in Seventeenth-Century France*, Evanston (IL), Northwestern UP, 2019, premier chapitre.

Alors qu'*Alexandre* est la tragédie qui semble chercher le plus ouvertement à plaire au roi, la tragédie qui le conquiert réellement est *Mithridate*. En 1684, on lit dans le *Journal* du Marquis de Dangeau : « Le soir, il y eut comédie-française ; le Roi y vient et l'on choisit *Mithridate*, parce que c'est la comédie qui lui plaît le plus »[66]. En effet, Louis XIV a applaudi à plusieurs représentations de cette pièce[67], dont la création confirme une fois de plus l'esprit d'à-propos de Racine. Dans *Mithridate*, tragédie militaire, Racine répond à la situation politique contemporaine : en avril 1672, Louis XIV avait déclaré la guerre à la Hollande, où il a enchaîné les conquêtes[68]. Aux écrivains, poètes et dramaturges, il importait alors de propager les louanges du roi et de la campagne militaire. Racine excelle dans ce domaine.

Forestier explique le goût de Louis XIV pour *Mithridate* d'abord par la juxtaposition de l'épique et du tragique[69]. C'est l'histoire héroïque d'un des plus grands ennemis de Rome, qui meurt, trahi par son fils. Si Mithridate ne peut se mesurer à Louis XIV, les deux rois ont néanmoins toutes leurs vertus en commun, la gloire surtout, qui y est vertu. En second lieu, Forestier attire l'attention sur « le jeu subtil et complexe de recherche d'équilibre et de coexistence de contraires » dans la tragédie, où l'oppresseur violent du couple idyllique, Xipharès et Monime, devient lui-même victime. Tout glorieux qu'il est, Mithridate est également amoureux[70].

La critique récente a multiplié les lectures politiques de cet équilibre complexe dans le portrait de Mithridate. Force est de constater qu'il est difficile de tirer une conclusion univoque de la pièce : la mort finale de Mithridate, est-elle consolidation ou remise en question de la monarchie absolue ?[71] Une

---

66    Philippe de Courcillon de Dangeau, *Journal* (5 novembre 1684), NCR, p. 163.
67    Pour une brève énumération, voir : Georges Forestier, *Jean Racine, op. cit.*, p. 450.
68    Volker Schröder estime que pour comprendre tous les enjeux de *Mithridate*, il faut l'analyser dans ce contexte de guerre (« Racine et l'éloge de la guerre de Hollande : de la campagne de Louis XIV au « dessein » de Mithridate », *XVIIe siècle*, 198, 1998, p. 113-136 ; « La place du roi : guerre et succession dans Mithridate », dans Claire Carlin (éd.), *La Rochefoucauld, Mithridate, Frères et sœurs, Les Muses sœurs*, Tübingen, Gunter Narr, 1998, p. 147-158).
69    Georges Forestier, « Notice de *Mithridate* », OC I, p. 1526-1527. Voir également Georges Forestier, *Jean Racine, op. cit.*, p. 447-450 et 453-455.
70    Christian Biet souligne également la « série de combinatoires dramaturgiques *a priori* contradictoires » dans cette tragédie, qui en font un « exercice de l'ambiguïté » (« *Mithridate*, ou l'exercice de l'ambiguïté : "Que pouvait la valeur dans ce trouble funeste ?" », dans Claire Carlin (éd.), *La Rochefoucauld, Mithridate..., op. cit.*, p. 83-98, p. 85). Ainsi Mithridate, dans un « trajet de conversion et de rachat [...] oscille entre la violence et la douceur » (*ibid.*, p. 87).
71    Sylvaine Guyot résume brièvement quelques points de vue différents (*Racine et le corps tragique, op. cit.*, p. 100-101). Sur l'« optimisme » ou le « pessimisme » de (la fin de)

chose est sûre pourtant : dans la dernière scène de la tragédie, l'effrayant roi du Pont prend l'aspect d'un père sensible. Peut-être est-ce cette « fiction d'un autre ordre politique, fondé sur l'amour et la liberté, garant de bonheur et de paix »[72] qui a particulièrement touché Louis XIV dans *Mithridate* ? L'hypothèse est tentante : la tragédie combine la gloire farouche et guerrière et la nouvelle tendresse empathique[73] dans la représentation du roi, et plus précisément dans la représentation de son amour. De désir libidineux et jaloux – Mithridate considère Monime comme son « bien » légitime[74] –, l'amour du roi se change à la fin de la tragédie en amour paternel dont le point d'orgue est l'« embrasse-ment » en « douceur » (V, 5, 1707). Le catalyseur de ce changement est Monime, qui relie père et fils. Malgré sa « trahison », Mithridate ne peut se résoudre à la punir. Il maudit plutôt sa propre « faiblesse » : cet amour qui « trop longtemps tient [s]a gloire captive » (IV, 5, 1404-1507). Ce monologue (IV, 5) lui tient lieu des pleurs d'Alexandre ou de Titus. Les hésitations au profit de l'amour prouvent son humanité[75] : le guerrier est sensible.

En somme, la force particulière de *Mithridate* réside dans ce portrait d'un amour royal qui *in extremis* refuse le sadisme et la *libido dominandi* qui la sous-tendent. Le mélange de la passion violente et l'amour tendre est la signature de Racine, mais Mithridate tend à combiner ces deux formes dans une seule personne. Ainsi la figure royale répond aux différentes attentes du public : la tyrannie du début est propre à intéresser le refoulé de l'homme noble ; la « douceur » finale relève d'un ethos plus efféminé. Dans la représen-tation du roi, cautionnée par le roi véritable, Louis XIV, les lignes de fracture entre homme et femme s'émoussent[76] et le public ne fait plus qu'un, retrou-vant enjeux esthétiques et politiques sur le même plan.

---

*Mithridate*, voir : Volker Schröder, « La place du roi », art. cit., p. 157 ; John Campbell, *op. cit.*, p. 75-77.

72   Solange Guénoun, « L'invention de Monime : une leçon de monisme en monarchie dans *Mithridate* », dans Claire Carlin (éd.), *La Rochefoucauld, Mithridate...*, *op. cit.*, p. 121.

73   Pour Guyot « la combinaison [...] du réalisme stratégique et de la sensibilité galante » dans *Mithridate* est transcrite dans les corps tragiques : elle oppose le pathos féminin du corps en larmes de Monime à la tangibilité du corps de Mithridate, mise en exergue par son retour soudain et glorieux (voir : *Racine et le corps tragique, op. cit.*, p. 100-102 et p. 200-202).

74   Voir *supra*, chap. 1, 3.1.

75   « Mithridate has been succeeded by a more human(e) version of himself, whose occa-sionally caricatural "gloire" is nevertheless integrated into a fuller psychology » (Richard Parish, *Racine. The Limits of Tragedy*, Tübingen, Gunter Narr, 1993, p. 101).

76   Voir entre autres Sylvaine Guyot, *Racine et le corps tragique, op. cit.*, p. 96.

Racine caméléon[77] connaît bien son roi. Comme un autre Bajazet, face à une autre Roxane, il « vit que son salut / Dépendait de lui plaire, et bientôt il lui plut » (I, 1, 155-156). Des éloges directs de la dédicace précédant *Alexandre* à la composition ambiguë du roi Mithridate, Racine a su parfaire sa stratégie. Le dramaturge se fraie un chemin en vue de sa seconde grande carrière d'historiographe où il travaillera encore plus explicitement à la gloire du roi, ainsi qu'au renforcement du pouvoir même de la monarchie[78]. Plus encore que les applaudissements ou les larmes de Louis XIV, le fait que le roi ait affecté Racine à ce poste prestigieux confirme l'assentiment du souverain. Le roi apprécia sans doute le message véhiculé dans les tragédies de Racine, présentant un règne à la fois glorieux, ambitieux et clément, charitable.

• • •

Dans toutes ses tragédies, Racine semble méditer la thèse de Nicole selon laquelle « l'inclination de se faire aimer est plus forte que celle de dominer ». Le dramaturge a multiplié les avatars de la tension entre l'amour et le désir de l'amour d'une part et le désir de régner glorieusement de l'autre. Il l'a insérée dans toutes les matrices possibles, testant à la fois les amours non réciproques et les amours partagées, à la fois les refus violents et les capitulations tendres. N'en déduire qu'une seule structure englobante serait inévitablement réduire la complexité de l'œuvre racinien, mais le conflit sans cesse renouvelé pour chaque héros au pouvoir en dit long sur la force tenace que Racine a voulu attribuer à cette passion que ses personnages essaient malgré tout de rejeter comme une faiblesse.

Alors qu'ils sont roi, reine ou empereur, ces puissants personnages ne parviennent pas à commander leur amour et celui de l'autre. Ce manque de contrôle entache l'image qu'ils ont d'eux-mêmes, mais ce n'est pas en redoublant les dominations violentes qu'ils amélioreront celle-ci. L'amour et la sensibilité, en revanche, permettent à ces « Grands » de retrouver une partie de leur identité, et de renouer avec le corps de l'homme en eux, le corps terrestre et mortel sur lequel s'est superposé le corps du souverain. En décrivant une

---

77    Voir : Alain Viala, *Racine, la stratégie du caméléon, op. cit.*
78    Dans *Le Récit est un piège*, Louis Marin montre comment le discours historiographique de Racine est censé manipuler l'opinion publique pour renforcer la monarchie absolue (*Le Récit est un piège*, Paris, Minuit, 1978, p. 69-115). Reprenant l'analyse de Marin comme point de départ, Viala ajoute que dans ces documents historiographiques « l'écriture racinienne constitue une théâtralisation du pouvoir » (Alain Viala, « Le récit est un théâtre », dans Marie-Claude Canova et Alain Viala (éds), *Racine et l'histoire*, Tübingen, Gunter Narr, 2004, p. 225-236, p. 225).

larme amoureuse, un désespoir enragé, ou un visage qui se décompose, Racine laisse entrevoir l'homme dans le monarque glorieux, une tranche d'identité véritable. Par l'exemple ou le contre-exemple, Racine montre l'entrée glorieuse de la tendresse dans la politique, sous le regard approbateur de Louis XIV.

## 2       Entre le moi et l'autre : l'amour constructeur de l'image de soi

Les personnages de Racine ne conçoivent pas tous l'amour et le désir d'être aimé de la même façon. Alors que les rois ont besoin de temps pour se rendre compte que l'amour les définit également en tant que roi et non pas seulement en tant qu'homme, d'autres personnages, ceux qui détiennent moins de pouvoir, s'adonnent bien plus vite à l'amour. Ils le considèrent non pas comme une faiblesse, mais comme une force, un élément fondateur de l'image qu'ils ont d'eux-mêmes. Ainsi la réciprocité en amour définit-elle l'image et la raison de vivre ou de mourir des héroïnes telles que Bérénice, Atalide et Iphigénie. Dans leur cas, Nicole a tout à fait raison de dire que le désir d'être aimé est plus fort que le désir de dominer. Ce premier désir n'est cependant pas innocent non plus. Atalide n'est pas Roxane, mais elle n'est pas Esther non plus, qui prie mais n'exige rien de son Dieu.

Chacun à sa façon, les personnages de Racine s'approprient ou intériorisent leur amour, si bien qu'il fait partie d'eux-mêmes, de leur identité, affirmée ou altérée. La manifestation la plus avérée de ce phénomène se trouve dans les déclarations d'amour, où tout en s'ouvrant à l'autre, le personnage racinien se découvre également à lui-même[79]. Ainsi se tissent des liens entre l'autre – la personne aimée – et le moi – dont l'amour s'accompagne toujours d'un désir d'être aimé. L'amour de l'autre – humain ou divin – exerce un pouvoir sur le moi et sur l'identité qu'il se construit.

### 2.1     *L'amour (réciproque) fait la femme : Bérénice, Iphigénie et Atalide*
Face aux rois, aux sultanes et aux empereurs Racine met en scène des personnages qui fondent leur gloire sur leur humanité, sur leur amour. Titus prétend renvoyer Bérénice pour sauver sa propre gloire et – il le soutient – la réputation de Bérénice, mais Bérénice réagit de façon totalement différente à l'arrivée au pouvoir de Titus. À plusieurs reprises, la reine de Palestine insiste sur le fait que

---

79  Sur la déclaration d'amour dans la tragédie racinienne, voir l'étude récente très détaillée de Jennifer Tamas, *Le Silence trahi, op. cit.* et le chapitre V en particulier. Pour Tamas, la déclaration amoureuse, en tant que revanche tardive sur le silence, est ce qui incarne le *fatum.*

la gloire, la richesse et la grandeur lui importent peu, comparées à l'amour de
Titus. Ces déclarations d'amour désintéressées font partie des plus touchantes
tirades de l'œuvre de Racine (cf. la citation en tête de ce chapitre : v, 7, 1489-
1491). Bérénice aime et veut être aimée, tel est son seul objectif :

> Depuis quand croyez-vous que ma grandeur me touche ?
> Un soupir, un regard, un mot de votre bouche,
> Voilà l'ambition d'un cœur comme le mien.
> Voyez-moi plus souvent et ne me donnez rien.
>
> II, 4, 575-578

L'amour de Bérénice pour Titus tend vers ce que l'amour profane a de plus
désintéressé, l'amour de l'autre uniquement pour lui-même : « (Je vous l'ai dit
cent fois) [je] n'aime en [Titus] que lui-même » (I, 4, 160). Titus est conscient
du fait qu'il signifie tout pour la reine : « Elle passe ses jours, Paulin, sans rien
prétendre / Que quelque heure à me voir, et le reste à m'attendre » (II, 2, 535-
536). Bérénice serait même prête à se contenter d'un concubinage avec Titus,
au lieu de « l'heureux hyménée » légitime et beaucoup plus digne d'elle, qui lui
est promis (IV, 5, 1126-1129). Tout ce qui compte pour elle, c'est d'« être aimée »
par Titus (V, 7, 1491).

La reine mesure son image d'elle-même non pas à l'opinion des autres ou à sa
propre gloire, mais au seul amour que lui porte Titus. C'est à la fois le problème
et la clef de la tragédie. Quand cet amour est mis en doute, Bérénice voit sa
raison de vivre niée et elle envisage de se suicider. La grande scène finale rétablit l'ordre cependant, car Bérénice est enfin convaincue de l'amour de Titus :
« Je connais mon erreur, et vous m'aimez toujours », dit-elle à Titus (V, 7, 1494).
C'est alors – mais uniquement lorsqu'elle a cette certitude – que Bérénice se
résout à partir de Rome et à quitter son amant. La reine renonce à son amour et
à son propre bonheur pour donner une chance au bonheur de Titus. De ce fait,
Bérénice aurait pu prononcer les mots les plus connus d'Atalide dans *Bajazet* :
« J'ai cédé mon Amant [...] J'aime assez mon Amant, pour renoncer à lui » (III,
1, 830-836). Bérénice réussit là où Atalide échouera, nous y reviendrons.

Pour *Bérénice*, les moralistes ont donc quelque peu raison : les deux héros
principaux renoncent à l'amour pour avoir une meilleure image d'eux-mêmes.
Titus devient ainsi un meilleur empereur, Bérénice une meilleure amante.
Racine traite le geste final de Bérénice, ce dévouement amoureux, comme un
« exemple », inspiré par « l'amour la plus tendre, et la plus malheureuse » (V, 7,
1514-1515). La dernière scène place Bérénice au-dessus des autres personnages.
La reine mérite son monopole dans le titre de la tragédie, car c'est elle qui

accomplit le véritable acte sacrificiel en quittant Rome. Les moralistes n'ont toutefois pas entièrement raison. Se faire applaudir par son public intérieur, dans le cas de Bérénice, n'est pas un acte inspiré par l'amour-propre. Comment, en effet, concilier l'amour-propre et le désintéressement de Bérénice ? Non seulement la reine préfère l'intérêt de l'autre au sien, mais elle sacrifie, en outre, l'amour qui lui sert de fondement de son image d'elle-même.

Il en va de même pour Iphigénie, dont nous avons déjà montré l'amour filial, qui la pousse à obéir à son père, et à lui « rendre » le sang qu'il lui a donné[80]. Comme pour Bérénice, ce sacrifice dépend en fait autant de l'amour d'Iphigénie que de celui de son père : Iphigénie est très attachée aux marques d'amour de ses proches, d'Agamemnon et d'Achille. Ainsi est-elle très déçue à son arrivée à Aulide quand elle ne reçoit pas l'accueil chaleureux dont elle se réjouissait à l'avance. Les premières paroles qu'elle adresse à son père – qui marquent par ailleurs sa première apparition sur scène – traduisent ses craintes, que son père essaie de calmer :

> IPHIGÉNIE
> Seigneur, où courez-vous ? Et quels empressements
> Vous dérobent si tôt à nos embrassements ?
> [...]
> AGAMEMNON
>        Hé bien ma Fille, embrassez-votre Père.
> Il vous aime toujours.
> IPHIGÉNIE
>           Que cette amour m'est chère !
>     II, 2, 531-538

Dès son entrée sur scène, Iphigénie est présentée comme la fille aimante, mais qui réclame également son dû : l'amour réciproque et ses manifestations tendres et affectives. Elle ne supporte pas que « [t]ous [les] regards [d'Agamemnon] sur [elle] ne tombent qu'avec peine » (553), d'autant plus qu'elle avait « vanté [la] tendresse » d'Agamemnon (562) à Ériphile qui est témoin de ces sombres retrouvailles. « Que va-t-elle penser de votre indifférence ? » reproche Iphigénie à son père (565). La princesse se soucie de l'image qu'elle donne à sa nouvelle amie, et la « tendresse » et la « bonté » (563) de son père sont liées à cette image. Aussi Iphigénie n'est-elle pas vite rassurée. Quand

---

80   Voir *supra*, chap. 2, 2.2.

son père lui dit adieu et qu'elle reste seule avec Ériphile et Doris, Iphigénie se sent « frissonner » d'une « secrète horreur » (II, 3, 580). Ériphile a beau se moquer de la sensibilité d'Iphigénie, la princesse grecque poursuit en se plaignant de l'absence d'Achille. Elle ne comprend pas pourquoi il ne brûle pas de la revoir ; l'heureuse réciprocité à laquelle elle s'attendait n'est pas, et cela l'inquiète : « Trouverai-je l'Amant glacé comme le Père ? » (614).

Iphigénie explique sa raison d'être, son honneur et son bonheur par sa relation à ces deux guerriers célèbres. « Dieux ! Avec quel amour la Grèce vous révère ! » dit-elle quand elle retrouve Agamemnon, « Quel bonheur de me voir la Fille d'un tel Père » (II, 2, 545-546). Ses liens amoureux avec Achille sont expliqués en termes semblables : « Sa gloire, son amour, mon Père, mon devoir / Lui donnent sur mon âme un trop juste pouvoir » (II, 3, 595-596). L'énumération et surtout l'ordre des arguments semblent très peu passionnés. Pour Iphigénie, l'amour et la gloire sont enchevêtrés. Si l'amour lui est donc refusé, son honneur et sa gloire en subiront les conséquences. Quand Iphigénie et sa mère apprennent qu'Achille aurait différé le projet du mariage, elles s'empressent de quitter le camp : « Sauvons [...] notre gloire offensée » lance Clytemnestre à sa fille, qui reste sans parler, interdite (II, 4, 633). Les deux femmes sont bouleversées de cet « affront »[81]. Quand Iphigénie retrouve la voix dans la scène suivante, elle médite qu'il lui « faut *sans honneur* retourner sur [s]es pas » (II, 5, 559, nous soulignons). Affligée, elle ne peut que se tourner contre Ériphile, dont elle perce enfin les mobiles cachés. Pour un moment, la douce et affectueuse Iphigénie change de face et se met à insulter son ancienne amie « perfide » et « cruelle ».

Quand Iphigénie apprend quelques instants plus tard l'ordre divin de son sacrifice (III, 5) – une nouvelle cette fois réellement « funeste »[82] –, sa réaction est pourtant nettement moins violente. Iphigénie ne veut nullement fuir Aulide. À part une légère protestation adressée au ciel – « de quoi suis-je coupable ? » (922) – et une attestation quelque peu laconique – « Et voilà donc l'hymen où j'étais destinée » (925) –, elle reste muette et laisse sa mère et son amant se démener, pour ensuite formuler les protestations qu'on lui connaît, mais qu'on nous permettra de répéter, comme les répète Iphigénie :

---

81    C'est d'abord Clytemnestre qui utilise le mot : « Aux affronts d'un refus [Agamemnon] craigna[i]t de vous commettre » (II, 4, 629). Dans la scène suivante, Iphigénie réprouve, de même, l'« affront » qu'Ériphile lui a causé en ne l'informant pas du « piège » qui l'attendait à Aulide (II, 5, 695-700).

82    « En quel funeste état ces mots m'ont-ils laissé ! » dit Iphigénie quand elle apprend que son mariage avec Achille est différé (II, 5, 657).

C'est mon Père, Seigneur, je vous le dis encore.
Mais un Père que j'aime, un Père que j'adore,
Qui me chérit lui-même, et dont jusqu'à ce jour
Je n'ai jamais reçu que des marques d'amour.

III, 6, 1001-1004

Dans son apologie, Iphigénie peine à trouver les mots adéquats. L'étiquette de « père » pour Agamemnon ne lui semble pas décrire entièrement leur relation, elle reprend – « Mais un Père que j'aime » – et se re-corrige dans une épanorthose qui sert à souligner la vigueur de son amour filial : « un Père que j'adore ». Elle poursuit – et c'est là un élément remarquable –, en insistant sur le fait que son amour est bien réciproque : Agamemnon partage tout son amour *et* le manifeste dans ses actions. Ce qu'elle avait interprété comme de l'indifférence quelques instants auparavant, lors de leurs retrouvailles, elle reconnaît maintenant qu'il s'agit de « marques d'amour » : « Et pourquoi voulez-vous qu'inhumain, et barbare, / Il ne gémisse pas du coup qu'on me prépare ? » reproche-t-elle à Achille (III, 6, 1013-1014). « J'ai vu, n'en doutez point, ses larmes se répandre » (1017).

Voilà la différence entre les deux mauvaises nouvelles pour Iphigénie. La première lui apprend qu'Achille ne l'aime pas autant qu'elle l'aime, alors que la seconde lui offre l'explication de la froideur de son père, qui devient une confirmation de son amour. Comme Bérénice, Iphigénie s'estime et construit son image d'elle-même par le prisme de l'amour qu'elle reçoit. Les deux femmes souffrent et se méprisent si elles ne se sentent pas aimées, alors que, fortifiées par la certitude d'être aimées, elles poussent leur propre amour jusqu'au sacrifice.

L'amour réciproque est la condition *sine qua non* du sacrifice, en témoigne le contre-exemple d'Atalide. Le parallèle avec Bérénice et Iphigénie est indéniable : les trois héroïnes sont prêtes à changer leur amour en sacrifice pour celui qu'elles aiment. En l'occurrence, le « si grand sacrifice » d'Atalide est d'« aime[r] assez [s]on Amant, pour renoncer à lui » (III, 1, 836-838). Bajazet l'a compris : « à mes périls Atalide sensible, / [...] / Veut me *sacrifier* jusques à son amour » (II, 5, 722-724, nous soulignons). Or même si Atalide voulait sacrifier son amour pour sauver Bajazet, elle ne veut pas sacrifier l'amour *que lui voue* Bajazet. Même s'il épouse Roxane, Atalide veut être sûre du cœur de Bajazet. De telles certitudes coûtent cher. Alors que Bérénice est rassurée *in fine* quant à l'amour de Titus, Atalide ne voit que des raisons pour douter de la sincérité de Bajazet. Elle croit trop facilement aux « regards éloquents, pleins d'amour » que Bajazet aurait adressés à Roxane selon Acomat (III, 2, 887). En réaction, elle découvre à Bajazet son projet de suicide afin de lui soutirer de dangereuses marques et confirmations d'amour.

Le désir d'être aimé et de se savoir aimé n'inspire donc pas uniquement des actions généreuses. Comme Bérénice et Iphigénie – et ajoutons Britannicus à la liste –, Atalide est menée à douter de l'amour que lui porte Bajazet[83]. Comme pour ces autres amoureux, son amant ne fait que la rassurer, mais Atalide exige plus de preuves, jusqu'à ce que la confirmation même de l'amour de Bajazet signifie la perte du couple, car la lettre d'amour que Bajazet adresse à Atalide sera interceptée par Roxane. Alors que Titus et Agamemnon parviennent à prouver la sincérité de leur amour par leurs larmes, ces marques d'amour, Bajazet en payera cher l'absence, la précarité ou la feinte : Atalide le pousse à se découvrir par des affirmations de plus en plus imprudentes ; Roxane, informée du stratagème, « abandonn[e] ses jours » à l'assassin envoyé par le sultan (v, 11, 1704). Les deux femmes ne supportent pas l'incertitude concernant les sentiments de Bajazet, et le conduisent ainsi à sa perte. « Ah ! » s'écrie Atalide à la fin de la tragédie, « N'ai-je eu de l'amour, que pour t'assassiner ? » (v, 12, 1744). Ce n'est cependant pas l'amour en lui-même qui tue, mais le désir de réciprocité.

Sans compromis et sans retenue, Atalide a besoin de l'amour de l'autre pour exister. L'amour seul ne semble finalement pas suffisant pour passer au sacrifice. Pire, la passion amoureuse est à même d'inspirer des « artifices », d'« injustes soupçons » et de « funestes caprices » (v, 12, 1729-1730). Pour Bérénice, Iphigénie et Atalide, il faut de l'amour réciproque et tous ses gages. Cette différenciation entre l'amour donné et l'amour reçu, de laquelle dépendent le dénouement tragique et la vie des personnages, est ce qui distingue les tragédies profanes de Racine de ses pièces bibliques, où les personnages vertueux ne s'occupent que de leur amour de Dieu, sans naturellement exiger de quelconques marques de réciprocité.

## 2.2    *Le désir d'être aimé dans les tragédies bibliques*

En effet celui qui aime est quelque chose de plus divin que celui qui est aimé ; car il est possédé d'un dieu. [...] Je conclus que de tous les Dieux l'Amour est le plus ancien, le plus auguste, et le plus capable de rendre l'homme vertueux durant sa vie, et heureux après sa mort[84].

---

83    Tamas retrouve dans cette méfiance et dans la déclaration sans cesse répétée la marque de la « galanterie pervertie [qui] touche tous les êtres raciniens » (*Le Silence trahi, op. cit.,* p. 181).

84    Jean Racine, *Traduction du Banquet de Platon, oc II,* p. 890-891.

Racine traduit ici le discours de Phèdre du *Banquet* de Platon, mais ce pourrait également être une observation après la chute d'Atalide, de qui l'amour – vertueux en soi – est doublé – troublé – de l'exigence d'être aimé. Évitant les écueils du désir d'être aimé, omniprésent dans les tragédies profanes, les tragédies bibliques de Racine cherchent à isoler l'amour vertueux, auguste, désintéressé... divin. L'amour des jeunes Israélites et d'Esther dans la tragédie qui porte son nom cherche à se défaire de toute demande, de toute requête. Nous avons déjà souligné la confiance d'Esther en son Dieu, qui la met à l'abri d'une curiosité profane, sans la faire tomber dans un orgueil déplacé : elle sait que son avènement au trône est dû à une intervention divine, mais quand elle s'expose à la colère de son mari, elle tient néanmoins compte de la possibilité de sa mort (I, 3, 245). Il en va de même pour le clan juif dans *Athalie* : Joas sait qu'il pourra mourir, sans que cela affaiblisse son amour pour Dieu et sa certitude de la justice divine. Josabet soutient que cette confiance pourrait être jugée injurieuse – « Dieu défend-il tout soin et toute prévoyance ? / Ne l'offense-t-on point par trop de confiance ? » (III, 1079-1080) –, mais telle est précisément la particularité des tragédies bibliques : les êtres vertueux et croyants y tiennent le juste milieu entre la crainte et la croyance ; ils ne peuvent se reposer que sur leur vertu et leur foi, le reste est entre les mains de Dieu, juge de l'univers, et ils ne cherchent pas, comme les héros profanes, à intervenir, à changer l'ordre du monde.

Ainsi *Esther* et *Athalie* ne thématisent pas seulement l'amour de Dieu, mais également la colère divine, les représailles. La première tragédie montre le « juste prix de [l'] ingratitude » des infidèles (III, 4, 1060) ; la seconde loue la « justice sévère » de Dieu qui éclate contre les tyrans et particulièrement contre la « race impie » d'Achab et Jézabel (I, 2, 229-235). À plusieurs reprises, Athalie reçoit l'épithète d'« injuste »[85], alors que le chœur répète pieusement :

> Ô justice, ô bonté suprême !
> Que de raisons, quelle douceur extrême
> D'engager à ce Dieu son amour et sa foi !
>> I, 4, 348-350

L'amour des fidèles pour leur Dieu est finalement lié à l'espoir de récompense. Il s'agit moins alors d'un amour intéressé que d'une confiance en la justice divine, telle la promesse contenue dans le *Banquet* de Platon : de tous les dieux l'Amour est « le plus capable de rendre l'homme [...] heureux après sa mort ».

---

85    « votre injuste Marâtre » ; « l'injuste Athalie » (I, 2, 171 et 206, c'est Joad qui parle à Josabet).

Les tragédies bibliques, beaucoup plus que les tragédies profanes, peignent un monde logique et juste où l'on peut vraisemblablement espérer que la vertu sera récompensée et le vice puni. C'est un monde où l'amour n'est pas ordonné de façon tyrannique dans le sens pascalien, mais présente une juste réponse à la « bonté suprême », une ouverture au divin qui, même sans avoir de preuves de réciprocité, procure une « douceur extrême ».

En effet, si la justice divine rend l'univers d'*Esther* et d'*Athalie* légèrement plus prévisible, les personnages n'ont pas de garanties de la fin heureuse de leurs entreprises. Ils prient, dans une ouverture unilatérale à Dieu. Ainsi Esther, quand elle va affronter son mari, demande à « tous les Juifs dans Suse répandus » de « prier avec [Mardochée] jour et nuit assidus » (I, 3, 239-240). L'action de prier dans *Esther* et plus encore dans *Athalie* est un mélange entre une sollicitation d'aide et une manifestation d'amour. Les prières font partie de la profession de foi habituelle des personnages d'*Athalie* (II, 1), mais elles sont multipliées lors de dangers imminents : Zacharie s'inquiète et ordonne à sa sœur Salomith : « Redoublez au Seigneur votre ardente prière. / Peut-être nous touchons à notre heure dernière. » (V, 1, 1511-1512). Quand Josabet s'inquiète que les « Ministres saints » du temple « [n]e savent que gémir, et prier pour nos crimes » (I, 2, 221-223), son mari lui rétorque : « Et comptez-vous pour rien Dieu qui combat pour nous ». La prière est l'arme des justes. C'est le cri d'amour du croyant qui espère obtenir, pour des raisons non tyranniques mais justes, une transaction d'amour.

C'est encore Martha Nussbaum qui évoque les ressemblances entre la prière et l'ouverture à l'amour :

> C'est quelque chose que l'on fait et qui reste pourtant fondamentalement incontrôlé ; pas un hasard et pourtant une concession ; une tension qui vise la grâce. Vous ne pouvez pas vraiment tendre vers la grâce. Elle a si peu de liens, à supposer même qu'elle en ait, avec vos efforts et vos actes. Mais que faire d'autre ? Comment prier autrement ? Vous vous ouvrez au possible[86].

Comme la prière, l'ouverture à l'amour – à Dieu ou à l'autre – consiste à se mettre à nu, à découvrir ses vœux et ses désirs intimes, sans toutefois se voir offrir de garanties de réciprocité. Pour la doctrine du pur amour, nous le rappelons, l'absence de garantie est même la condition de l'amour désintéressé. Fénelon appelle à aimer indépendamment du salut et de la grâce. Esther, Joas et Joad semblent les seuls dans l'univers de Racine à oser ce saut dans le

---

86    Martha Nussbaum, « La connaissance de l'amour », *op. cit.*, p. 412.

vide – « vide » relatif, car leur monde semble bien offrir aux personnages des « liens » entre la grâce et leurs efforts ainsi que leurs actes. Pourtant les personnages amoureux des tragédies profanes connaissent, eux aussi, cette « tension qui vise la grâce » : quand ils disent leur amour, ils s'ouvrent, pour ainsi dire, au possible. La déclaration d'amour se présente comme l'équivalent profane de la prière.

Les deux actes de langage s'adressent à un autre et expriment un désir d'amour, mais concernent en premier lieu l'énonciateur lui-même. Esther explique comment « [s]e cherchant [elle]-même / Aux pieds de l'Éternel [elle] vien[t] [s]'humilier » (I, 1, 108-109) : dans son refuge religieux, voué à la prière, elle « [s]e fai[t] oublier » pour ensuite se retrouver et se reconnaître. Sa religion fait partie de son image d'elle-même, de son identité, si bien que quand Élise lui demande si elle a déjà « au Roi confié [ses] ennuis » – c'est-à-dire l'oppression de son peuple –, elle lui répond : « Le Roi, jusqu'à ce jour, ignore qui je suis » (I, 1, 89-90). Esther s'identifie entièrement à sa religion ; elle se définit par son amour de Dieu. Ainsi quand Esther tente de détourner Assuérus de son intention de poursuivre les Juifs, elle déclare non seulement son identité, mais également sa religion, et son amour divin. Déclaration d'amour et découverte d'identité se confondent dans l'aveu d'Esther, qu'elle appelle par ailleurs « prière » (III, 4, 1040).

« Esther, Seigneur, eut un Juif pour son père » (1033) est la révélation du « mystère » au cœur de la tragédie (1032), répondant à la fois à la question de savoir pourquoi Esther doit périr avec le peuple juif, et à l'émerveillement d'Assuérus qui demandait « [d]ans quel sein vertueux [Esther avait] pris naissance » (1020). Après le discours d'Esther, ce « sein vertueux », ce « climat [qui] renfermait un si rare trésor », et enfin cette « main si sage » qui éleva Esther (1019-1021) deviennent subitement une « source impure » pour le roi effrayé (1039). Comme c'était le cas dans ses prières religieuses, Esther doit se perdre d'abord pour pouvoir se retrouver. Pour « grâce dernière » (1041), elle demande la parole afin d'achever sa déclaration et de rétablir la réputation de son Dieu, de qui dépend son image d'elle-même. Elle loue d'abord la justice de ce « Maître absolu de la Terre et des Cieux » (1050), mais étend ensuite ses louanges à son « Roi si généreux » (1078). La déclaration d'identité devient une double déclaration d'amour : de Dieu et d'Assuérus, ou mieux d'Assuérus, grâce à Dieu. Cette double déclaration est une prière en ce qu'elle vise la grâce : en déclarant son double amour, Esther demande également l'amour de Dieu et d'Assuérus.

Dans *Athalie*, l'identité de Joas et de ses parents est pareillement celée, même si son amour pour le Dieu des Juifs ne fait aucun doute. Quand Joas rencontre Athalie pour la première fois, il ne fait que professer son amour pour le Dieu des Juifs et – les deux sont indissociables – souligner son horreur et sa haine pour le mode de vie d'Athalie. Et pourtant Athalie dit vouloir le « traiter comme [s]on propre fils » (ii, 7, 698). Racine exploite pleinement l'ironie dramatique du passage, où Athalie fournit sans le savoir la réponse à ses propres questions sur l'identité de l'enfant. Athalie sait plus qu'elle ne le pense. Il en va de même pour Joas. Ses fières déclarations d'amour et sa détermination trahissent le sang de David. Amour, identité et parents illustres sont inséparables. Joas en fera encore l'expérience au-delà des termes de la tragédie, quand le sang qu'il a reçu d'Athalie l'emportera sur celui de David et qu'il tuera Zacharie et causera la ruine du temple[87].

L'importance des origines et du sang n'est pas un thème nouveau dans l'œuvre de Racine. Avant Esther et Joas, la nature de l'amour d'Ériphile et de Phèdre a été déterminée par leurs ancêtres respectifs, et leur amour a ensuite influencé – ou dévoilé, dans le cas d'Ériphile – leur propre identité à elles. Dans ces tragédies où le dénouement repose (en partie) sur la reconnaissance – *Iphigénie*, *Esther* et *Athalie* – l'amour joue un rôle indéniable, mais dans les autres tragédies également l'amour donne souvent lieu à des moments de révélation, où la perte de soi en amour aboutit à une expérience de (re)connaissance. Tendre vers l'autre est découvrir le moi ; dire son amour est dire son identité, car « [l]'homme des passions est dans son discours »[88].

### 2.3    *L'aveu, la vérité et l'identité*

La pratique consistant à exprimer ses pensées et ses désirs les plus intimes a connu un grand essor au xviie siècle, selon Michel Foucault. Face à la curiosité ou la « volonté de savoir » institutionnelle, renforcée sinon initiée par la Contre-Réforme (cf. *supra*, chap. 1, 2), l'homme s'impose un sévère examen de soi et ressent la nécessité constante « de dire, de se dire à soi-même et de dire à un autre, aussi souvent que possible, tout ce qui peut concerner le jeu des plaisirs, sensations et pensées innombrables qui, à travers l'âme et le corps, ont quelque affinité avec le sexe »[89]. Désormais tout bon chrétien doit et *veut* apprendre à faire un discours de sa sexualité ; « [l]'homme, en Occident, est devenu une bête d'aveu »[90]. L'homme moderne s'efforce même d'avouer l'inavouable dans sa quête de la vérité, vérité qui ne peut rester refoulée en son for intérieur. Il s'agit de « chercher le rapport fondamental au vrai, non

---

87    Ce sort de Joas est annoncé dans la tragédie par une prophétie divine faite à Joad (iii, 7).
88    Herman Parret, *Les Passions. Essai sur la mise en discours de la subjectivité*, Bruxelles, Pierre Mardaga, 1986, p. 164.
89    Michel Foucault, *Histoire de la sexualité I : La volonté de savoir*, op. cit., p. 29.
90    *Ibid.*, p. 80.

simplement en soi-même [...] mais dans l'examen de soi-même qui délivre [...]
les certitudes fondamentales de la conscience »[91].

Aussi Foucault considère-t-il l'aveu de la vérité comme une des « procédures
d'individualisation » : l'individu ne s'authentifie plus exactement par référence
aux autres, mais par le discours de vérité qu'il tient sur lui-même[92]. Dans une
telle perspective, l'aveu représente la singularité comme critère d'authenticité,
explique Virginia Krause : « ce qui rend le moi le plus "moi" est par définition
ce qui me distingue de la collectivité. Mon identité se trouve dans mes idio-
syncrasies et mes secrets – dans mon *individualité* »[93]. Or, Krause souligne,
avec Foucault, qu'il s'agit là d'une conception « romantisée », idéalisée de la
confession, qui à l'époque était réellement une technique de masse, une opéra-
tion impersonnelle à travers laquelle s'exerçait le pouvoir des institutions religieuses notamment[94]. Dans ses cours au Collège de France donnés quelques
années après la publication de *La volonté de savoir*, Foucault résume ce rapport entre aveu, individu et vérité, en dehors de la référence au discours sur la
sexualité, mais en insistant sur le rôle de l'Église :

> [D]errière cette confession telle qu'on la connaît depuis la fin du Moyen
> Âge, qui semble avoir recouvert toutes les autres formes d'aveu, il faut
> retrouver tout un régime de vérité dans lequel le christianisme, depuis
> l'origine, ou en tout cas depuis le 11ᵉ siècle, a *imposé aux individus de
> manifester en vérité ce qu'ils sont*, et pas simplement sous la forme d'une
> conscience de soi qui permettrait d'assurer, selon la formule de la philo-
> sophie ancienne et païenne, le contrôle de soi-même et de ses passions,
> mais sous [celle] d'une manifestation en profondeur des mouvements les
> plus imperceptibles des « arcanes du cœur »[95].

Chez Racine, la tragédie d'*Esther* thématise l'heureux dévoilement de la
vérité triomphant des mensonges d'Aman. Dès l'ouverture de la pièce, Esther
ressent ce désir ardent de *manifester en vérité ce qu'elle est*, en fuyant l'orgueil

---

91  *Id.*

92  *Ibid.*, p. 78-79.

93  Virginia Krause, *Witchcraft, Demonology, and Confession in Early Modern France*, New
York, Cambridge UP, 2015, p. 42, nous traduisons (« The romanticized version of confession holds that singularity is the locus of authenticity : what makes me most 'me' is by
definition what sets me apart from the collectivity. My identity is to be found in my idio-
syncrasies and my secrets – in my individuality »).

94  *Ibid.*, p. 42-43.

95  Michel Foucault, *Du gouvernement des vivants, op. cit.*, « Leçon du 6 février 1980 », p. 100,
nous soulignons.

du diadème (I, 1, 107) et en le foulant à ses pieds (280). Même si elle redoute le moment d'affronter Assuérus, elle sait au fond d'elle qu'elle doit « rompre ce grand silence » (II, 7, 697) pour que la « Vérité [...] implor[ée] achève de descendre » (III, 4, 1141). Dans *Athalie*, c'est moins l'individu qui manifeste lui-même la vérité de sa personne, que les *arcanes du cœur* qui s'imposent entre les lignes : l'instinct d'Athalie et la prière de Joas – « Dieu, qui voyez mon trouble et mon affliction, / Détournez loin de moi sa malédiction [d'Athalie] » (V, 7, 1797-1798) – pointent vers une identité refoulée, mais non pas entièrement effacée.

Ces arcanes se montrent véritablement incontournables et inévitables dans les tragédies profanes de Racine, et son univers vaut bien la « société singulièrement avouante » décrite par Foucault[96]. Comment sinon expliquer la déclaration d'amour vaine et superflue d'Antiochus, le malaise que Bajazet éprouve à feindre, ou les multiples aveux qui échappent à Phèdre ? Ce nouveau *régime – tortueux – de la vérité* n'est, en effet, pas une question de *contrôle de soi-même et de ses passions*, mais, bien au contraire, de quelque chose de plus profond, d'incontrôlable, de délicieusement mystérieux. Plutôt que d'être atteints de la dissimulation qui caractérise le siècle, les personnages de Racine continuent à entretenir un rapport au vrai, à l'amour véritable, qui ne peut se contenir et doit se dire. Initialement énoncé dans la sphère intime, à soi-même ou au confident, l'aveu témoigne d'un souci de vérité envers sa propre personne et ses propres sentiments, alors que la sphère publique nécessite un masque ou du moins une conduite plus méditée.

La tragédie de *Phèdre* – tragédie de l'aveu par excellence – commence par l'aveu non médité d'Hippolyte à son gouverneur, Théramène. Ce dernier, qui se doute des sentiments d'Hippolyte, lui demande :

> Pourriez-vous n'être plus ce superbe Hippolyte,
> Implacable ennemi des amoureuses lois,
> [...]
> Aimeriez-vous, Seigneur ?
>       I, 1, 58-65

La chasteté d'Hippolyte fait partie de son identité. Son personnage est caractérisé par une aversion pour tout ce qui concerne l'amour. L'amour, ou mieux l'absence d'amour, définissait le caractère, l'identité même d'Hippolyte. Or, Racine bouleverse ce topos, en rendant le prince amoureux. Par conséquent,

---

96    Michel Foucault, *Histoire de la sexualité I : La volonté de savoir, op. cit.*, p. 79.

si Hippolyte aime, Hippolyte « n'[est] *plus* ce superbe Hippolyte ». Hippolyte confirme cette idée dans sa réaction épouvantée à la question de Théramène :

> Ami, qu'oses-tu dire ?
> Toi qui connais mon cœur depuis que je respire,
> Des sentiments d'un cœur si fier, si dédaigneux,
> Peux-tu me demander le désaveu honteux ?
> I, 1, 65-68

L'aveu de son amour serait, pour Hippolyte, le « désaveu » de son « cœur », de son identité. Après avoir évoqué son aversion personnelle pour la passion amoureuse, Hippolyte rappelle les lois sévères de son père Thésée, qui a condamné Aricie à la chasteté. Or, malgré ces deux arguments, Hippolyte ne peut plus longtemps se cacher son amour à lui-même. Son entretien avec Théramène constitue un aveu, car Hippolyte suggère, malgré lui, l'existence de sentiments amoureux : le prince entrevoit pour la première fois une vérité qui lui est encore inconnue. C'est le début d'un processus d'acceptation qui le rapproche de la vérité et change toute sa personne. En s'ouvrant à l'amour Hippolyte devient adulte, devient homme[97]. Les autres aveux de la tragédie marquent les étapes de ce processus.

Ainsi, dans un deuxième aveu, Hippolyte se laisse-t-il de nouveau emporter par ses passions. Il ne comptait pas déclarer son amour à Aricie, mais il s'y voit contraint, puisqu'il s'est « engagé trop avant » (II, 2, 524). Il s'agit là d'une véritable déclaration d'amour, qui signifie en même temps le désaveu de l'ancienne identité d'Hippolyte. Le prince qui se révoltait fièrement contre l'amour n'est plus. « Maintenant je me cherche, et ne me trouve plus » (II, 2, 548) : Hippolyte vit une crise d'identité.

Ce n'est que dans la troisième et dernière déclaration d'Hippolyte que le changement et la prise de conscience se parachèveront. Accusé d'avoir tenté de séduire sa belle-mère, Hippolyte est obligé de se mettre sur la défensive. Il veut « faire [...] parler la Vérité », mais par « respect » pour Phèdre il ne dévoile pas son « secret » (IV, 2, 1088-1090). Il ne peut affirmer que la vérité concernant sa propre personne et ne peut donc avouer que son propre amour. Hippolyte évoque alors les deux arguments qu'il utilisait lui-même pour démentir son amour pour Aricie au début de la tragédie : sa fière aversion de l'amour et les lois de son père servent maintenant de repoussoir pour souligner la vérité de

---

97   Hippolyte doit abandonner son caractère chaste et insensible, en un mot « inhumain » (III, 1, 751), pour devenir un homme.

son propos[98]. Pour mettre en valeur sa vertu, Hippolyte avoue à son père ce qu'il n'a longtemps pas pu s'avouer à lui-même. « Examinez ma vie, et songez qui je suis », dit Hippolyte (1092). Il souligne ensuite sa vertu extrême, poussée même jusqu'« à la rudesse » (1110). Hippolyte finit cependant par reconnaître que son « âme » est « rebelle » aux ordres de Thésée : « Je confesse à vos pieds ma véritable offense. / J'aime, j'aime, il est vrai, malgré votre défense. » (1121-1122).

La véritable réponse à la requête d'Hippolyte, « songez qui je suis », est désormais « j'aime, j'aime ». La troisième fois, l'aveu d'Hippolyte ne peut être plus clair, celui-ci a achevé sa transformation mais, ironiquement, c'est la seule fois où l'on n'accorde aucun crédit à son aveu. Ce n'est qu'après avoir consulté Aricie que Thésée croit son fils. Il l'acquittera quand il est trop tard. Aussi l'amour est-il non seulement fondateur pour la nouvelle identité d'Hippolyte, mais il détermine également son sort. Le « j'aime » fonctionne comme un *cogito*, car il définit la subjectivité de celui qui aime[99]. La thèse « j'aime donc je suis », peut également être prise au pied de la lettre : être ou ne pas être, la vie du héros racinien dépend de l'amour.

·Dans la même tragédie, le personnage de Phèdre souligne davantage le fonctionnement de l'aveu. La déclaration d'amour de Phèdre à Hippolyte est le fragment le plus célèbre de la tragédie (II, 5) : Phèdre affirme d'abord brûler pour Thésée, mais aussitôt il se produit un glissement dans son discours : « Je l'aime, non point tel que l'ont vu les Enfers, / [...] / Mais [...] tel que je vous vois » (II, 5, 635-640). Si dans ce fantasme la véritable déclaration d'amour est encore celée, Phèdre lève toute ambiguïté par la suite. Elle s'emporte :

> Hé bien ! Connais donc Phèdre, et toute sa fureur.
> J'aime. Ne pense pas qu'au moment que je t'aime,
> Innocente à mes yeux je m'approuve moi-même
>           II, 5, 672-674

Il s'agit moins ici d'une déclaration d'amour que de celle d'une identité : « connais donc Phèdre ». Phèdre se définit par son amour, qui est devenu une partie d'elle. Les aveux de Phèdre jouent un rôle important dans cette conscience de soi. Elle est descendue trop loin dans le labyrinthe du Minotaure, trop loin

---

98   Foucault note que l'aveu fonctionne comme une sorte de « rituel où la vérité s'authentifie de l'obstacle et des résistances qu'elle a eu à lever pour se formuler » (*Histoire de la sexualité I : La volonté de savoir, op. cit.*, p. 83).

99   Denis Kambouchner, art. cit. Pour une élaboration de l'idée, voir les travaux de Jennifer Tamas : « La déclaration d'amour chez Racine », art. cit., et *Le Silence trahi, op. cit.*, p. 168-174.

dans les arcanes du cœur, où elle se rencontre elle-même comme seul et véritable « Monstre » (701). Paradoxalement, une déclaration qui débute comme un récit non contrôlé, inspiré par un désir et une imagination inconscients – « Que dis-je ? Cet aveu que je te viens de faire, / Cet aveu si honteux, le crois-tu volontaire ? » (693-694) –, se mue en une puissante prise de conscience.

Dans ce sens, il va de soi que dans la tragédie comme dans la littérature à son sujet, le terme d'« aveu » est préféré à celui de « déclaration ». Alors que « Declarer », selon les dictionnaires du XVIIᵉ siècle, c'est d'abord « Faire connoistre, apprendre au public sa *volonté* »[100], « Advoüer » c'est « Reconnoître la *verité* »[101]. L'aveu, en effet, dit plus – et dit plus *vrai* – sur l'énonciateur que la déclaration, qui se tourne plutôt vers l'interlocuteur. Un amour *déclaré* attend sans doute plus de l'autre qu'un amour *avoué*, où l'accent est mis sur la passion même, antérieure à l'aveu et pour cela plus authentique. Avant de se tourner vers Hippolyte – « je t'aime » – Phèdre centre son discours sur sa propre personne : « Connais donc Phèdre [...] / *J'aime* » et cette première attestation d'amour sans complément d'objet est accentuée en ce que le mètre exige la prononciation de la dernière syllabe généralement muette. La *volonté* d'un amour partagé qu'exprime généralement une *déclaration* d'amour, est alors subordonnée à l'*aveu* de l'amour qui a pour but de dévoiler la vérité trop longtemps cachée.

Chez Racine chaque déclaration d'amour s'avère ainsi particulièrement *avouante*. Dire son amour, à soi-même, à l'être aimé ou à un autre, comprend toujours une révélation, une volonté aussi, sans doute, mais plus encore une vérité profonde sur la personne qui l'énonce. Pour Alexandre par exemple et pour ces autres rois puissants, les *déclarations* ou affirmations de leur amour sont en même temps des *aveux* de leur « faiblesse » :

> Ce grand nom de Vainqueur n'est plus ce qu'il souhaite,
> Il vient avec plaisir avouer sa défaite,
> Heureux si votre cœur se laissant émouvoir,
> Vos beaux yeux à leur tour avouaient leur pouvoir.
>
> *Alexandre le Grand* III, 6, 925-928

Alexandre et Cléofile connaissent déjà la passion qu'ils éprouvent l'un pour l'autre, mais le renouvellement de la « déclaration » permet de souligner le caractère galant d'Alexandre. La déclaration d'amour devient donc un aveu d'identité ou de changement d'identité, mais alors que l'amour prononcé

---

100   Antoine Furetière, *op. cit.*, art. « Declarer », première entrée. Nous soulignons.
101   *Ibid.*, art. « Advoüer », première entrée. Nous soulignons.

rendait Phèdre monstrueuse, l'aveu d'Alexandre révèle une identité au contraire plus humaine, plus sensible, comme c'était le cas pour Hippolyte. Les vers galants d'Alexandre esquissent sa soumission inédite à Cléofile, d'autant plus forte qu'Alexandre doit l'*avouer*, doit en *reconnaître* la vérité. Aussi, outre la soumission verbale, l'acte même de l'aveu est-il humain, sensible et constitue finalement une soumission, du moins en apparence. Foucault explique :

> [L]'aveu est un rituel de discours [...] qui se déploie dans un rapport de pouvoir, car on n'avoue pas sans la présence au moins virtuelle d'un partenaire qui n'est pas simplement l'interlocuteur mais l'instance qui requiert l'aveu, l'impose, l'apprécie et intervient pour juger, punir, pardonner, consoler, réconcilier[102].

Si l'aveu concerne en premier lieu celui qui l'énonce, il nécessite néanmoins, comme la déclaration, un public : extérieur ou intérieur, un véritable interlocuteur ou une conscience coupable à laquelle on s'adresse dans des monologues. Ainsi l'aveu, par son rapport à la vérité, apparaît-il comme la cristallisation de l'image de soi. Pour Alexandre, en effet, l'aveu de sa « défaite » sert autant à former l'image qu'il donne à Cléofile que celle qu'il a de lui-même[103] (sans même parler de celle qu'il donne au public dans la salle). L'aveu n'est donc pas seulement la « [r]econnoissance, [la] confession »[104], mais également l'acte – et, souvent, la volonté, et c'est là que la déclaration et l'aveu se rencontrent – de *faire* reconnaître la vérité à autrui.

De cette façon, c'est le public, en l'occurrence l'interlocutrice, qui donne sa raison d'être et une motivation dramaturgique à l'aveu d'Antiochus dans *Bérénice*. Antiochus confesse en effet son amour constant et fidèle pour Bérénice, au moment même où il apprend le mariage de celle-ci avec Titus, au moment même donc où il n'a plus d'espoir de vivre une histoire d'amour avec Bérénice. Pourquoi alors dire encore son amour ? Hésitant à propos de la résolution à prendre, il s'adresse à une Bérénice imaginaire :

---

102   Michel Foucault, *Histoire de la sexualité I : La volonté de savoir, op. cit.*, p. 82-83.
103   Force est toutefois de souligner le double emploi du verbe « avouer » : après son propre aveu, Alexander incite Cléofile à avouer son pouvoir sur lui, renversant ainsi de nouveau – si l'on applique rigoureusement le schéma de Foucault – les rapports de pouvoir entre Cléofile et lui. Alexandre restera Alexandre, qui – et c'est toute l'idée de la tragédie – manifeste sa supériorité et son pouvoir, tout en l'accordant aux autres.
104   Antoine Furetière, *op. cit.*, art. « Adveu », première entrée.

Belle Reine, et pourquoi vous offenseriez-vous ?
Viens-je vous demander que vous quittiez l'Empire ;
Que vous m'aimiez ? Hélas ! Je ne viens que vous dire,
[...]
[Qu'a]près cinq ans d'amour, et d'espoir superflus,
Je pars, fidèle encor quand je n'espère plus.

> I, 2, 38-46

Antiochus ne veut pas que sa douleur et sa constance passent inaperçues aux yeux de Bérénice. Il veut que sa passion, faute d'être partagée, soit au moins reconnue par celle qui l'a inspirée. Aussi – Antiochus le dit – ne prétend-il même pas faire une déclaration d'amour au sens propre du terme : il ne vient *pas* demander à Bérénice de quitter l'Empire ; son unique *volonté* est la reconnaissance[105].

Le terme d'aveu permet de mieux saisir les discours amoureux du théâtre racinien, car ceux-ci ne se limitent pas à des déclarations à l'être aimé. Hippolyte, Phèdre, Alexandre et Antiochus découvrent leurs sentiments intimes à celui ou celle qui les a fait naître, mais beaucoup d'autres personnages disent le secret de leur amour à quelqu'un d'autre : Pyrrhus atteste de sa passion pour Andromaque devant Hermione, Bajazet est contraint d'avouer son amour pour Atalide à Roxane, et l'aveu de Monime est arraché par un piège de Mithridate. Pyrrhus, Bajazet, Monime, chacun révèle ou affirme son amour et ses effets sans que ce récit puisse compter comme déclaration d'amour à proprement parler. L'aveu, en revanche, remplit mieux ce rôle. La situation de Monime par exemple répond tout à fait aux critères de l'aveu repérés par Foucault sous le terme de « rapports de pouvoir ». Le roi du Pont utilise son pouvoir et sa position pour arracher un aveu à Monime, imaginant une ruse digne de Don Fernand, le roi de Castille dans *Le Cid* : « Par un mensonge adroit tirons la vérité » (III, 4, 1034). Mithridate fait semblant de renoncer à son propre mariage avec Monime et de lui proposer, à la place, d'épouser soit Xipharès, soit Pharnace. Monime, qui redoute un piège, évite d'abord de répondre, mais finit par avouer sa passion, partagée, pour Xipharès :

---

105   Tamas retrouve cette « exigence de reconnaissance » dans l'aveu qu'Antiochus fait enfin à Titus (V, 7) : « Tant qu'Antiochus se tait, il n'est pas vu pour ce qu'il est » (*Le Silence trahi, op. cit.*, p. 177). Elle étend à tous les personnages de Racine cette volonté de reconnaissance de son identité déclarée. Or cette demande de reconnaissance échoue, selon elle, et entraîne le naufrage de l'identité (chapitre VI).

MONIME
Enfin ce Xipharès que vous voulez que j'aime…
MITHRIDATE
Vous l'aimez ?
MONIME
         Si le sort ne m'eût donné à vous,
Mon bonheur dépendait de l'avoir pour Époux ;
Avant que votre amour m'eût envoyé ce gage,
Nous nous aimions… Seigneur, vous changez de visage !
    III, 5, 1108-1112

L'aveu de Monime est prudent, réservant dans chaque phrase une place lit-téralement première pour Mithridate. Cela n'a cependant pas d'importance : Monime comprend vite l'erreur de sa crédulité et craint pour sa vie et pour celle de Xipharès. Foucault a raison : « [L]'instance de dominance n'est pas du côté de celui qui parle (car c'est lui qui est contraint) mais du côté de celui qui écoute et se tait »[106]. Déjà inférieure à Mithridate, Monime l'est maintenant davantage. Dans son impuissance, elle semble toutefois capable de détour-ner la situation[107]. Foucault complète son analyse de la répartition des rôles lors de l'aveu : « [C]e discours de vérité enfin prend effet, non pas dans celui qui le reçoit, mais dans celui auquel on l'arrache »[108]. Loin d'avoir *aucun* effet sur Mithridate, l'aveu de Monime l'affecte en premier lieu elle-même. Ayant enfin exprimé son amour pour Xipharès et s'étant enfin permis d'imaginer un mariage avec lui, Monime ne peut plus épouser un autre homme :

Vous seul, Seigneur, vous seul, vous m'avez arrachée
À cette obéissance, où j'étais attachée.
Et ce fatal amour, dont j'avais triomphé,
Ce feu que dans l'oubli je croyais étouffé,
Dont la cause à jamais s'éloignait de ma vue,
Vos détours l'ont surpris, et m'en ont convaincue.
Je vous l'ai confessé, je le dois soutenir.
En vain vous en pourriez perdre le souvenir.
Et cet aveu honteux, où vous m'avez forcée
Demeurera toujours présent à ma pensée.
    IV, 4, 1339-1348

---

106    Michel Foucault, *Histoire de la sexualité I : La volonté de savoir, op. cit.*, p. 84.
107    Sur la rébellion de Monime contre la tyrannie de Mithridate et contre « la désacralisation par Mithridate de la loi de l'hymen », voir Solange Guénoun, art. cit., p. 119.
108    Michel Foucault, *Histoire de la sexualité I : La volonté de savoir, op. cit.*, p. 84.

Par cet aveu forcé, Monime s'est rendu compte de la force de sa passion ; elle s'est *convaincue* de son propre amour. Par son artifice, Mithridate a habilement su « tir[er] la vérité » du cœur de Monime, mais cette vérité concerne avant tout Monime. L'aveu a augmenté l'amour de Monime et sa conscience de cet amour, et l'a en quelque sorte rendue elle-même plus forte. La confession a initié un processus d'individualisation et d'émancipation, qui pousse Monime à s'affranchir petit à petit de la domination de Mithridate. L'aveu se retourne contre Mithridate, si bien qu'on se demande s'il est « honteux » pour Monime ou bien pour Mithridate. Dans tous les cas, l'aveu soutiré à Monime en dit long sur les désirs intimes des deux personnages.

•••

De Bérénice à Monime, l'amour peut donc également avoir une fonction émancipatrice en ce que le personnage amoureux est invité à exprimer sin- cèrement ce qu'il (ou elle) est, et non pas ce qu'un autre, aussi puissant soit-il, *veut* qu'il (ou elle) soit. L'amour, à condition qu'il soit réciproque, inspire de grands gestes et des actions rebelles, souvent contre l'intérêt propre de ceux qui les entreprennent. Tout en se présentant comme coupables – nous y reviendrons –, ces personnages renforcent finalement l'image qu'ils ont d'eux-mêmes. Les sacrifices projetés d'une Bérénice, d'une Iphigénie, d'une Esther ou d'un Joas ont été inspirés par un amour réciproque et une confiance inébranlable. Les aveux des Bajazet, Monime ou Hippolyte témoignent, quant à eux, d'une acceptation de leur amour comme faisant partie d'eux-mêmes, de leur identité, en tant qu'amour qui n'est plus refoulé. Pour se consolider en tant qu'image de soi, pour se faire *re-connaître*, cette partie de leur identité doit être exprimée, et de préférence devant les trois publics. L'aveu se présente alors comme une prière, une ouverture, où l'on est entièrement à la merci de l'autre, et qui peut prendre l'aspect d'une véritable confrontation, d'une exhibition de ses plus noires arcanes. Chez Racine, l'aveu, cette révélation de la vérité, reçoit en effet fréquemment l'épithète de « honteux »[109]. Qui dit aveu, dit crime, faute et conscience coupable.

---

109    Voir *supra* : Hippolyte : « Des sentiments d'un cœur si fier, si dédaigneux, /Peux-tu me demander le désaveu honteux ? » (67-68) ; Phèdre : « Cet aveu si honteux, le crois-tu volontaire ? » (694) ; Monime : « Et cet aveu honteux, où vous m'avez forcée /Demeurera toujours présent à ma pensée. » (1347-1348).

## 3      Entre le vice et la vertu : le désir d'être aimé comme faute tragique

L'aveu se distingue autrement de la déclaration, en ce qu'il découvre non seulement une vérité, mais une vérité « honteuse ». « Advouer », explique Furetière dans la deuxième entrée du verbe, « signifie encore en matiere de dettes & de crimes, Confesser, reconnoître sa faute »[110]. Dans l'univers des tragédies profanes de Racine, dire la vérité sur sa passion signifie souvent, en effet, confesser une faiblesse nouvelle (pensons à Alexandre, Pyrrhus, Néron, Titus, Mithridate, Agamemnon...) ou reconnaître une faute, quand la passion est interdite, tabou, cachée (comme l'est celle de Créon, d'Antiochus, d'Atalide et de Bajazet, de Xipharès et de Monime, d'Ériphile, de Phèdre, d'Hippolyte et d'Aricie, et même l'amour d'Esther pour Dieu)[111]. Avouer, c'est finalement lever le voile pour s'inculper soi-même. Foucault explique que le régime de vérité imposé aux individus par l'Église se manifeste sous différentes formes, mais avec une fin précise :

> [P]as simplement [...] sous la forme d'un simple examen de soi à soi, mais sous [celle] d'un rapport complexe à un autre, ou à d'autres, ou à la communauté ecclésiale, tout ceci en vue d'éteindre une certaine dette du mal et d'obtenir ainsi le rachat des châtiments qui ont été mérités par ce mal et promis à titre de punition. Autrement dit, depuis l'origine, le christianisme a établi un certain rapport entre l'obligation de la manifestation individuelle de vérité et la dette du mal[112].

De fait, l'acte de l'aveu est ce qui regroupe la vérité, la faute, la conscience coupable et de là, enfin, la pénitence pour effacer la dette du mal. Dans les tragédies de Racine, l'expiation de la faute prend un caractère tragique définitif dans les limites de l'histoire représentée, mais l'expérience tragique continue après le baisser de rideau. Le spectateur est souvent plus clément pour ces héros ni tout à fait bons ni tout à fait méchants, qui se rendent coupables d'une faute tragique. Cette *hamartia*, chez Racine, prend la forme de l'amour et, surtout, du désir de savoir cet amour réciproque.

---

110     Antoine Furetière, *op. cit.*, art. « Advoüer », première et deuxième entrées.
111     Tamas distingue trois types de silences coupables dans l'enquête amoureuse : le silence par *omission* (de Junie par exemple), le silence de *préméditation* (de Bajazet et d'Atalide) et le silence de *dissimulation* (d'Hippolyte, d'Ériphile, de Phèdre). Voir *Le Silence trahi*, *op. cit.*, p. 136-138).
112     Michel Foucault, *Du gouvernement des vivants, op. cit.*, p. 100-101.

## 3.1     *Crime et châtiment ?*

Je t'ai tout avoué, je ne m'en repens pas,
Pourvu que de ma mort respectant les approches
Tu ne m'affliges plus par d'injustes reproches
I, 3, 312-314

Quand Phèdre avoue pour la première fois son amour pour Hippolyte à Œnone, cet aveu se présente, en effet, sous la lumière d'une confession chrétienne racontant un vice et le devoir de faire pénitence[113]. L'aveu semble fait pour *justifier* que la mort que se donnera Phèdre n'est qu'une *juste* punition, et qu'il serait *injuste* de s'y opposer. Chaque aveu de Phèdre – à sa nourrice, à Hippolyte et enfin à Thésée – est imprégné de la conscience de sa faute et suivi par sa volonté d'être punie, de mourir, sinon par l'épée d'Hippolyte – « Venge-toi, punis-moi d'un odieux amour » (II, 5, 699) –, du moins par sa propre main : « J'ai voulu, devant vous exposant mes remords, / Par un chemin plus lent descendre chez les Morts » (V, 7, 1635-1636). Les aveux cherchent à « éteindre sa dette du mal et à obtenir le rachat des châtiments mérités par ce mal et promis à titre de punition ».

Il en va de même dans les autres tragédies. L'aveu y devient pleinement aveu par la reconnaissance du crime – de l'amour criminel ou criminellement celé –, et par la volonté d'expiation qui suivra. Annonciatrice de Phèdre par son amour frappé par le tabou, Ériphile n'ouvre la bouche que pour se condamner elle-même : « Écoute. Et tu te vas étonner que je vive », lance-t-elle à Doris (II, 1, 469). Elle lui confie le paradoxe honteux de son amour pour « [c]et Achille l'auteur de tes maux et des miens » (472), tout en précisant que cet aveu inéluctable ne pourra se reproduire :

Je me flattais sans cesse
Qu'un silence éternel cacherait ma faiblesse.
Mais mon cœur trop pressé m'arrache ce discours,
Et te parle une fois, pour se taire toujours.
II, 1, 477-480

---

113   Pour Chateaubriand, Phèdre en effet « c'est la *chrétienne réprouvée* ; c'est la pécheresse tombée vivante entre les mains de Dieu » (*Génie du Christianisme ou Beautés de la religion chrétienne*, t. II, Paris, Migneret, 1802, p. 127). Voir également : Philippe Sellier, *Port-Royal et la littérature II, op. cit.*, p. 471-485.

Ériphile aurait préféré garder le secret de son amour inconcevable et donc indicible. Aussi le dernier vers du passage cité n'est-il pas sans rappeler les vers de Phèdre, qui se donne la mort *parce qu'*elle n'a pas pu se taire[114]. Comme Phèdre, Ériphile poursuit. Elle conçoit d'abord sa passion comme une « faiblesse », mais qui devient vite un « fatal amour » (482), des « fureurs » (505), une « folle amour » déshonorante (528) et enfin une « honte » qui devrait être « [d]ans la nuit du tombeau [...] enferm[ée] » (526). Plus que les (dés)aveux, l'amour même est *honteux*. Il va sans dire que le désir d'être aimé n'est même pas prononcé. Ériphile ne peut dire son amour sans s'inculper, sans reconnaître le caractère inhumain de son désir, qui n'est fondé sur aucun espoir (481) mais duquel dépend néanmoins sa vie.

Les aveux de Phèdre et d'Ériphile ont ceci en commun qu'ils désignent et reconnaissent le crime, tout en réaffirmant la fatalité de la passion. Nous avons montré comment Phèdre se conçoit elle-même en tant que monstre, mais surtout en tant que femme amoureuse au moment même de sa déclaration à Hippolyte. De même, Ériphile peut se plaindre de tous ses malheurs et de sa honte, elle ne niera pas pour autant son amour pour Achille. Ce faisant, elle détourne le procédé habituel de l'aveu : alors qu'on avoue généralement pour reconnaître sa faute et pour obtenir l'absolution par la pénitence, Ériphile reconnaît sa faute mais l'affirme en même temps : « Je l'aimais à Lesbos, et je l'aime en Aulide » (502). La méditation sur la faute n'a pu altérer l'amour. Dévoilant la véritable raison de sa présence à Aulide, Ériphile sent pourtant le fardeau de la pénitence requise et sa mort imminente. Elle s'engage cependant d'abord pleinement dans sa passion, en tentant de contrecarrer les projets de mariage d'Iphigénie et d'Achille, espérant que « [q]uelqu'un de [s]es malheurs se répandrait sur eux » (520). Et Ériphile de continuer :

> Voilà ce qui m'amène, et non l'impatience
> D'apprendre à qui je dois une triste naissance.
> Ou plutôt leur hymen me servira de loi.
> S'il s'achève, il suffit, tout est fini pour moi.
> Je périrai, Doris, et par une mort prompte
> Dans la nuit du tombeau j'enfermerai ma honte,
> Sans chercher des parents si longtemps ignorés,
> Et que ma folle amour a trop déshonorés.
>
>      II, 1, 521-528

---

114   Nous reviendrons sur l'interprétation – courante dans la critique contemporaine – que l'aveu en soi est la faute qui scelle le sort tragique de Phèdre.

Son amour honteux pour Achille, Ériphile le pressent, causera sa mort. Dans cette première scène de l'acte II, Ériphile vide tout son cœur à Doris, tant à propos de son coup de foudre passé que concernant ses ambitions futures. L'aveu reprend ainsi ses connotations de déclaration, en ce qu'il contient l'expression d'une volonté, celle de vivre son amour criminel jusqu'à la mort. Ainsi, le « rachat » initié par l'aveu d'Ériphile ne concerne-t-il pas l'expiation de l'amour illégitime, mais le refus du voile trompeur couvrant les mobiles d'Ériphile et les arcanes de son cœur. La sinistre princesse « rachète » sa véritable nature et même, pour ainsi dire, son identité. En effet, en se consacrant à sa passion, Ériphile renoue, sans le savoir, avec sa quête identitaire. Ses mots sont prophétiques, sinon ironiques, car c'est bien sa « folle amour » qui lui apprendra, doublement, à connaître ses parents. Premièrement, c'est son amour qui a poussé Ériphile vers le lieu du sacrifice où elle fournira le « sang d'Hélène » et découvrira ainsi l'identité de ses parents. Calchas le résume devant l'autel : « ses propres fureurs ici l'ont amenée » (v, 6, 1758). Second et véritable rapport entre l'amour d'Ériphile et son identité : en s'engageant de plus en plus loin dans sa passion illégitime pour Achille, Ériphile a déjà assumé son identité, définie par l'union, également illicite, de ses parents. L'aveu d'Ériphile relie la vérité à la conscience de la faute, comme il se doit, mais pour, semble-t-il, réaffirmer la faute et l'intégrer comme faisant partie du nouveau soi. Ainsi marque-t-il la volonté risquée et paradoxale de s'engager corps et âme sur le chemin de l'amour, pour pleinement embrasser son identité dévoilée.

Les aveux auxquels on assiste dans les autres tragédies présentent souvent les mêmes mécanismes, même si l'amour à avouer, en soi, n'est pas aussi criminel que celui de Phèdre et d'Ériphile. Si l'on continue à retracer l'œuvre de Racine à rebours, Monime, à qui Mithridate a arraché l'aveu de sentiments cachés pour Xipharès (III, 5), persiste pareillement dans son aveu et son amour, alors même qu'elle est immédiatement consciente des conséquences (cf. *infra*, IV, 4, 1323-1354). Sa première faute, dit-elle à Phœdime, est l'aveu lui-même : « Je parle, et trop facile à me laisser tromper, / Je lui marque le cœur où sa main doit frapper » (IV, 1, 1145-1146). Pour cela, elle demande sa punition à Xipharès dans la scène suivante : « Frappez. Aucun respect ne vous doit retenir. / J'ai tout fait. Et c'est moi que vous devez punir » (IV, 2, 1229-1230). Face à Mithridate, elle achève pourtant l'aveu dont elle s'est tant plainte. Comme Ériphile, elle reconnaît l'existence de son « fatal amour » pour Xipharès (IV, 4, 1341 ; à comparer avec *Iphigénie* II, 1, 482) et elle s'expose aux – injustes, elle le dit bien – châtiments de Mithridate : « Et le Tombeau, Seigneur, est moins triste pour moi, / Que le lit d'un Époux, qui m'a fait cet outrage » (IV, 4, 1350-1351). Or, comme pour Ériphile également, l'« aveu honteux » de son « fatal amour » ne servira qu'à le renforcer : « Je vous l'ai confessé, je le dois soutenir » (1345).

L'acte de l'aveu est perverti. L'amour avoué devient désir déclaré ; la conscience de la faute et des punitions n'empêche pas que l'amour, une fois avoué, ne devienne loi.

Un dernier exemple, tiré de *Bajazet*, confirme en définitive le fonctionnement de l'aveu non pas comme expiation de la faute, de l'amour, mais comme sa confirmation osée. Quand il est confronté à sa propre lettre, Bajazet dit à Roxane : « Mon cœur a mille fois voulu vous découvrir. / J'aime, je le confesse » (v, 4, 1496-1497). Il n'est plus besoin de cacher la vérité, qui, il l'avoue, lui pesait : « Plus l'effet de vos soins, plus ma gloire étaient proches / Plus mon cœur interdit se faisait des reproches » (1521-1522). Cette conscience coupable est suivie d'une volonté de pénitence – « Aux ordres d'Amurat hâtez-vous d'obéir » (1567) –, mais cette soumission au « courroux *légitime* » de Roxane (1566, nous soulignons) n'est qu'une autre façon de prouver son amour pour Atalide, car il se présente comme le seul coupable afin de sauver la vie de son amante. Si Roxane voulait encore, même après sa découverte, œuvrer pour ne pas devoir tuer Bajazet – « veux-tu vivre et régner ? » (1544) –, elle ne sait plus que faire après cette manifestation d'amour : « Sortez » ordonne-t-elle (1573), bannissant Bajazet non seulement de la scène, mais également de la tragédie[115]. Ce qui désespère Roxane et scelle le châtiment de Bajazet (et d'Atalide) est que l'aveu à Roxane – la révélation de la vérité et de la faute – devient une déclaration à Atalide, une déclaration d'amour, c'est-à-dire l'expression d'une volonté, celle de sauver celle qu'il aime, une volonté de répudier l'autre, même si cette personne a, dans une position de pouvoir, réclamé l'aveu.

Ainsi, il va de soi que les personnages des tragédies de Racine ne réussissent pas, par leurs aveux, à « éteindre [leur] dette du mal et [à] obtenir ainsi le rachat des châtiments qui ont été mérités par ce mal et promis à titre de punition »[116]. Pire, les aveux font même partie du crime, de la faute qui entraîne le dénouement tragique. La critique a amplement démontré pour Phèdre comment son amour la rend finalement moins coupable que ses déclarations : « [l]a multiplication des séquences d'aveu alourdit la faute » de Phèdre, écrit Danièle Cohn[117]. Dans un inversement de rôles, « [l]a faute dépend de l'aveu, c'est lui

115 « Les *sortez* de Roxane à Bajazet sont des arrêts de mort » (Roland Barthes, *Sur Racine*, *op. cit.*, p. 18).
116 Michel Foucault, *Du gouvernement des vivants, op. cit.*, p. 101.
117 Danièle Cohn, « Avouer pour devenir innocent », dans Renaud Dulong (éd.), *L'aveu. Histoire, sociologie, philosophie*, Paris, PUF, 2001, p. 283-297, p. 291. Dans son article, Cohn compare les aveux de la princesse de Clèves et ceux de Phèdre. L'aveu volontaire et sincère de la princesse de Clèves purifie et restaure même l'innocence de la princesse. La déclaration d'amour de Phèdre en revanche la rend plus criminelle, puisque, selon Cohn, Phèdre ne vit pas un amour véritable. Nous contestons cette interprétation.

qui l'esquisse, puis la trace et la fige »[118]. Phèdre n'est pas la seule à s'inculper par ses aveux. Consciente des conséquences funestes de son aveu, Monime se reproche moins son amour secret, que le fait de l'avoir dit à Mithridate. De même les déclarations d'amour répétées de Bajazet finiront, elles aussi, par trahir le couple. Jennifer Tamas a bien montré comment la déclaration d'amour scelle le sort tragique des personnages de Racine, tant celui des énonciateurs que celui des interlocuteurs[119]. Pour elle, la déclaration est une « parole de mise à mort »[120].

L'aveu chez Racine a-t-il donc perdu toute force expiatoire, tout pouvoir de réparer la faute avouée ? Ne sert-il qu'à étaler le crime et étirer la pénitence, pour que le pénitent se perde davantage ? Bien qu'ils puissent soulager, les aveux de Phèdre, de Bajazet ou d'Antiochus ne font pas avancer les choses. Le sort tragique est impitoyable, mais le public ne l'est pas : Œnone, Hippolyte, Bérénice, Doris... et finalement même un Mithridate – ce tribunal qui juge, sinon requiert l'aveu – expriment plus de surprise et même de pitié qu'ils ne font montre d'une volonté immédiate d'infliger une correction face à l'injustice découverte. Pour l'autre public, dans la salle, l'aveu a davantage encore cet effet troublant, apitoyant. De ce fait, si l'aveu ne rend pas la faute plus acceptable et moins criminelle pour les personnages, il rachète néanmoins les personnages dans l'opinion des spectateurs et des lecteurs, sensibles à la nature ambivalente de la faute avouée.

En effet, l'aveu met non seulement l'amour, mais également la faute tragique au cœur des tragédies de Racine. L'aveu la dit ou bien la cause, quand il n'est pas bien reçu. Ainsi la faute tragique dans les tragédies de Racine ne se laisse-t-elle pas réduire à l'amour, bien que ce soit toujours la passion qui doive s'avouer. Dans les cas d'Ériphile et de Phèdre par exemple, leur amour n'est pas tant le problème que leur aveu contenant une déclaration, une volonté de persister dans cet amour. Il en va de même pour l'aveu final que Pyrrhus fait à Hermione ou pour ceux de Monime, de Bajazet, de Créon, de Néron, d'Antiochus... Leur aveu est l'expression longtemps différée d'une volonté, d'un projet à poursuivre jusqu'au bout. De l'autre côté, celui ou celle qui écoute ou requiert l'aveu a également une volonté : quand Mithridate, Atalide, Hermione, Néron ou Britannicus mettent celui ou celle qu'ils aiment sur la sellette, c'est bien pour se savoir aimés. Ils vont cependant aussi loin dans leurs quêtes que dans leurs réactions souvent déçues et violentes, qui accélèrent leur propre

118    *Id.*

119    Jennifer Tamas, *Le Silence trahi, op. cit.*, chapitres v et vi.

120    Jennifer Tamas, « Le Silence ou la mort : la déclaration d'amour chez Racine », dans Delphine Calle et Astrid Van Assche, *L'Amour et l'amitié au Grand Siècle* (à paraître).

perte. La faute tragique à laquelle se brûle chacun des héros de Racine est moins l'amour que cette volonté dite ou bien contredite. La faute tragique est le désir de l'amour.

## 3.2    *La* hamartia

La théorie de la faute tragique ou de la *hamartia* remonte à Aristote, qui en fait brièvement mention dans le chapitre XIII de sa *Poétique*, portant sur l'effet que doit viser le genre tragique – à savoir la frayeur et la pitié – et sur les moyens de les susciter, par la structure de l'histoire et par la peinture des personnages – qui ne peuvent être ni des « justes »[121], ni des « homme[s] foncièrement méchant[s] »[122]. Et Aristote donc de conclure :

> Reste donc le cas intermédiaire. C'est celui d'un homme qui, sans atteindre à l'excellence dans l'ordre de la vertu et de la justice, doit, non au vice et à la méchanceté, mais *à quelque faute* (δι' ἁμαρτίαν τινά), de tomber dans le malheur – un homme parmi ceux qui jouissent d'un grand renom et d'un grand bonheur, tels Œdipe, Thyeste et les membres illustres de familles de ce genre. Pour être réussie, il faut donc que l'histoire soit simple, plutôt que double comme le veulent certains ; que le passage se fasse non du malheur au bonheur, mais au contraire du bonheur au malheur, et soit dû non à la méchanceté mais *à une grande faute* (δι' ἁμαρτίαν μεγάλην) du héros, qui sera tel que j'ai dit, ou alors meilleur plutôt que pire[123].

Cette *hamartia* aristotélicienne a fait couler beaucoup d'encre. La question principale était de savoir si Aristote entendait par cette notion une faute morale dans le sens d'une faiblesse ou même d'un crime ou un vice, ou bien s'il décrivait une erreur, par définition involontaire, causée par une ignorance ou une méconnaissance de la situation[124]. En cause était l'éthique de la catastrophe finale, méritée ou non en tant que punition de la faute. Au cours des dernières décennies, les éditeurs et les critiques de *La Poétique* se sont résolus à

---

121    Aristote, *La Poétique*, 1452 b 35, citée de l'édition et traduction françaises de Roselyne Dupont-Roc et de Jean Lallot (Paris, Seuil, 1980), p. 77.

122    *Ibid.*, 1453 a 1, éd. cit, p. 77.

123    *Ibid.*, 1453 a 7-17, éd. cit., p. 77-79. Nous soulignons.

124    Pour un aperçu des débats au cours des siècles, voir : Jan Maarten Bremer, *Hamartia. Tragic Error in the Poetics of Aristotle and in Greek Tragedy*, Amsterdam, Hakkert, 1969. Bremer tranche résolument en faveur de la seconde interprétation, dénuant la *hamartia* de ses connotations morales, sans pour autant refuser à *La Poétique* toute « justice poétique » (p. 15). Voir également l'étude de Suzanne Saïd, qui dépasse *La Poétique* d'Aristote, mais résume bien les différentes approches (*La Faute tragique*, Paris, Maspero, 1978, p. 9-37).

combiner les interprétations morales et intellectualistes, confirmant à la fois la teneur morale de la faute, qui doit contribuer à la vraisemblance et à l'éthique de l'action tragique, *et* le caractère involontaire de l'erreur qui, toutefois, ne se limite pas à une ignorance[125].

Le malaise à l'égard du texte original d'Aristote régnait déjà parmi les grands auteurs et théoriciens de la tragédie au XVIIe siècle, dont la morale chrétienne prédominante compliquait certains aspects de la *hamartia*[126]. Ainsi Corneille dans son *Discours de la tragédie, et des moyens de la traiter selon le vraisemblable ou le nécessaire* :

> Aristote en donne pour exemples Œdipe, et Thyeste, en quoi véritablement je ne comprends pas sa pensée. Le premier me semble ne faire aucune faute, bien qu'il tue son père, parce qu'il ne le connaît pas, [...]. Néanmoins comme la signification du mot grec ἁμάρτημα peut s'étendre à une simple erreur de méconnaissance, telle qu'était la sienne, admettons-le avec ce philosophe, bien que je ne puisse voir quelle passion il nous donne à purger, ni de quoi nous pouvons nous corriger sur son exemple[127].

Corneille traduit ici l'attitude classique envers la *hamartia*, dont on semble connaître le sens restreint de faute due à l'ignorance, mais à laquelle on préfère néanmoins donner une connotation de culpabilité. En effet, seule une faute grave et considérable serait susceptible de justifier une punition et d'assurer la leçon de morale qui purge les passions mauvaises du public, selon

---

125    Voir les « Notes » et l'« Introduction » des éditions de référence respectives en langue française (éd. cit., p. 244-245) et en langue anglaise (Stephen Halliwell, « Introduction », dans Aristotle, *Poetics*, Cambridge (MA)/London, Harvard UP, Loeb Classical Library, 1995, p. 16-17 : « [H]*amartia* can best be understood as designating a whole area of possibilities, an area unified by a pattern of causal yet unintended implication of tragedy's characters in the pitiable and terrible "transformation" of their own lives. *Hamartia*, in short, embraces all the ways in which human vulnerability, at its extremes, exposes itself not through sheer, arbitrary misfortune (something inconsistent with the intelligible plot structure which Aristotle requires of a good play), but through the erring involvement of tragic figures in their own sufferings. » Sur cette interprétation conciliatoire, voir également : Thomas C.W. Stinton, « *Hamartia* in Aristotle and Greek Tragedy », *Classical Quarterly*, 25, 1975, p. 221-254.

126    Voir, entre autres, Jan Maarten Bremer, *op. cit.*, p. 71-80 ; et Pascale LaFountain, *Theaters of Error*, London, Palgrave Macmillan, 2018, p. 5-9.

127    Pierre Corneille, *Discours de la tragédie*, dans *Œuvres complètes*, t. III, éd. Georges Couton, Paris, Pléiade, 1987, p. 142-173, p. 145. Le passage en question est repris par le théoricien André Dacier dans ses « Remarques » qui accompagnent sa traduction de *La Poëtique d'Aristote* (Paris, C. Barbin, 1692, p. 183).

une acception de la catharsis également moralisée. Il s'ensuit que beaucoup de théoriciens et critiques de théâtre abandonnent la spécificité de la faute tragique, pour en faire une faute plus méditée, et donc plus digne d'être punie et plus propre à poser un exemple. Avec Scudéry et Chapelain, entre autres, on adhère alors généralement au précepte de « la vertu recompensée, & le vice tousjours puni »[128]. L'abbé d'Aubignac considère comme étant la « principale règle du Poème Dramatique » que « les vertus y soient toujours récompensées, ou pour le moins toujours louées, malgré les outrages de la Fortune, et que les vices y soient toujours punis, ou pour le moins toujours en horreur, quand même ils y triomphent »[129]. Quant à la nature de la faute commise, certains critiques concluent par conséquent qu'elle doit être double, c'est-à-dire beaucoup plus accablante pour les méchants, que pour les personnages qui font preuve de vertu. La Mesnardière, par exemple, demande une distinction nette pour que la tragédie puisse porter le fruit de l'éducation morale :

> Ce fruict [est] attaché à deux rameaux opposez, à la punition des méschans, & plus encore aux bonnes Mœurs des Héros qui ne sont coupables que par quelque fragilité qui merite d'estre excusée[130].

Alors que les « méschans » ont droit à une punition méritée par – risquons la tautologie – leur méchanceté, les véritables « Héros » de la tragédie ne sont en proie qu'à « quelque fragilité » excusable. Notons l'emploi du pronom « quelque » qui coïncide avec la traduction habituelle du grec d'Aristote « ἁμαρτίαν τινά », *quelque faute* (cf. *supra*). Racine, dans sa propre traduction fragmentaire de *La Poétique*[131], optera, quelques décennies plus tard, pour une variation pronominale pleine de sens. Comme ses contemporains, Racine semble embarrassé par la notion de la *hamartia*, hésitant entre aggraver la faute – pour que la catastrophe tragique soit plus éthique et méritée – ou la rendre plus excusable, ne distinguant plus entre « méchants » et « bons »[132].

---

128    Georges de Scudéry, *Observations sur Le Cid*, *op. cit.*, p. 384. Pour plus de détails sur la conception de Chapelain ou de Scudéry, voir : Jan Maarten Bremer, *op. cit.*, p. 74.

129    L'abbé d'Aubignac, *op. cit.*, chap. I, p. 40.

130    Hippolyte-Jules Pilet de La Mesnardière, *La Poétique*, Paris, A. de Sommaville, 1639, p. 141.

131    Il s'agit d'un exemplaire de *La Poétique* d'Aristote, traduit en latin par Pierre Vettori en 1573, dans lequel Racine a noté ses propres traductions françaises à la marge de certains passages, dont celui sur la *hamartia*. Eugène Vinaver en a fait une édition critique (Jean Racine, *Principes de la tragédie*, éd. Eugène Vinaver, Paris, Nizet, 1951) et situe les traductions de Racine « à l'époque des grandes tragédies » (« Avant-propos », dans *ibid.*, p. 5).

132    Sur le traitement racinien de la *hamartia*, voir également l'étude récente de Edward Forman, *Guilt and Extenuation in Tragedy. Variations on Racinian Excuses*, Leiden, Brill, 2020, chap. 2.

Il semble préférer la première option, apportant quelques adaptations originales dans sa traduction des lignes 1453 a 7-10, adaptations indiquées ici en italiques :

> Il faut donc que ce soit un homme qui soit entre les deux, c'est-à-dire qui ne soit point extrêmement juste et vertueux, et qui ne mérite point aussi son malheur par *un excez de* meschanceté et *d'*injustice. Mais il faut que ce soit un homme qui, par *sa* faute, devienne malheureux [...][133].

Par le simple ajout d'« un excez de », Racine altère la conception aristotélicienne de la *hamartia* en admettant pour sa part un héros tragique qui est *un peu* méchant ou injuste. Cette première modification ouvre le chemin à une autre, concernant la nature de la faute, qui dès lors ne doit plus se limiter à une faute involontaire. Plus encore qu'Aristote, Racine noue ainsi le personnage et la faute. Il va plus loin encore en faisant précéder la faute d'un possessif. Vinaver y voit une nouvelle psychologie : « [À] l'arbitraire de la fortune se substitue un choix judicieux des victimes [...] qui porteront en elles le principe de leur défaillance et de leur supplice »[134]. La faute est d'ordre caractériel[135], et ainsi « les malheurs illustres viendront de la nature même des personnages »[136].

Ce Racine qui s'écarte d'Aristote – et qui le sait – pour se conformer à la morale chrétienne et à la justice poétique se manifeste dans ses quatre dernières pièces. Qu'*Esther* et *Athalie* adoptent le modèle de la vertu récompensée et du vice puni ne fait pas sourciller, car dans les tragédies bibliques la justice poétique n'est autre que la justice divine. Les méchants – Aman, Mathan et Athalie – y peuvent être *très* méchants, infanticides même ; les Esther, Joas et Joad doivent, quant à eux, être d'une vertu impeccable. Bien que la « structure double » de ces tragédies, c'est-à-dire « qui finit de façon opposée pour les bons et pour les méchants » soit mise au second rang par Aristote, elle exauce en réalité les « souhaits des spectateurs », le philosophe le reconnaît[137]. Que ces pièces bibliques donc respectent l'ordre moral ne surprend guère, d'autant plus

---

133  *Ibid.* p. 19-20. Les italiques sont de Vinaver (qui indique ainsi les libertés prises par Racine à l'égard de son modèle latin), sauf les italiques de « sa », qui marquent la différence par rapport à la traduction habituelle de « *quelque* faute ». Vinaver n'a sans doute pas utilisé des italiques dans ce cas parce qu'il consacre une de ses « remarques » à l'interprétation racinienne de la *hamartia*.

134  Eugène Vinaver, « Remarques », dans Jean Racine, *Principes de la tragédie, op. cit.*, p. 49.

135  C'est, après les points de vue moral et intellectualiste, la troisième interprétation – caractérologique – généralement adoptée pour analyser la faute tragique (voir Suzanne Saïd, *op. cit.*, p. 16-31).

136  Eugène Vinaver, « Remarques », *op. cit.*, p. 49.

137  Aristote, *La Poétique*, 1453 a 32-35, éd. cit., p. 79.

que le dénouement double est applaudi du public. Dans *Iphigénie* et *Phèdre*
cependant le discours moralisateur – plus que la structure même des tragédies
d'ailleurs – est plus surprenant[138].

Dans la préface d'*Iphigénie*, Racine se « cache » derrière la théorie d'Aristote,
arguant d'une part, pour Iphigénie, qu'il ne pouvait « souill[er] la Scène par
le meurtre horrible d'une personne aussi vertueuse et aussi aimable »[139], et
d'autre part, pour Ériphile, qu'elle « mérite en quelque façon d'être punie, sans
être pourtant tout à fait indigne de compassion »[140]. Ainsi Ériphile serait la
véritable héroïne tragique de la pièce, mais cette dernière ne réalise nullement
cette attente. Racine a beau citer Aristote sur certains points, il ne le suit pas
en ce qui concerne la structure simple. Ériphile a été spécialement créée par
Racine – et donc rendue vicieuse par lui – pour obtenir une structure double
et pour pouvoir sacrifier une princesse moins innocente qu'Iphigénie. Si l'on
regarde de plus près l'opinion du dramaturge sur son héroïne, le ton est indé-
niablement moralisateur : cette princesse coupable devait *mériter d'être punie*.
Alors que pour Aristote, le passage du bonheur ou malheur « est dû » à quelque
*hamartia*, Racine rattache la faute – en l'occurrence la jalousie d'Ériphile –
directement à la notion morale de punition.

La préface de *Phèdre* reprend cette nécessité morale de la faute punie ou du
moins vivement décriée, comme le voulait d'Aubignac (cf. *supra*), tant pour
Phèdre que pour Hippolyte :

> Les moindres fautes y sont sévèrement punies. La seule pensée du crime
> y est regardée avec autant d'horreur que le crime même. Les faiblesses de
> l'amour y passent pour de vraies faiblesses. Les passions n'y sont présen-
> tées aux yeux que pour montrer tout le désordre dont elles sont cause[141].

Les précisions de Racine font supposer que ce n'est pas la faute qui est
aggravée – elle est suffisamment pernicieuse, pour Phèdre en tout cas –, mais
la punition : la *seule pensée du crime* est traitée comme une faute terrible, digne

---

138   Roger Duchêne fait également remarquer l'écart entre ces deux tragédies et la théorie
       d'Aristote, voir : « Punition et compassion : tragédie et morale chez Racine », *Travaux de
       littérature*, 3 « Offerts en hommage à Noémi Hepp », 1991, p. 85-93.

139   Jean Racine, « Préface à *Iphigénie* », OC I, p. 698. À comparer avec *La Poétique* d'Aristote,
       1452 b 35-36 : « on ne doit pas voir des justes passer du bonheur au malheur – cela n'éveille
       pas la frayeur ni la pitié, mais la répulsion » (éd. cit., p. 77). Dans sa propre traduction de
       ce passage, Racine ressent même le besoin de dédoubler cette « répulsion » : « cela seroit
       détestable et indigne de punition » (*Principes de la tragédie, op. cit.*, p. 18).

140   Jean Racine, « Préface à *Iphigénie* », OC I, p. 698.

141   Jean Racine, « Préface à *Phèdre* », OC I, p. 819.

d'être punie. Ce dernier paragraphe de la préface de *Phèdre* apparaît ainsi particulièrement sévère et aurait été ajouté dans un second temps pour défendre la pièce contre les critiques d'immoralité[142]. Le ton ouvertement moralisateur contraste en effet avec le début de la préface, dans lequel Racine traite du caractère de Phèdre d'une façon beaucoup plus proche de *La Poétique* :

> [I]l [le caractère de Phèdre] a toutes les qualités qu'Aristote demande dans le Héros de la Tragédie, et qui sont propres à exciter la Compassion et la Terreur. En effet Phèdre n'est ni tout à fait coupable, ni tout à fait innocente. Elle est engagée par sa destinée, et par la colère des Dieux, dans une passion illégitime dont elle a horreur toute la première. [...] son crime est plutôt une punition des Dieux, qu'un mouvement de sa volonté[143].

L'argument de la punition change de camp dans la préface : la punition, qui ne succède plus à la faute, mais la précède, ne sert ici pas à inculper Phèdre, mais à l'acquitter, à l'excuser. Racine renoue avec Aristote et explique la faute tragique comme étant une punition des Dieux, contre laquelle Phèdre ne peut rien. La critique l'a bien senti : dans sa *tragédie*, Racine fait tout pour souligner le caractère involontaire de la passion criminelle de Phèdre et, selon une anecdote attribuée à Madame de Lafayette, « réussit si bien à faire plaindre ses malheurs que le spectateur a plus de pitié de la criminelle belle-mère que du vertueux Hippolyte »[144]. La conscience coupable de Phèdre[145], le rôle de Vénus (véritable ou « dénégation »[146]), la punition moralement efficace ou non... avec sa *Phèdre*, Racine montre surtout que la faute *en soi* compte moins que son traitement en vue des effets qu'elle doit provoquer. C'est là le cœur de ce que

---

142   George Forestier, « Notice à propos de *Phèdre et Hippolyte* », *OC I*, p. 1622.

143   Jean Racine, « Préface à *Phèdre* », *OC I*, p. 817.

144   Paul Mesnard, « Notice de *Phèdre* », dans Jean Racine, *Œuvres*, t. III, éd. Paul Mesnard, Paris, Hachette, 1929, p. 245-297, p. 263. Véritable ou non, l'anecdote montre que les contemporains de Racine saisissaient bel et bien le scandale de *Phèdre*. Pour d'autres critiques, voir également plus haut, chap. 2, 2.3.

145   Chateaubriand est un des premiers à faire de cette conscience coupable de Phèdre l'essence de la tragédie racinienne et suit la préface moralisatrice de Racine en l'appelant « une épouse chrétienne », rongée par « [l]a crainte des flammes vengeresses et de l'éternité formidable de notre enfer » (*op. cit.*, p. 124-125). D'autres le suivront. Ainsi Goldmann, par exemple, retrouve la présence du « Dieu muet et caché de la tragédie [...] à travers la *conscience de ce même héros* en tant qu'exigence absolue d'une pureté et d'une totalité irréalisables dans la vie mondaine » (*Le Dieu caché, op. cit.*, p. 387, c'est l'auteur qui souligne).

146   Patrick Dandrey, « "Ravi d'une si belle vue" », art. cit.

Racine a emprunté à *La Poétique* et au concept de la *hamartia*. Rares sont en effet ces héros tragiques dont la faute, comme pour Phèdre et Ériphile, trouve son origine en dehors d'eux ; inexistants même ceux qui commettent la faute sans le savoir, dans l'ignorance d'un Œdipe[147]. Comme le confirment les pièces à structure double, Racine se préoccupait en premier lieu du succès de ses œuvres auprès de leur public. La faute tragique doit surtout contribuer à l'expérience tragique des spectateurs et se trouve donc le mieux décrite dans la préface d'*Andromaque* :

> Il faut donc qu'ils [les personnages tragiques] aient une bonté médiocre, c'est-à-dire une vertu capable de faiblesse, et qu'ils tombent dans le malheur par *quelque faute, qui les fasse plaindre, sans les faire détester*[148].

Loin de l'idée de la punition, Racine suit ici de près le texte d'Aristote, accentuant plutôt la « bonté médiocre » des héros tragiques, que la nature de la faute tragique. Aussi n'est-ce sans doute pas la faute qui rend le héros médiocre, mais bien – et nous suivons en cela Eugène Vinaver – la faute excusable qui provient de la nature, ni tout à fait bonne ni tout à fait mauvaise des personnages : « La faute tragique ne sera pour lui ni une tare morale qui "mérite d'être punie", ni un geste ou une parole irréfléchie, mais un égarement inhérent au personnage et qui vient d'une passion irrémédiable et meurtrière »[149]. Chez Racine, le crime, la faiblesse et la faute se confondent de fait en la passion amoureuse[150]. Les parallèles sont rarement aussi clairs que dans la partie moralisatrice de la préface de *Phèdre*, où la faute, le crime, la faiblesse, l'amour et la passion alternent et se superposent. Un peu plus haut dans la préface, la faute censée expliquer et « justifier » le passage au malheur d'Hippolyte est décrite dans les mêmes termes : « J'ai cru lui devoir donner quelque faiblesse qui le rendrait un peu coupable envers son Père [...]. J'appelle faiblesse la passion qu'il ressent

---

147   Au contraire, Racine exploite la conscience coupable de ses héros. Si méconnaissance il y a, comme dans *Athalie* ou *Iphigénie*, elle ne concerne nullement la faute tragique : Athalie ne reconnaît pas son petit-fils, mais au moment où elle a voulu le tuer, elle connaissait très bien son identité ; Ériphile ne connaît pas le secret de sa naissance, mais n'y cherche aucune excuse pour sa passion coupable. Vinaver explique qu'« aux yeux de la plupart des écrivains de l'école classique, une action accomplie dans l'ignorance des faits matériels et de l'identité de la victime ne pouvait paraître digne d'une tragédie » (« Remarques », *op. cit.*, p. 50-51).
148   Jean Racine, « Préface à *Andromaque* », *OC I*, p. 198. Nous soulignons.
149   Eugène Vinaver, « Remarques », *op. cit.*, p. 48.
150   Nous reformulons ici Pascale LaFountain, *op. cit.*, p. 8 : « In Racine's logic, crime weakness, passion and vice are parallel ».

malgré lui pour Aricie »[151]. De même, Ériphile peut être punie parce qu'elle est une « Amante jalouse »[152] et le jeune Britannicus est qualifié de héros tragique, car il a, entre autres, « beaucoup d'amour »[153].

La faute tragique racinienne coïncide-t-elle donc avec la passion, la faiblesse de l'amour, comme le suggèrent les préfaces de Racine ? Cette lecture répond certes à l'interprétation de la *hamartia* comme une faute involontaire. À la fin du XVIIe siècle, le traducteur de *La Poëtique d'Aristote* en français, André Dacier, admet pour cette raison la passion au rang de la faute tragique :

> Ces mots δι᾽ ἁμαρτίαν τινά, ne signifient pas simplement *par une faute ou foiblesse humaine* ; mais par une faute involontaire qu'on a commise, ou par ignorance ou par imprudence, & malgré soy, vaincu par une violente passion dont on n'a pu être le maître, ou enfin par une force majeure & extérieure, pour executer des ordres auxquels on n'a pû ny dû desobeïr[154].

Dacier ramène la faute tragique à une faute *involontaire* sans la limiter à l'ignorance, et s'approche de cette façon de l'interprétation moderne de la *hamartia*. Il emprunte d'ailleurs à Aristote ces trois catégories de fautes[155]. Toutefois, la passion amoureuse ne semble pas suffire à Dacier pour compter comme faute tragique. Face aux exemples d'Œdipe et de Thyeste cités par Aristote, sa conception morale de la tragédie ne peut admettre que leurs passions interdites soient à l'origine de leur malheur : « Si le crime de Thyeste n'étoit que l'amour qu'il eut pour sa belle sœur, il ne seroit peut-être pas difficile de l'excuser »[156]. Œdipe et Thyeste se condamnent eux-mêmes, conclut-il, l'un par sa témérité incontrôlable, l'autre par sa colère.

Aussi la passion amoureuse est-elle dissociée de ces autres passions plus coupables. Pour Racine, nos études ont montré la même chose : Racine laisse toujours la porte entre-ouverte à l'amour. Cette passion ne pourra être réduite

---

151    Jean Racine, « Préface à *Phèdre* », OC I, p. 818.

152    Jean Racine, « Préface à *Iphigénie* », OC I, p. 698.

153    Jean Racine, « Préface à *Britannicus* », OC I, p. 373.

154    André Dacier, « Remarques sur le chapitre XIII », dans *La Poëtique d'Aristote, op. cit.*, p. 182-183.

155    Voir Aristote, *Éthique à Nicomaque* (III, 1). Dacier est forcé de reconnaître qu'Aristote y « établit nettement que toutes les actions que la colère & la concupiscence font commettre, doivent passer pour volontaires », mais il y ajoute habilement qu'on pourrait dire qu'« elles sont involontaires & forcées, parce que sans la passion violente où l'on se trouve, on ne les commettroit jamais » (« Remarques sur le chapitre XIII », *op. cit.*, p. 186).

156    *Ibid.*, p. 185. Sur Œdipe il écrit : « ce n'est proprement, ny son inceste, ny son parricide qui le rendent malheureux, cette punition auroit été en quelque maniére injuste, puisque ces crimes étoient involontaires » (p. 184).

à un crime, ni même à une faiblesse si l'on se souvient d'héroïnes telles que Bérénice et Iphigénie. Dans l'œuvre de Racine, il n'y a pas *un* amour, ni deux d'ailleurs, comme on l'admet généralement depuis Barthes. Ce que montre pourtant bien sa célèbre bipartition entre l'Éros sororal – disons vertueux – et l'Éros-événement – disons vicieux – c'est que pour la majorité des lecteurs et des spectateurs de Racine, l'amour ne pourra jamais inculper tous les personnages de la même manière, d'autant plus si l'on tient compte de l'ordre moral de l'univers de Racine. Si ce n'était pour la cohabitation au sein des tragédies d'un amour tendre et d'un amour violemment concupiscent, toutes les tragédies suivraient la structure double, où la vertu et la tendresse sont récompensées et le vice et la violence forcenée sévèrement punis. Or malgré leur amour tendre, les pièces finissent par le malheur des Antigone, Cléofile, Bérénice, Titus et Antiochus, Junie et Britannicus, Atalide et Bajazet, Hippolyte et Aricie, et même en quelque sorte par celui d'Iphigénie. S'ils ont mérité ce que l'on appellerait « punition » en ce qui concerne leurs adversaires les plus brutaux, ce n'est certainement pas à cause de leur amour acceptable et généralement légitime.

Pour le désir d'être et de se savoir aimé, il n'en va pas de même. Celui-là ne distingue que peu ou pas entre amants tendres ou violents. C'est lui la véritable cause de tant de malheurs, légitimant une structure simple et ainsi la mort des Britannicus, Atalide, Hippolyte... En effet, plus que l'amour, c'est le désir que cet amour soit réciproque qui est une véritable « *action* de faillir », pour reprendre les mots de Vinaver[157], c'est-à-dire qui éclate, qui détruit et qui, avant tout, pousse à *agir*. C'est ce désir, cette *volonté* tout aussi incontrôlable que l'amour même, qui rend presque médiocres une Atalide ou un Britannicus – ces héros tendres, d'autant plus sujets à reproches qu'ils ont pu douter de l'amour réciproque qu'on ressentait pour eux – ; ce désir qui, en même temps, atténue la responsabilité des actions violentes d'une Hermione ou d'un Néron. Leur infortune n'est pas arbitraire et leurs erreurs pas tout à fait inconscientes ou indélibérées, mais régies par une force « dont on n'a pu être le maître ». Le revers de la brillante médaille de l'amour, ce désir d'être aimé, emprunte à l'amour l'excuse et la pitié, mais ajoute le passage à l'action et le caractère inéluctable et universellement perverti de ce que le désir d'être aimé a hérité de l'amour-propre.

### 3.3    *La fragilité humaine*

En faisant du désir d'être aimé la *hamartia*, la faute à la fois coupable et excusable du héros tragique ni tout à fait bon ni tout à fait méchant, Racine se montre une fois de plus lecteur attentif des moralistes. Ces fins observateurs

---

157    Eugène Vinaver, « Remarques », *op. cit.*, p. 48.

de la nature humaine, nous l'avons vu, se penchent en même temps que Racine
sur la question ambivalente du désir de l'amour et de l'estime des autres.
Contrairement à Racine, ils sont contraints d'avouer les effets positifs qu'il peut
avoir en société, en ce que l'homme soucieux de plaire combat en lui-même
les corollaires bruts de son amour-propre et se pare de « vertus fausses &
apparentes »[158]. Le désir d'approbation peut bien avoir des fondements
égoïstes et vicieux, son résultat, en revanche, s'approcherait des marques de
vertu, de la charité[159].

Ainsi La Rochefoucauld donne l'exemple de la clémence, qui n'est souvent
inspirée que par la vanité, mais n'en demeure pas moins une vertu[160]. Le désir
de l'estime pousse à des actions véritablement louables et devient ainsi le com-
pagnon de route de la vertu, car « [l]a vertu n'irait pas loin, si la vanité ne lui
tenait compagnie »[161]. Cette vanité revient également chez La Bruyère, qui en
dénonce l'hypocrisie tout en reconnaissant ses avantages[162]. Même Pascal doit
avouer les effets parfois bienvenus de l'amour-propre : « Grandeur de l'homme
dans sa concupiscence même, d'en avoir su tirer un règlement et en avoir fait
un tableau de la charité »[163]. Chez Nicole, nous l'avons vu, le désir de l'amour et
de l'estime des autres occupe presque l'intégralité de l'essai *De la charité et de
l'amour-propre*, justement parce qu'il se trouve entre les deux, au carrefour du
vice et de la vertu. Il naît de l'un, mais « sait si bien se revêtir des apparences
de la charité, [...] et produi[t] les mêmes effets »[164]. Suivant cette « raison des
effets »[165], Nicole qualifie d'« amour-propre éclairé »[166] le désir de l'estime des
autres, qui pousse à faire le bien. Le parangon de l'austérité augustinienne
peint alors cet amour-propre en des termes étonnamment positifs :

---

158    Jacques Esprit, *La Fausseté des vertus humaines*, t. I, *op. cit.*, « Préface ».

159    Jon Elster (*op. cit.*, p. 87) reprend les mots d'Arthur O. Lovejoy : "this conception [...] of the
        irrational approbativeness of men as the dynamic of good conduct [...] is the next best
        thing to actual virtue, and serves much the same purpose" (*Reflexions on human nature*,
        Baltimore, Johns Hopkins Press, 1961, p. 156).

160    « Cette clémence dont on fait une vertu se pratique tantôt par vanité, quelquefois par
        paresse, souvent par crainte et presque toujours par tous les trois ensemble » (François de
        La Rochefoucauld, *Maximes*, *op. cit.*, max. 16, p. 137). Voir *supra*, chap. 3, 1.1.

161    François de La Rochefoucauld, *Maximes*, *op. cit.*, max. 200, p. 158.

162    « Nous faisons par vanité ou par bienséance les mêmes choses, et avec les mêmes dehors
        que nous les ferions par inclination ou par devoir » (Jean de La Bruyère, *Les Caractères*,
        *op. cit.*, XI « De l'Homme », 64 [1], p. 419).

163    Blaise Pascal, *Pensées*, *op. cit.*, fr. 150, p. 216. Voir sur ce point Michael Moriarty, *Fallen
        Nature*, *op. cit.*, p. 217-224 (« Enlightened Concupiscence and Self-Love »).

164    Pierre Nicole, *De la charité et de l'amour propre*, *op. cit.*, chap. IV, p. 423.

165    Blaise Pascal, *Pensées*, *op. cit.*, fr. 138, p. 211.

166    Pierre Nicole, *De la charité et de l'amour propre*, *op. cit.*, chap. XI, p. 443.

[P]our réformer entièrement le monde, – c'est-à-dire pour en bannir tous les vices et tous les désordres grossiers, et pour rendre les hommes heureux dès cette vie même –, il ne faudrait au défaut de la charité, que leur donner à tous un amour-propre éclairé, qui sût discerner ses vrais intérêts, et y tendre par les voies que la droite raison lui découvrirait[167].

Nicole esquisse ici une vision du monde très pragmatique. Contrairement à la société chrétienne espérée, cette faible copie profane, elle, est à portée de main. Étant donné que cet amour-propre éclairé est « la plus générale inclination qui naisse de l'amour-propre »[168] et que l'amour-propre est partout, la majorité des hommes se cacherait déjà sous des apparences vertueuses et exerce pour cette raison même la vertu apparente. C'est ainsi que le monde se maintient, peuplé d'hommes concupiscents et pleins d'amour-propre, mais que le désir de l'amour rend finalement médiocrement bons.

Racine ne pourrait s'imaginer un meilleur exemple – et public – pour son univers tragique que ces hommes médiocres du XVIIe siècle. Dans cette France de plus en plus profane, ils balancent à la frontière du vice et de la vertu. La recherche de l'amour et de l'estime devient un catalyseur. C'est leur principale motivation pour altérer leur nature, pour devenir une meilleure version d'eux-mêmes, mais en même temps, on leur inculque que ces vertus recherchées ne sont qu'illusoires, ainsi que leurs mobiles glorieux. C'est du moins le dessein de sa *Fausseté des vertus humaines*, explique Esprit :

> On souhaite que ceux en qui l'on voit reluire toutes ces vertus morales, civiles & heroïques, voyant la vanité & la bassesse des motifs qui les font agir, sortent de l'illusion où ils sont à l'égard d'eux-mêmes ; qu'ils comprennent que les vertus dont ils se parent sont des vertus fausses & apparentes, & que bien loin d'imaginer en eux de grandes perfections, & de se croire des Heros & des demy-Dieux, il reconnoissent qu'ils sont avares, envieux, vains, foibles, legers & inconstans comme les autres hommes[169].

Chez Racine, le désir de l'amour joue un rôle opposé auprès des personnages : il inspire rarement des « vertus morales, civiles & heroïques » – ne seraient-elles qu'apparentes. Or, en tant que *hamartia*, le désir de l'amour réciproque actionne néanmoins une pareille « reconnaissance » de la faiblesse des héros mêmes, en les faisant « tombe[r] dans le malheur », malheur, en plus, quelque

---

167   *Id.*
168   *Ibid.*, chap. III, p. 421.
169   Jacques Esprit, *La Fausseté des vertus humaines*, t. I, *op. cit.*, « Préface ».

peu *mérité* par la faute. Ainsi ce désir est à même de créer une zone grise entre la bonté et la méchanceté des intentions floues des personnages. Par son caractère ambigu, la faute se garde des excès, bons ou mauvais. En réactualisant ce vice masqué en vertu comme faute tragique de ses personnages, Racine offre une solution tout à fait contemporaine au problème de la *hamartia*.

En effet, bien que conforme à la théorie aristotélicienne de la *hamartia*, ce désir de l'amour est ce qui distingue les tragédies de Racine de ses modèles grecs et principalement d'Euripide. Dans le cas de *Phèdre*, par exemple, leurs amours distinguent nettement la Phèdre et l'Hippolyte raciniens de leurs alter egos antiques, car les premiers *déclarent* non seulement leur amour, mais également le désir d'être aimé[170]. Alors que la Phèdre antique n'avoue que son propre amour à sa nourrice et se suicide quand elle apprend la réaction d'Hippolyte, l'héroïne de Racine ne se tuera que quand elle n'aura plus d'espoir et qu'Hippolyte sera mort. L'Hippolyte du Grand Siècle, quant à lui, meurt lui aussi, certes, après avoir été banni et maudit par son père, mais seulement après avoir tenté de se construire un avenir d'amour réciproque avec Aricie. Il mourra ainsi moins en fuyant son père, qu'en se précipitant au lieu de rencontre avec son amante, à ce « Temple sacré » (v, 1, 1394) où ils sont censés se marier. Quant à cette autre tragédie racinienne inspirée d'Euripide, *Iphigénie*, le désir d'Agamemnon d'être estimé des Grecs est certes le même dans les versions d'Euripide et de Racine. Chez Racine cependant le désir d'être aimé enveloppe *tous* les personnages et définit également les deux Iphigénies de Racine et souligne leur rivalité qui entraînera le dénouement.

Pour ces tragédies d'Euripide, et pour la tragédie grecque en général, Martha Nussbaum offre une lecture originale dans son ouvrage *The Fragility of Goodness*, dont le titre ne peut qu'évoquer la fragilité humaine évoquée dans le contexte de la *hamartia*[171]. Nussbaum fait remarquer que les crimes tragiques trouvent très souvent leur origine dans un amour conflictuel, disproportionnel[172], mais que les personnages n'en deviennent pas nécessairement moralement mauvais. Au contraire, la manifestation d'un amour si puissant témoigne, selon elle, d'une bonté morale, car ces personnages tragiques sont capables de se fier et de s'ouvrir à un autre, sans jamais avoir

---

170   Pour une comparaison des *Phèdre* d'Euripide et de Racine, voir entre autres : Roy C. Knight, *op. cit.*, p. 334-367 ; Tristan Alonge, *op. cit.*, chap. v.

171   Voir plus haut : selon La Mesnardière, « l'utilité merveilleuse de la tragédie » est attachée « aux bonnes Mœurs des Héros qui ne sont coupables que par quelque fragilité qui merite d'estre excusée » (*op. cit.*, p. 141).

172   Pour l'idée du dilemme tragique causé par un amour conflictuel, voir : Martha Nussbaum, *La Fragilité du bien. Fortune et éthique dans la tragédie et la philosophie grecques*, trad. Gérard Colonna d'Istria, Roland Frapet *et al.*, Paris, Édition de l'éclat, 2016, chap. 2.

complètement prise sur lui. C'est cette particularité de l'homme qui fait toute sa beauté, mais également sa fragilité morale :

> Il y a une beauté dans l'empressement à aimer quelqu'un en dépit du caractère instable et terrestre de l'amour, beauté qui est absente d'un amour totalement confiant. Il y a une certaine valeur dans la vertu sociale, qui est perdue quand on exclut la vertu sociale du domaine des événements non contrôlés. Et de façon générale, chaque vertu aristotélicienne importante semble inséparable d'un risque de dommage. [...] Cet empressement à embrasser quelque chose qui *est* dans le monde et s'expose à ses risques est, en fait, chez Euripide, la vertu de l'enfant, dont l'amour est orienté vers le monde lui-même, y compris avec ses dangers. [...] C'est cette manière d'affirmer son amour qu'Euripide et Aristote [...] cherchent, chacun à sa façon, à nous proposer comme une manière adulte d'exceller[173].

Bien que ces propos concernent donc avant tout Euripide et Aristote, cet « empressement à aimer quelqu'un en dépit du caractère instable et terrestre de l'amour » s'applique également aux amours non réciproques ou envahies de doute chez Racine. L'interprétation clémente de Nussbaum permet d'adopter un point de vue plus large, panoramique même, qui prend en considération les mobiles amoureux, même des pires crimes. Dans ce sens, elle permet également de sympathiser avec les personnages de Racine, même si ces derniers ne s'en tiennent pas exactement à « la vertu de l'enfant ». L'ouverture courageuse à l'amour que louent Aristote et Euripide selon Nussbaum s'accompagne chez Racine du mouvement inverse : ses héros tragiques semblent beaucoup moins prêts à s'engager dans ce « domaine des événements non contrôlés ». Pour ces héros, l'amour seul n'est pas assez mais doit être rendu et sans cesse renouvelé, sous peine de plaintes, de menaces et de violences.

L'amour continue toutefois, également chez Racine, à jouer un rôle pacificateur. Il est à même de polir les excès les plus mordants du désir d'être aimé, en compensant les crimes par la bonté de ses origines, la crainte par la pitié, la pitié par la crainte. La lecture de la tragédie grecque par Nussbaum fournit ainsi, en un sens, une réponse à cette autre énigme de la poétique aristotélicienne, celle de la catharsis. Comme pour la *hamartia*, Racine s'est aventuré dans une traduction personnelle de cette notion vivement discutée, même

---

173   *Ibid.*, p. 522.

à l'époque[174]. Comme pour la *hamartia*, le dramaturge ajoute ses propres nuances (en italique) :

> [La tragédie se fait] par une représentation vive qui, excitant la pitié et la terreur, purge *et tempère* ces sortes de passions. *C'est-à-dire qu'en esmou-vant ces passions, elle leur oste ce qu'elles ont d'excessif et de vitieux, et les rameine à un estat modéré et conforme à la raison*[175].

Les additions de Racine se concentrent de nouveau sur la notion d'excès, absente des traductions plus fidèles d'Aristote. Comme pour la faute tragique il ne faut ni de méchanceté excessive, ni de bonté excessive, la catharsis, elle, cherche selon Racine à purger les excès vicieux, c'est-à-dire nuisibles, des passions tragiques de la pitié et de la terreur. Racine semble vouloir rapprocher la catharsis et la *hamartia*, de sorte que les personnages *modérés* aient l'avantage d'émouvoir tout en *tempérant* ces passions qu'ils excitent, et en « les ramein[ant] à un estat modéré et conforme à la raison ».

Concernant cette dernière expression, Vinaver commente que la « raison », c'est « ce qui est juste, normal, adéquat » et que la formulation doit être comprise dans le « sens de la mesure, de l'équité »[176]. Ainsi Racine considère Phèdre comme un caractère « raisonnable »[177], c'est-à-dire qu'elle est « convenable » ou « approprié[e] » en tant qu'héroïne tragique[178]. Les expressions « conforme à la raison » et « raisonnable » sont également liées à l'idée de la vraisemblance[179]. Pour la catharsis, il en résulte que les passions excitées doivent avoir – ou mieux doivent être ramenées à – un caractère conforme ou convenable à l'opinion et au goût commun au XVIIᵉ siècle. De fait, la catharsis ne peut être dissociée du public, cela est évident, mais également du contexte dans lequel celui-ci se trouve. André Dacier le confirme quand il décrit une de ces passions tragiques, la pitié :

---

174    Pour le XVIIᵉ siècle, voir André Dacier, « Remarques sur le chapitre VI », dans *La Poëtique d'Aristote, op. cit.*, p. 77-81.

175    Jean Racine, *Principes de la tragédie, op. cit.*, p. 11-12. À comparer avec : Aristote, *La Poétique*, 1449 b 26-28, éd. cit., p. 53.

176    Eugène Vinaver, « Glossaire », dans Jean Racine, *Principes de la tragédie, op. cit.*, p. 72.

177    Jean Racine, « Préface à *Phèdre* », OC I, p. 817.

178    Georges Forestier, « Notes et variantes de *Phèdre* », OC I, p. 1641.

179    Dans *Les Sentimens de l'Académie françoise sur Le Cid*, Chapelain écrit que par souci de vraisemblance, le poète peut « travailler plustost sur un sujet feint & raisonnable, que sur un veritable qui ne fust pas *conforme à la raison* » (cité dans *La Querelle du Cid*, éd. cit., p. 930-1009, p. 948, Nous soulignons).

[L]a pitié est un sentiment de douleur que produit en nous le mal d'un
homme qui souffre ce qu'il ne mérite pas ; lorsque ce mal est d'une Nature
à pouvoir aussi nous arriver, & que nous pouvons raisonnablement le
craindre ; car toutes les passions ont nôtre amour propre pour fondement, & la pitié qui semble n'embrasser que l'interêt de nôtre prochain,
n'est fondée que sur le nôtre[180].

La boucle est bouclée. Les moralistes et les hommes de théâtre se retrouvent
en la personne d'André Dacier, qui explique à la fin du siècle le succès d'une
tragédie par l'amour-propre du public, sans néanmoins tomber dans une critique augustinienne du théâtre, ni de la nature corrompue de l'homme[181]. Le
fragment de *La Poëtique d'Aristote* par Dacier prouve qu'au Grand Siècle, le
monde des moralistes et celui du théâtre sont, malgré leurs hostilités, des vases
communicants. Il articule enfin ce qui a constitué pendant des décennies la
tactique de Racine, et explique non seulement le principe de l'identification
mais y ajoute également les étiquettes chères aux moralistes de l'amour-propre
et de l'intérêt. Toutefois l'entreprise est délicate car, rappelons les observations
de Pascal, le moi humain « conçoit une haine mortelle contre cette vérité qui
le reprend, et qui le convainc de ses défauts. [...] il ne peut souffrir qu'on les
lui fasse voir, ni qu'on les voie »[182]. Conscient des dangers, Racine emprunte
un chemin différent pour toucher l'amour-propre de ses spectateurs, suivant
néanmoins toujours les directions des moralistes. Le désir d'être aimé, cet
« amour-propre éclairé », réveille les spectateurs, les trouble et les attendrit en
même temps. Grâce aux maximes et essais des moralistes il a pu atteindre ce
statut ambigu et les spectateurs contemporains peuvent regarder au-delà des
crimes et des agressions excessifs pour les ramener à leur cause, à ce désir finalement « conforme à la raison ».

•  •  •

Entre le vice et la vertu, entre le moi et l'autre, entre la gloire et l'amour, le
héros tragique déchiré par ses passions déraisonnables atteint malgré tout
l'équilibre nécessaire pour toucher le public du théâtre. Sensible à la fois à la
beauté de l'ouverture à l'amour et aux difficultés qu'elle entraîne, ce public

---

180    André Dacier, « Remarques sur le chapitre XIII », *op. cit.*, p. 177.
181    Ainsi le prince de Conti se réfère également à l'amour-propre pour condamner le théâtre :
       « [N]otre amour-propre est si délicat, que nous aimons à voir les portraits de nos passions
       aussi bien que ceux de nos personnes » (*op. cit.*, p. 201).
182    Blaise Pascal, *Pensées, op. cit.*, fr. 743, p. 590.

*comprend*, lui, les aveuglements et les dérèglements des personnages amoureux. La catharsis signifie ce passage de la passion déraisonnable à la raison émotive : on comprend – voire on apprend – grâce aux passions ressenties, qui doivent, elles aussi, respecter la bonne mesure, l'équilibre. Racine s'assure la pitié et la crainte de son public en accordant une place prédominante au désir d'être aimé de ses personnages. Ce désir définit non seulement l'identité des personnages, mais également leurs actions. Que ne peut accomplir ou détruire le désir d'un amour réciproque ? Racine en thématise les heureux effets, mais surtout les pires déceptions, si bien que ce désir mène les amoureux tout droit vers le dénouement – la catastrophe – de la tragédie.

Même après la catastrophe, le spectateur ne peut abandonner ces amoureux « punis », ni les Bérénice, Britannicus, Hippolyte, ni même les Hermione, Mithridate, Phèdre. C'est, sans doute, qu'il se reconnaît en ces personnages terrassés non seulement par leur passion incontrôlable, mais également par le désir de vouloir changer celle de l'autre. Ce désir, d'expression tendre ou violente, est la fragilité qui les rend humains, beaux, et même bons en ce qu'ils osent aspirer à la grâce amoureuse. Il est à la fois reconnaissable pour les spectateurs et rendu sublime par sa vigueur et sa toute-puissance sans compromis. Seul le génie de Racine peut ainsi tourner en sa faveur les observations des moralistes pour les ériger en concepts dramatiques de la *hamartia* et de la catharsis.

# Épilogue : la fin de la tragédie racinienne

« Tant il est vrai », écrit Rousseau, « que les tableaux de l'amour font toujours plus d'impression que les maximes de la sagesse, et que l'effet d'une tragédie est tout à fait indépendant de celui du dénoüement »[1]. Selon l'expérience du spectateur des tragédies de Racine, l'amour vainc et surpasse le malheur propre au tragique qu'il déclenche. Bien qu'il signifie souvent sa propre perte, l'amour chez Racine ne semble pas condamné par ses dérèglements, par ce dénouement malheureux ; il en sort, au contraire, célébré et sublimé.

Étrangement intercalée entre *Andromaque* et *Britannicus*, la comédie des *Plaideurs* illustre, *a contrario*, que la fin – malheureuse ou heureuse – n'altère pas le message d'amour véhiculé par Racine. Dans *Les Plaideurs* en effet, l'amour n'occupe pas le premier plan, mais la pièce s'achève néanmoins sur l'annonce du mariage des jeunes amoureux, Isabelle et Léandre. La comédie montre que le père bourgeois et mesquin n'est pas un obstacle de taille face au véritable amour, qui triomphera grâce aux ruses de Léandre. Même si cet amour est présenté comme tout à fait honnête et désintéressé – Léandre aime Isabelle pour elle-même et non pas pour son argent – cet amour n'est certes pas à la hauteur de l'amour des tragédies. De fait, la fin heureuse de l'accord du mariage est une convention du genre comique[2] et ne permet guère de conclure quoi que ce soit sur la conception de Racine à propos de la passion amoureuse : qu'une pièce finisse par un mariage ne garantit nullement que Racine croie à la beauté et au bonheur amoureux.

Inversement, la fin tragique de la plupart des relations amoureuses – ainsi que des amants eux-mêmes – dans les tragédies de Racine ne suffit pas pour étayer des conclusions sur sa conception pessimiste de l'amour. Dans l'univers tragique de Racine, les relations amoureuses sont le plus souvent vouées à l'échec – condition *sine qua non* du genre –, mais le tragique n'affecte pas la passion amoureuse elle-même, qui reste tout à fait possible et d'autant plus violente. L'amour chez Racine pousse les personnages à bout, au sens figuré et au sens littéral : les personnages vont au bout de leurs désirs et de leurs capacités, *et* ils sont entraînés d'un bout de la tragédie à l'autre, par l'amour et par la volonté de le cerner, de le contrôler. Pour Barthes, ces extrêmes de la tragédie racinienne signifient la mort : « sortir de la scène, c'est pour le héros,

---

1    Jean-Jacques Rousseau, *À Monsieur d'Alembert, op. cit.*, p. 50.
2    Jacques Scherer, *La Dramaturgie classique en France*, Paris, Nizet, 1950, p. 139-141.

d'une manière ou d'une autre, mourir »[3]. Beaucoup d'amoureux et d'amoureuses chez Racine trouvent en effet la mort à la fin de la tragédie. L'amour et le désir d'être aimé sont fatals à des personnages aussi différents qu'Hermione, Britannicus, Roxane, Atalide, Phèdre ou Athalie. Le contraste avec l'amour contrecarré mais finalement heureux d'Isabelle et de Léandre dans *Les Plaideurs* ne fait que mettre en évidence la valeur de la passion tragique chez Racine : les enfantillages s'opposent aux fureurs amoureuses, les doux soupirs aux cris élégiaques. Que l'amour ait pu infiltrer la tragédie jusqu'à y occuper la place centrale, jusqu'à déterminer la faute tragique, que les malheurs amoureux *puissent* être proprement tragiques, illustre la dignité, l'importance et la puissance de cette passion, propre à émouvoir les spectateurs[4]. Ainsi le genre tragique, par sa fin malheureuse, ne contredit pas la possibilité de la passion amoureuse ; il est, au contraire, la confirmation de son nouveau pouvoir dramaturgique et dramatique.

Pour ces amants et amantes qui ne meurent *pas* à la fin de la tragédie, mais doivent poursuivre leur vie, comme Oreste, Néron et Aricie, dans la folie, le désespoir ou la douleur, on a tout lieu de croire que leur amour continue de les hanter. Pour Bérénice en particulier, on a imaginé et on continue d'imaginer son retour aux ruines et au désert de la Césarée :

> Le voyage
> Sur la mer dans le vaisseau romain,
> Foudroyée
> Par l'intolérable douleur de l'avoir quitté[5].

Avec Marguerite Duras et Jean-Jacques Rousseau, on ne peut s'empêcher de regarder au-delà du terme de la tragédie, d'imaginer et de remplir les vides. Le

---

3  Roland Barthes, *Sur Racine, op. cit.*, p. 18. Barthes voit pourtant le paradoxe de ce constat : c'est « comme si le seul contact de l'air extérieur devait [...] dissoudre [la proie] ou la foudroyer : combien de victimes raciniennes meurent ainsi de n'être plus protégées par ce lieu tragique qui pourtant, disaient-elles, les faisait souffrir mortellement (Britannicus, Bajazet, Hippolyte) » (*Id.*).

4  Par la place nouvelle, centrale et proprement tragique de l'amour dans ses pièces, Racine donne tort à Corneille, selon lequel : « [L]a dignité [de la tragédie] demande quelque grand intérêt d'État, ou quelque passion plus noble et plus mâle que l'amour, telles que sont l'ambition ou la vengeance ; et veut donner à craindre des malheurs plus grands, que la perte d'une maîtresse » (Pierre Corneille, *Discours de l'utilité et des parties du poème dramatique*, dans *Œuvres complètes*, t. III, éd. cit., p. 117-141, p. 124).

5  Extrait de la bande sonore du court-métrage de Marguerite Duras, *Césarée*, Les Films du Losange, 1979. Dans sa mise en scène de *Bérénice* en 2018, Célie Pauthe combine le texte de Racine et la voix de Duras.

personnage d'Andromaque montre le chemin, relique, elle, d'une autre tragédie, celle de la guerre de Troie où elle a dû laisser un mari aimé et amant. Sa
présence endeuillée dans la tragédie qui porte son nom peut se lire comme le
présage des pertes amoureuses qui suivront, le présage aussi de la façon dont les
douleurs et l'amour ne s'effaceront *pas* avec le temps, mais au contraire déchaî-
neront d'autres drames, d'autres *tragédies*. Ainsi, quand *Britannicus* prend fin,
on peut s'imaginer un Néron qui pour récupérer Junie au temple des Vestales
tue sa mère et incendie Rome ; on comprend les troubles futurs d'Oreste qui a
tout risqué pour obtenir le cœur d'Hermione ; on entrevoit même comment
les amours de Xipharès et de Monime pourraient encore faire naufrage alors
même qu'ils sont au port, Xipharès étant alors pris de remords à la pensée de
son père, au moment même où « il peut tout », où son « heureux amour peut
tout ce qu'il désire »[6]. Les possibilités sont infinies, car l'amoureux chez Racine
remet tout en question, l'amour étant passion, action et réflexion.

C'est ainsi qu'il faut également comprendre la prophétie de Joad dans
*Athalie*, qui prédit la trahison de Joas bien au-delà de la fin heureuse de la tragédie : « De son amour pour toi ton Dieu s'est dépouillé » s'inquiète le Grand
Prêtre (III, 7, 1146). Racine intègre l'histoire d'Athalie et de Joas dans le mouvement perpétuel de l'Ancien Testament qui fait alterner la persécution et le
salut : l'amour pour Dieu doit sans cesse se prouver, se renouveler. En effet, la
tragédie de l'amour ne prend jamais fin ; Racine sème les indices de ce temps
circulaire dans ses histoires, donnant au public le soupçon d'un futur qu'il ne
verra jamais. Ainsi le dramaturge renforce-t-il l'idée selon laquelle ses passions, peintes de façon si vive, ne peuvent être contenues dans les termes de la
tragédie ; elles la dépassent, se libèrent dans l'imagination des spectateurs.
Racine ruse avec les règles de la tragédie, qui doit en réalité, selon d'Aubignac,
se terminer par un retour à l'ordre :

> [L]e Théâtre étant le lieu des Actions, il faut que tout y soit dans l'agi-
> tation, soit par des événements qui de moment à autre se contredisent
> et s'embarrassent ; soit par des passions violentes [...] ; et enfin c'est où
> règne le Démon de l'inquiétude, du trouble et du désordre ; et dès lors
> qu'on y laisse arriver le calme et le repos, il faut que la Pièce finisse[7].

Chez Racine cependant, « le calme et le repos » à la fin de ses tragédies sont
relatifs. La passion amoureuse continue à couver, sinon sur scène dans les

---

6  Jean Racine, *Bérénice*, I, 2, 43 et IV, 5, 1083.
7  L'abbé d'Aubignac, *op. cit.*, IV, 4, p. 430. Sur ce fragment, voir John D. Lyons, *op. cit* et art. cit. ;
   Timothy Murray, art. cit.

cendres des vies détruites, du moins dans l'imagination des spectateurs qui
la voient renaître tel un phénix. La ruine de l'amour ne peut se parachever
entièrement, même si Racine l'avait voulu, car :

> Il est dans tous les états de la vie et dans toutes les conditions. Il vit par-
> tout et il vit de tout ; il vit de rien. Il s'accommode des choses et de leur
> privation. Il passe même dans le parti des gens qui lui font la guerre : il
> entre dans leurs desseins, et ce qui est admirable, il se hait lui-même avec
> eux. Il conjure sa perte. Il travaille même à sa ruine. Enfin, il ne se soucie
> que d'être et, pourvu qu'il soit, il veut bien être son ennemi. […] dans le
> même temps qu'il se ruine en un endroit, il se rétablit en un autre. Quand
> on pense qu'il quitte son plaisir, il ne fait que le suspendre ou le changer
> et, lors même qu'il est vaincu et qu'on en croit être défait, on le retrouve
> qui triomphe dans sa propre défaite[8].

Pourrait-on rendre mieux compte des « flux et reflux » des « vagues
continuelles »[9] de la passion amoureuse dans les tragédies de Racine ? Le
fragment cité provient de la première édition en 1665 des *Maximes* et porte
en réalité sur l'amour-propre et non pas sur l'amour, même si on connaît le
rapprochement des deux opéré par La Rochefoucauld. À l'amour-propre défini
par les moralistes, l'amour chez Racine emprunte moins une caractérisation
égoïste et orgueilleuse, qu'un mode opératoire « habile »[10] et « ingénieux »[11],
qui est à même de définir la dramaturgie racinienne, c'est-à-dire sa façon de
créer ses tragédies et de susciter l'attention du public.

Le génie de l'amour chez Racine se manifeste en effet dans la rencontre des
expériences intra-scénique et extra-scénique de l'amour. Le premier chapitre a
montré comment Racine pénalise, dans ses tragédies, les vains désirs de la chair,
l'inquiète volonté de savoir et l'orgueilleuse pulsion de dominer ; en d'autres
termes, « [l]es passions n'y sont présentées aux yeux que pour montrer tout le
désordre dont elles sont cause »[12]. Cet amour concupiscent, cependant – pour
reprendre les termes de La Rochefoucauld – « dans le même temps qu'il se
ruine en un endroit, […] se rétablit en un autre » : dans la salle, les spectateurs
sont séduits par ces mêmes mécanismes qu'ils doivent réprouver, la volupté,

---

8    François de La Rochefoucauld, *Maximes, op. cit.*, max. suppr. 1, p. 210.

9    *Id.*

10  *Ibid.*, max. 4, p. 135.

11  « une passion qui ne pourrait causer que de l'horreur si elle était représentée telle qu'elle
      est, devient aimable par la manière *ingénieuse* dont elle est exprimée » (Pierre Nicole,
      *Traité de la Comédie, op. cit.*, chap. XIX, p. 76. Nous soulignons).

12  Jean Racine, « Préface à *Phèdre* », *op. cit.*, p. 819.

la curiosité et le fantasme de la *libido dominandi* étant des procédés proprement dramatiques, mais des procédés qui, en outre, réveillent dans le public une seconde nature, ou la nostalgie d'une vie plus libre, plus passionnelle, plus digne.

Dans ses tragédies, Racine prend également soin de promouvoir l'amour exemplaire, proche du pur amour, de personnages bibliques et d'héroïnes comme Iphigénie et Bérénice. Le deuxième chapitre a analysé comment ces personnages parviennent à vaincre les concupiscences terrestres. Selon les moralistes cependant, la représentation de ces passions n'en devient que « plus dangereuse », car celles-ci sont « dépouill[ées] de ce qu'elles ont de plus horrible, et [...] fard[ées] tellement [...] qu'au lieu d'attirer la haine et l'aversion des spectateurs, elles attirent au contraire leur affection »[13]. En d'autres termes : « [P]lus elle [la Comédie] est charmante, plus elle est dangereuse ; et j'ajouterais même que plus elle semble honnête, plus je la tiens criminelle »[14]. Nicole craint, à raison, que l'affection suscitée pour la passion dans la salle ne se limitera pas aux amours vertueuses. La participation amoureuse, en effet, tend à s'intéresser à tous ces amoureux qui ont emprunté au pur amour l'expérience extatique et ont combiné ensuite le ravissement de l'autre *et* de soi. « Quand on pense qu'il quitte son plaisir, il ne fait que le suspendre ou le changer » : la douleur amoureuse d'un Oreste, d'une Ériphile ou d'une Phèdre contient toujours une trace de la délectation proprement amoureuse ; de même, dans la salle, le « plaisir » peut se trouver dans la « tristesse majestueuse », dans le trouble et les larmes.

En somme, dans la tragédie comme dans la salle, l'amour « vit partout et il vit de tout ; il vit de rien. Il s'accommode des choses et de leur privation ». Dans ses tragédies, Racine montre le plus souvent un amour qui veut tout, n'obtient rien, mais perdure, tout à fait déraisonnablement, même étant « privé » de l'amour de l'autre. Un tel excès d'amour, surtout quand il se déclare ou s'avoue, « travaille à sa ruine ». Comment mieux décrire la faute tragique, discutée dans le troisième chapitre ? Le désir d'être aimé des personnages raciniens les

---

13     Pierre Nicole, *Traité de la Comédie, op. cit.*, chap. XIX, p. 74-76. Racine a souvent dû essuyer ce genre de critiques qui estimaient qu'il « fardait » dangereusement les passions coupables de ses personnages. Pour la passion de Phèdre par exemple, Racine est critiqué parce qu'« il devait nous en prévenir par quelques Vers, et ne pas faire doucement glisser ces horreurs dans nos esprits sous le nom d'une *flamme ordinaire*, dont on peut brûler légitimement, et dans la tranquillité d'une conscience pure, il est trop dangereux de débiter de méchantes maximes, sans faire connaître ce qu'elles ont de mauvais, et l'on ne peut avoir trop de circonspection pour ces sortes de choses » (*Dissertation sur les tragédies de Phèdre et Hippolyte, op. cit.*, p. 887).

14     Jean-François Senault, *Le Monarque ou les devoirs du souverain, op. cit.*, p. 142.

montre tiraillés entre leur moi et l'autre, c'est-à-dire entre ces deux publics, l'un intériorisé, l'autre extérieur, entre le désir de « sortir de soi pour rencontrer l'autre » et le désir de « s'approprier l'autre pour qu'il fasse partie de soi »[15]. L'équilibre, pourtant, est rarement atteint. Dans la salle, cependant, ce fatal désir d'être aimé des personnes est reçu par les applaudissements du troisième public, ému. Détournons une dernière fois le texte de La Rochefoucauld pour définir l'amour chez Racine : « on le retrouve qui triomphe dans sa propre défaite ».

La représentation du désir d'être aimé permet à Racine d'équilibrer les passions tragiques : la frayeur est atténuée par la pitié, d'autant plus forte que le spectateur reconnaît ce désir d'amour – différent du désir de plaire – des personnages comme le sien. Autre exploit d'équilibre en effet, Racine propose à ce spectateur du XVIIe siècle une solution à l'alternative entre l'austérité religieuse étouffante de Port-Royal et le théâtre superficiel de la galanterie à la Cour. Il leur montre un monde autre et imprévisible, rebelle et pourtant quelque peu familier. C'est la promesse de l'amour à son public : une escapade passionnelle, une expérience émotionnelle, instinctive même, des larmes, de la rougeur… le tout « quelquefois malgré luy souvent avec surprise, [mais] jamais sans douceur et sans plaisir »[16]. En d'autres termes, le spectateur appréciera, ne serait-ce qu'inconsciemment, la possibilité de la sensation amoureuse.

Ce pouvoir particulier du théâtre amoureux, on le sait, est le mieux cerné par ses adversaires. Comme Longepierre, Nicole souligne que l'impact des représentations théâtrales est toujours plus grand qu'on ne pense :

> Il ne faut pas s'imaginer que ces méchantes maximes dont les Comédies sont pleines ne nuisent point, parce qu'on n'y va pas pour former ses sentiments, mais pour se divertir, car elles ne laissent pas de faire leurs impressions sans qu'on s'en aperçoive […] l'esprit y étant transporté et tout hors de soi, au lieu de corriger ces sentiments, s'y abandonne sans résistance, et met son plaisir à sentir les mouvements qu'ils inspirent, ce qui le dispose à en produire de semblables dans l'occasion[17].

Ce caractère émotionnel de l'expérience théâtrale est crucial. Le « plaisir à sentir » est l'équivalent pour le public du projet de « plaire » et de « toucher » que se propose Racine. La capacité de raisonner, semble-t-il, est subordonnée à

---

15    Danielle Haase-Dubosc, *op. cit.*, p. 36. Voir *supra*, chap. 2, 2.1.
16    Hilaire-Bernard de Longepierre, *Parallèle de Monsieur Corneille et de Monsieur Racine*, *op. cit.*, p. 170.
17    Pierre Nicole, *Traité de la Comédie, op. cit.*, chap. XVIII, p. 72-74.

celle de sentir, la raison étant trop facilement subjuguée par les passions théâ-trales. Se dresse ainsi le parallèle avec le concept de l'impression cataleptique, par laquelle Martha Nussbaum a plaidé en faveur des émotions, qui sont par-fois beaucoup plus instructives que la raison[18]. Comme la douleur et le déses-poir d'Hermione à la nouvelle de la mort de Pyrrhus, les passions suscitées par la tragédie entraînent une impression cataleptique. Par ses larmes ou sa rougeur, par ce charme intuitif exercé par la tragédie, le spectateur peut décou-vrir quelque vérité qu'il n'aurait pas pu acquérir par les voies de la raison. Ainsi la tragédie réussit-elle à rompre « ce réflexe [...] profondément ancré dans toute vie humaine » qui consiste à « nier ses propres vulnérabilités et [à] leur barrer l'accès »[19].

La catharsis consiste alors en la prise de conscience de cette vulnérabi-lité humaine. La peinture de l'amour extraordinaire, pur et véhément et de ses conséquences souvent désastreuses est « rame[née] à un estat modéré et conforme à la raison »[20], c'est-à-dire que cet amour est ramené à son essence humaine, qui interpelle tout spectateur, qui a aimé, a voulu être aimé, a perdu le contrôle de ses passions. Les passions évoquées par la représentation tra-gique contiennent une vérité profondément humaine, sans pour autant être entièrement rationnelles. Au contraire, la spécificité de la dramaturgie de Racine consiste en cet appel aux passions des spectateurs, qui sont invités à partager l'expérience amoureuse des personnages sur scène. Ils viennent en foule rechercher les pulsions indiscrètes et extatiques des personnages : le plai-sir de voir, de savoir, de dominer, la possibilité de se perdre, et de se retrouver, le temps d'une tragédie. L'amour chez Racine est le moteur de l'action et de la séduction, du début à la fin. L'amour, chez lui, c'est le théâtre, pour que le théâtre, à son tour, devienne amour.

---

18  Martha Nussbaum, « La connaissance de l'amour », *op. cit.*
19  *Ibid.*, p. 390-391.
20  Jean Racine, *Principes de la tragédie, op. cit.*, p. 12.

# Bibliographie

## Sources avant 1800

Aristote, *La Poétique*, éd. et trad. Roselyne Dupont-Roc et Jean Lallot, Paris, Seuil, 1980.

Aristote, *Poetics*, éd. et trad. Stephen Halliwell, Cambridge (MA)/London, Harvard UP, Loeb Classical Library, 1995.

Arnauld, Antoine, *Apologie de Monsieur Jansenius evesque d'Ipre & de la doctrine de S. Augustin*, s.l.n.é., 1644, 2 vol.

Aubignac, François Hédelin abbé d', *La Pratique du théâtre*, éd. Hélène Baby, Paris, Champion, 2011.

Augustin, *Œuvres de saint Augustin*, éd. et trad. Institut d'Études Augustiniennes, Paris, Desclée de Brouwer, « Bibliothèque augustinienne », 1937-2017, 76 vol.

Augustin, *La Cité de Dieu*, éd. et trad. Gustave Combès et Goulven Madec, Paris, Institut d'Études Augustiniennes, « Nouvelle bibliothèque augustinienne », 1993-1995, 3 vol.

Barbier d'Aucour, Jean, *Apollon charlatan. Allégorie critique sur les ouvrages de M. Racine*, dans Jean Racine, *Œuvres complètes*, t. I, éd. Georges Forestier, Paris, Pléiade, 1999, p. 768-774.

*La Bible, traduite par Louis-Isaac Lemaître de Sacy*, éd. Philippe Sellier, Paris, Laffont, 1990.

Boileau-Despréaux, Nicolas, *Œuvres complètes*, éd. Antoine Adam et Françoise Escal, Paris, Pléiade, 1966.

*Bolaeana ou Bons mots de M. Boileau*, éd. Jacques de Losme de Monchesnay, Amsterdam, L'Honoré, 1742.

Bossuet, Jacques-Bénigne, *L'Église et le théâtre*, éd. Charles Urbain et Eugène Levesque, Paris, Grasset, 1930.

Bouhours, Dominique, *Suite des Remarques nouvelles sur la langue françoise*, Paris, G. et L. Josse, 1692.

Bouhours, Dominique, *Les Entretiens d'Ariste et d'Eugène*, éd. Bernard Beugnot et Gilles Declercq, Paris, Champion, 2003.

Bussy-Rabutin, Roger de Rabutin, comte de Bussy, *Histoire amoureuse des Gaules*, dans *Libertins du XVIIᵉ siècle*, t. II, éd. Jacques Prévot *et al.*, Paris, Pléiade, 2004, p. 539-642.

Bussy-Rabutin, Roger de Rabutin, comte de Bussy, (attribué à), « Le Palais-Royal ou les Amours de Mme de Lavallière », dans *Histoire amoureuse des Gaules, suivie des Romans historico-satiriques du XVIIᵉ siècle*, t. II, éd. Paul Boiteau et Charles-Louis Livet, Paris, P. Jannet, 1857, p. 25-96.

Castiglione, Baldassar, *Le Livre du Courtisan*, trad. Gabriel Chappuis, éd. Alain Pons, Paris, Flammarion, 1991.

Chapelain, Jean, *Les Sentimens de l'Académie françoise sur Le Cid*, dans *La Querelle du Cid*, éd. Jean-Marc Civardi, Paris, Champion, 2004, p. 930-1009.

Chapelain, Jean, *Opuscules critiques*, éd. Alfred Hunter et Anne Duprat, Genève, Droz, 2007.

Chappuzeau, Samuel, *Le Théâtre françois*, Paris, J. Bonnassies, 1876.

Cicéron, *Tusculanes*, trad. Jules Humbert, éd. Georges Fohlen, Paris, Les Belles Lettres, 1968-1970, 2 vol.

Conti, Armand de Bourbon, prince de, *Traité de la Comédie et des spectacles*, dans Pierre Nicole *et al.*, *Traité de la Comédie et autres pièces d'un procès de théâtre*, éd. Laurent Thirouin, Paris, Champion, 1998, p. 185-215.

Corneille, Pierre, *Œuvres complètes*, éd. Georges Couton, Paris, Pléiade, 1980-1987, 3 vol.

Cureau de La Chambre, Marin, *Les Characteres des passions*, Paris, J. d'Allin, 1640-1662, 5 vol.

Dacier, André, *La Poëtique d'Aristote*, Paris, C. Barbin, 1692.

Descartes, René, *Œuvres de Descartes*, éd. et trad. Charles Adam et Paul Tannery, Paris, Vrin, 1964-1974, 13 vol.

Descartes, René, et Chanut, Pierre, *Lettres sur l'amour*, éd. Denis Kambouchner, Paris, Mille et une nuits, 2013.

Diderot, Denis, *Œuvres esthétiques*, éd. Paul Vernière, Paris, Classiques Garnier, 1959.

*Dissertation sur les tragédies de Phèdre et Hippolyte*, dans Jean Racine, *Œuvres complètes*, t. I, éd. Georges Forestier, Paris, Pléiade, 1999, p. 877-904.

Domat, Jean, *Pensées*, dans *Moralistes du XVIIe siècle*, éd. Jean Lafond, Paris, Robert Laffont, 1992, p. 610-613.

Donneau de Visé, Jean, *Le Nouveau Mercure Galant*, janvier-mars 1677, Paris, Th. Girard, 1677.

Donneau de Visé, Jean, *Extraordinaire du Mercure Galant*, janvier 1685, Paris, T. Amaulry, 1685.

Donneau de Visé, Jean, *Le Mercure Galant*, février 1689, Paris, G. de Luynes, 1689.

Donneau de Visé, Jean, *Le Mercure Galant*, avril 1699, Paris, M. Brunet, 1699.

Esprit, Jacques, *La Fausseté des vertus humaines*, Paris, G. Desprez, 1677-1678, 2 vol.

Faret, Nicolas, *L'Honnête homme ou l'Art de plaire à la cour*, éd. Maurice Magendie, Paris, PUF, 1925.

Fénelon, François de Salignac de la Mothe, *Œuvres*, éd. Jacques Le Brun, Paris, Pléiade, 1983-1997, 2 vol.

Fontenelle, Bernard Le Bovier de, *Réflexions sur la poétique*, dans *Œuvres complètes*, t. III, éd. Alain Niderst, Paris, Fayard, 1989, p. 111-159.

Furetière, Antoine, *Dictionnaire universel*, La Haye, A. et R. Leers, 1690.

Goibaud du Bois, Philippe, « Réponse à l'auteur de la lettre contre les *Hérésies imaginaires* et les *Visionnaires* », dans Pierre Nicole *et al.*, *Traité de la Comédie et autres pièces d'un procès de théâtre*, éd. Laurent Thirouin, Paris, Champion, 1998, p. 233-248.

Guyon, Jeanne-Marie Bouvier de la Motte, *Œuvres mystiques*, éd. Dominique Tronc, Paris, Champion, 2008.

Hébert, François, *Mémoires du curé de Versailles, 1686-1704*, introduction Georges Girard, préface Henri Bremond, Paris, Les Éditions de France, 1927.

Jansenius, Cornelius, *Augustinus*, Louvain, J. Zegers, 1640.

Jansenius, Cornelius, *Discours de la réformation de l'homme intérieur*, trad. Robert Arnauld d'Andilly, Paris, Veuve J. Camusat, 1642.

Jérôme et Augustin, *Lettres croisées de Jérôme et Augustin*, éd. et trad. Carole Fry, Paris, Les Belles Lettres/J.-P. Migne, 2010.

La Bruyère, Jean de, *Les Caractères de Théophraste traduits du grec avec Les Caractères ou les Mœurs de ce siècle*, éd. Marc Escola, Paris, Champion, 1999.

Lafayette, Marie-Madeleine Pioche de La Vergne, comtesse de, *Œuvres complètes*, éd. Camille Esmein-Sarrazin, Paris, Pléiade, 2014.

La Fontaine, Jean de, *Œuvres diverses*, éd. Pierre Clarac, Paris, Pléiade, 1958.

La Mare, Philibert de, *Mémoires*, bibliothèque municipale de Dijon, mss 839-839 *bis*, t. I, 1670.

La Mesnardière, Hippolyte-Jules Pilet de, *La Poétique*, Paris, A. de Sommaville, 1639.

Lamy, Bernard, *La Rhétorique ou l'art de parler*, éd. Benoît Timmermans, Paris, PUF, 1998.

La Pinelière, Guérin de, Gilbert, Gabriel et Bidar, Mathieu, *Le Mythe de Phèdre. Les Hippolyte français du dix-septième siècle*, éd. Allen G. Wood, Paris, Champion, 1996.

La Rochefoucauld, François VI, duc de La Rochefoucauld, prince de Marcillac, *Réflexions ou sentences et maximes morales et réflexions diverses*, éd. Laurence Plazenet, Paris, Champion, 2005.

Longepierre, Hilaire-Bernard de Requeleyne, baron de, *Parallèle de Monsieur Corneille et de Monsieur Racine*, dans *Médée*, éd. Emmanuel Minel, Paris, Champion, 2000, p. 163-184.

Méré, Antoine Gombauld, chevalier de, *Œuvres complètes*, éd. Charles-Henri Boudhors et Patrick Dandrey, Paris, Klincksieck, 2008.

Molière, *Œuvres complètes*, éd. Georges Forestier *et al.*, Paris, Pléiade, 2010, 2 vol.

Montaigne, Michel Eyquem de, *Les Essais*, éd. Pierre Villey et Verdun-Louis Saulnier, Paris, PUF, 1965.

*Moralistes du XVIIe siècle*, éd. Jean Lafond, Paris, Robert Laffont, 1992.

Nicole, Pierre, *Les Visionnaires ou Seconde partie des lettres sur l'hérésie imaginaire*, Liège, A. Beyers, 1667.

Nicole, Pierre, *et al.*, *Traité de la Comédie et autres pièces d'un procès de théâtre*, éd. Laurent Thirouin, Paris, Champion, 1998.

Nicole, Pierre, *Essais de morale*, choix d'essais introduits et annotés par Laurent Thirouin, Paris, Les Belles Lettres, 2016.

*Nouveau Corpus Racinianum. Recueil – inventaire des textes et documents du XVIIᵉ siècle concernant Jean Racine*, éd. Raymond Picard, Paris, Éditions du Centre National de la Recherche Scientifique, 1976.

Parfaict, François et Claude, *Histoire du théâtre français, depuis son origine jusqu'à présent*, Paris, Le Mercier/Saillant, 1745-1747, 12 vol.

Pascal, Blaise, *Pensées, opuscules et lettres*, éd. Philippe Sellier, Paris, Classiques Garnier, 2011.

Platon, *Le Banquet*, éd. et trad. Paul Vicaire et Jean Laborderie, dans *Phédon, Le Banquet, Phèdre*, Paris, Gallimard/Les Belles Lettres, 1989, p. 93-157.

Pradon, Jacques, *Phèdre et Hippolyte*, dans *Théâtre du XVIIᵉ siècle*, t. III, éd. Jacques Truchet et André Blanc, Paris, Pléiade, 1992, p. 95-154.

Pure, Michel de, *Idée des Spectacles anciens et nouveaux*, Paris, M. Brunet, 1668.

Racine, Jean, *Esther. Tragédie. Tirée de l'Escriture Sainte*, Paris, D. Thierry, 1689.

Racine, Jean, *Œuvres*, éd. Paul Mesnard, Paris, Hachette, 1929-1932, 9 vol.

Racine, Jean, *Principes de la tragédie*, éd. Eugène Vinaver, Paris, Nizet, 1951.

Racine, Jean, *Œuvres complètes*, t. I « Théâtre-Poésie », éd. Georges Forestier, Paris, Pléiade, 1999.

Racine, Jean, *Œuvres complètes*, t. II « Prose », éd. Raymond Picard, Paris, Pléiade, 1966.

Racine, Jean, *Théâtre complet*, éd. Jean Rohou, Paris, la Librairie Générale Française, 1998.

Racine, Jean, *Théâtre complet*, éd. Alain Viala et Sylvaine Guyot, Paris, Classiques Garnier, 2013.

Racine, Louis, *Remarques sur les tragédies de Jean Racine*, Amsterdam, M.M. Rey/Paris, Desaint et Saillant, 1752, 3 vol.

Rousseau, Jean-Jacques, *À Monsieur d'Alembert*, dans *Œuvres complètes*, t. V « Écrits sur la musique, la langue et le théâtre », éd. Bernard Gagnebin, Marcel Raymond *et al.*, Paris, Pléiade, 1995, p. 1-125.

Saint-Évremond, Charles de, *Dissertation sur le Grand Alexandre*, dans Jean Racine, *Œuvres complètes*, t. I, éd. Georges Forestier, Paris, Pléiade, 1999, p. 181-189.

Saint-Simon, Louis de Rouvroy, duc de, *Mémoires*, éd. Gonzague Truc, Paris, Pléiade, 1947-1961, 7 vol.

Sales, François de, *Œuvres*, éd. André Ravier et Roger Devos, Paris, Pléiade, 1969.

Scudéry, Georges de, *Observations sur Le Cid*, dans *La Querelle du Cid*, éd. Jean-Marc Civardi, Paris, Champion, 2004, p. 367-431.

Senault, Jean-François, *De l'usage des Passions*, Paris, Veuve J. Camusat, 1641.

Senault, Jean-François, *L'Homme criminel ou la corruption de la nature par le péché selon les sentimens de S. Augustin*, Paris, Veuve J. Camusat et P. Le Petit, 1644.

Senault, Jean-François, *Le Monarque ou les devoirs du souverain*, dans Pierre Nicole *et al.*, *Traité de la Comédie et autres pièces d'un procès de théâtre*, éd. Laurent Thirouin, Paris, Champion, 1998, p. 139-144.

Sénèque, *Tragédies*, éd. et trad. François-Régis Chaumartin, Paris, Les Belles Lettres, 1996-2011, 3 vol.

Sévigné, Marie de Rabutin-Chantal, marquise de, *Correspondance*, éd. Roger Duchêne et Jacqueline Duchêne, Paris, Pléiade, 1973-1978, 3 vol.

Subligny, Adrien-Thomas Perdou de, *La Folle Querelle ou la critique d'Andromaque*, dans Jean Racine, *Œuvres complètes*, t. I, éd. Georges Forestier, Paris, Pléiade, 1999, p. 258-295.

Tallemant des Réaux, Gédéon, *Historiettes*, éd. Antoine Adam, Paris, Pléiade, 1960-1961, 2 vol.

Tertullien, *Les Spectacles*, éd. et trad. Marie Turcan, Paris, Cerf, 1986.

Villars, Nicolas Pierre Henri de Montfaucon, abbé de, *La Critique de Bérénice*, dans Jean Racine, *Œuvres complètes*, t. I, éd. Georges Forestier, Paris, Pléiade, 1999, p. 511-519.

Villiers, Pierre de, *Entretien sur les tragédies de ce temps*, dans Jean Racine, *Œuvres complètes*, t. I, éd. Georges Forestier, Paris, Pléiade, 1999, p. 775-793.

Voltaire, *Les Œuvres complètes de Voltaire*, éd. Theodore Besterman *et al*, Genève/Oxford, Voltaire Foundation, 1965-2020, 203 vol.

## Études

Adam, Antoine, *Histoire de la littérature française au XVIIe siècle*, Paris, Domat, 1948-1956, 5 vol.

Alonge, Tristan, *Racine et Euripide. La révolution trahie*, Genève, Droz, 2017.

Apostolidès, Jean-Marie, *Le Prince sacrifié. Théâtre et politique au temps de Louis XIV*, Paris, Minuit, 1985.

Apostolidès, Jean-Marie, *Le Roi-machine. Spectacle et politique au temps de Louis XIV*, Paris, Minuit, 1981.

Arendt, Hannah, *Le Concept d'amour chez Augustin*, trad. Anne-Sophie Astrup, Paris, Payot & Rivages, 1999.

Ariès, Philippe et Duby, Georges (éds), *Histoire de la vie privée III. De la Renaissance aux Lumières*, Paris, Seuil, 1986.

Auerbach, Erich, *Le Culte des passions. Essais sur le XVIIe siècle français*, éd. et trad. Diane Meur, Paris, Macula, 1998.

Azoulai, Nathalie, *Titus n'aimait pas Bérénice*, Paris, P.O.L., 2015.

Barbafieri, Carine, *Atrée et Céladon. La galanterie dans le théâtre tragique de la France classique (1634-1702)*, Rennes, PU de Rennes, 2006.

Barrault, Jean-Louis, *Mise en scène de Phèdre de Racine*, Paris, Seuil, 1946.

Barthes, Roland, *Sur Racine*, Paris, Seuil, 1963.

Barthes, Roland, « Au nom de la 'nouvelle critique', Roland Barthes répond à Raymond Picard », dans *Œuvres complètes*, t. III, éd. Éric Marty, Paris, Seuil, 2002, p. 752.

Benhamou, Anne-Françoise, « Racine, de Copeau à Vitez : des rencontres sous le signe du paradoxe », dans Gilles Declercq et Michèle Rosellini (éds), *Jean Racine 1699-1999, Actes du colloque du tricentenaire de Racine*, Paris, PUF, 2003, p. 41-52.

Bénichou, Paul, *Morales du Grand Siècle*, Paris, Gallimard, 1948.

Biet, Christian, *Racine ou la passion des larmes*, Paris, Hachette, 1996.

Biet, Christian, « *Mithridate*, ou l'exercice de l'ambiguïté : "Que pouvait la valeur dans ce trouble funeste ?" », dans Claire Carlin (éd.), *La Rochefoucauld, Mithridate, Frères et sœurs, Les Muses sœurs*, Tübingen, Gunter Narr, 1998, p. 83-98.

Blumenberg, Hans, *La Légitimité des Temps modernes*, trad. Marc Sagnol *et al.*, Paris, Gallimard, 1999.

Boros, Gábor, De Dijn, Herman et Moors, Martin (éds), *The Concept of Love in 17th and 18th Century Philosophy*, Leuven, Leuven UP, 2007.

Bremer, Jan Maarten, *Hamartia. Tragic Error in the Poetics of Aristotle and in Greek Tragedy*, Amsterdam, Hakkert, 1969.

Bruneau, Marie-Florine, *Racine. Le Jansénisme et la modernité*, Paris, Corti, 1986.

Bruyer, Tom, *Le Sang et les Larmes. Le suicide dans les tragédies profanes de Jean Racine*, Amsterdam, Rodopi, 2012.

Bruyer, Tom, « "On n'entre point dans les raisons de cette grande tuerie" : *Bajazet* ou la représentation d'une catastrophe orientale », dans Thierry Belleguic, Benoît De Baere et Nicholas Dion (éds), *Penser la catastrophe à l'âge classique*, t. II, Paris, Hermann, 2015, p. 217-230.

Burke, Peter, *The Fabrication of Louis XIV*, New Haven, Yale UP, 1992.

Bury, Emmanuel, *Littérature et politesse. L'invention de l'honnête homme 1580-1750*, Paris, PUF, 1996.

Butler, Philip, *Classicisme et baroque dans l'œuvre de Racine*, Paris, Nizet, 1959.

Calle, Delphine, « La tache de l'amour racinien dans *Phèdre* », *Orbis litterarum*, 73, 2018, p. 170-185.

Calle, Delphine, « Racine and Barthes : The Power of Love », *Barthes Studies*, 4, 2018, p. 56-70.

Calle, Delphine, « Andromaque or the Desire to Be Loved », dans Joseph Harris et Nicholas Hammond (éds), *Racine's Andromaque. Absences and Displacements*, Leiden, Brill, 2019, p. 79-94.

Campbell, John, *Questioning Racinian Tragedy*, Chapel Hill, University of North Carolina Press, 2005.

Carlin, Claire L. et Wine, Kathleen (éds), *Theatrum mundi. Studies in Honor of Roland W. Tobin*, Charlottesville, Rookwood Press, 2003.

Carr, Thomas M. Jr., *Descartes and the Resilience of Rhetoric*, Carvondale, Southern Illinois UP, 1990.

Cavaillé, Jean-Pierre, « De la construction des apparences au culte de la transparence. Simulation et dissimulation entre le XVIᵉ et XVIIIᵉ siècle », *Littératures classiques*, 34, 1998, p. 73-102.

Cavallin, Jean-Christophe, *La Tragédie spéculative de Racine*, Paris, Hermann, 2014.

Chateaubriand, François-René de, *Génie du Christianisme ou Beautés de la religion chrétienne*, Paris, Migneret, 1802, 5 vol.

Cohn, Danièle, « Avouer pour devenir innocent », dans Renaud Dulong (éd.), *L'aveu. Histoire, sociologie, philosophie*, Paris, PUF, 2001, p. 283-297.

Cottegnies, Line, Parageau, Sandrine et Thompson, John J. (éds), *Women and Curiosity in Early Modern England and France*, Leiden, Brill, 2016.

Cronk, Nicholas et Viala, Alain (éds), *La Réception de Racine à l'âge classique : de la scène au monument*, Oxford, Voltaire Foundation, 2005.

Dandrey, Patrick, « "L'amour est un mal ; le guérir est un bien" : la nature du mal d'amour au XVIIème siècle », *Littératures classiques*, 17, 1992, p. 275-294.

Dandrey, Patrick, « Molière et Racine : un théâtre d'anatomie ? », *Cahiers de l'Association internationale des études françaises*, 55, 2003, p. 347-362.

Dandrey, Patrick, « "Ravi d'une si belle vue" : le ravissement amoureux dans le théâtre de Racine », dans Claire Carlin et Kathleen Wine (éds), *Theatrum Mundi. Studies in Honor of Ronald W. Tobin*, Charlottesville, Rookwood Press, 2003, p. 72-81.

Declercq, Gilles, « Représenter la passion : la sobriété racinienne », *Littératures classiques*, 11, 1989, p. 69-93.

Declercq, Gilles, « À l'école de Quintilien : l'hypotypose dans les tragédies de Racine », *Op. cit. – Littératures française et comparée*, 5, 1995, p. 73-88.

Declercq, Gilles, et Michèle Rosellini (éds), *Jean Racine 1699-1999. Actes du colloque du tricentenaire de Racine*, Paris, PUF, 2003.

Delacomptée, Jean-Michel, *Passions. La Princesse de Clèves*, Paris, Arléa, 2012.

Delcroix, Maurice, *Le Sacré dans les tragédies profanes de Racine*, Paris, Nizet, 1970.

Derrida, Jacques, *Donner la mort*, Paris, Galilée, 1999.

Descotes, Maurice, *Le Public de théâtre et son histoire*, Paris, PUF, 1964.

Desjardins, Lucie et Dumouchel, Daniel, *Penser les passions à l'âge classique*, Paris, Hermann, 2012.

Duchêne, Roger, « Punition et compassion : tragédie et morale chez Racine », *Travaux de littérature*, 3 « Offerts en hommage à Noémi Hepp », 1991, p. 85-93.

Dumora, Florence, « Topologie des émotions. *Les Caractères des passions* de Marin Cureau de La Chambre », *Littératures classiques*, 68, 2009, p. 161-175.

Duras, Marguerite, *Césarée*, Les Films du Losange, 1979.

Elias, Norbert, *La Civilisation des mœurs*, trad. Pierre Kamnitzer, Paris, Calmann-Lévy, 1973.

Elias, Norbert, *La Société de cour*, trad. Pierre Kamnitzer, Paris, Calmann-Lévy, 1974.

Elias, Norbert, *La Dynamique de l'Occident*, trad. Pierre Kamnitzer, Paris, Calmann-Lévy, 1975.

Elster, Jon, *Alchemies of the Mind. Rationality and the Emotions*, Cambridge, Cambridge UP, 1999.

Ferreyrolles, Gérard, « Augustinisme et concupiscence : les chemins de la réconciliation », dans Roger Marchal et François Moureau (éds), *Littérature et séduction, mélanges en l'honneur de Laurent Versini*, Paris, Klincksieck, 1997, p. 171-182.

Forestier, Georges, « Dramaturgie racinienne (petit essai de génétique théâtrale) », *Littératures classiques*, 26, 1996, p. 13-38.

Forestier, Georges, *Passions tragiques et règles classiques. Essai sur la tragédie française*, Paris, PUF, 2003.

Forestier, Georges, *Essai de génétique théâtrale. Corneille à l'œuvre*, Genève, Droz, 2004.

Forestier, Georges, *Jean Racine*, Paris, Gallimard, 2006.

Forman, Edward, *Guilt and Extenuation in Tragedy. Variations on Racinian Excuses*, Leiden, Brill, 2020.

Foucault, Didier, « Le libertinage de la Renaissance à l'Âge classique : un territoire pour l'historien ? », *Les Dossiers du Grihl*, 2009.

Foucault, Michel, *Surveiller et punir*, Paris, Gallimard, 1975.

Foucault, Michel, *Histoire de la sexualité I : La volonté de savoir*, Paris, Gallimard, 1976.

Foucault, Michel, *Du gouvernement des vivants. Cours au Collège de France. 1979-1880*, éd. Michel Senellart, dir. François Ewald et Alessandro Fontana, Paris, Seuil/Gallimard, 2012.

France, Peter, *Racine's Rhetoric*, Oxford, Clarendon Press, 1965.

Frigo, Alberto, *L'Esprit du corps. La doctrine pascalienne de l'amour*, Paris, Vrin, 2016.

Fumaroli, Marc, « Entre Athènes et Cnossos : les dieux païens dans *Phèdre* », *Revue d'Histoire Littéraire de la France*, 2, 1993, p. 172-190.

Gaiffe, Félix, *L'Envers du grand siècle. Étude historique et anecdotique*, Paris, Albin Michel, 1924.

Gilson, Étienne, « Le *Traité des passions* de Descartes inspira-t-il la *Phèdre* de Racine ? », *Les Nouvelles littéraires, artistiques et scientifiques*, 861, 15 avril, 1939, p. 1.

Girard, René, *Mensonge romantique et vérité romanesque*, Paris, Grasset, 1961.

Goldmann, Lucien, *Jean Racine. Dramaturge*, Paris, L'Arche, 1956.

Goldmann, Lucien, *Le Dieu caché. Étude sur la vision tragique dans les Pensées de Pascal et dans le théâtre de Racine*, Paris, Gallimard, 1959.

Goodkin, Richard E., *Birth Marks. The Tragedy of Primogeniture in Pierre Corneille, Thomas Corneille, and Jean Racine*, Philadelphia, University of Pennsylvania Press, 2000.

Greenberg, Mitchell, *Baroque Bodies. Psychoanalysis and the Culture of French Absolutism*, Ithaca, Cornell UP, 2001.

Greenberg, Mitchell, *Racine. From Ancient Myth to Tragic Modernity*, Minneapolis, University of Minnesota Press, 2010.

Guénoun, Solange, « L'invention de Monime : une leçon de monisme en monarchie dans *Mithridate* », dans Claire Carlin (éd.), *La Rochefoucauld, Mithridate, Frères et sœurs, Les Muses sœurs*, Tübingen, Gunter Narr, 1998, p. 113-123.

Guyot, Sylvaine, *Racine et le corps tragique*, Paris, PUF, 2014.

Guyot, Sylvaine, « Les mises en scène modernes de Racine », dans Jean Racine, *Théâtre complet*, éd. Alain Viala et Sylvaine Guyot, Paris, Classiques Garnier, 2013, p. 1143-1172.

Guyot, Sylvaine et Thouret, Clothilde, « Des émotions en chaîne : représentation théâtrale et circulation publique des affects au XVIIᵉ siècle », *Littératures classiques*, 68, 2009, p. 225-241.

Haase-Dubosc, Danielle, *Ravie et enlevée. De l'enlèvement des femmes comme stratégie matrimoniale au XVIIᵉ siècle*, Paris, Albin Michel, 1999.

Hammond, Paul, « The rhetoric of space and self in Racine's *Bérénice* », *Seventeenth Century French Studies*, 36, 2014, p. 141-156.

Harris, Joseph, « The Selective Spectator : Desire and Identification in Rousseau's *Lettre à d'Alembert* », *Dalhousie French Studies*, 85, 2008, p. 119-129.

Harris, Joseph, *Inventing the Spectator. Subjectivity and the Theatrical Experience in Early Modern France*, Oxford, Oxford UP, 2014.

Hawcroft, Michael, *Word as Action. Racine, Rhetoric and Theatrical Language*, Oxford, Clarendon Press, 1995.

Hazard, Paul, *La Crise de la conscience européenne (1680-1715)*, Paris, Boivin, 1935.

Hénin, Emmanuelle, « Le plaisir des larmes, ou la *catharsis* galante », *Littératures classiques*, 62, 2007, p. 223-244.

Hogg, Chloé, *Absolutist Attachments : Emotion, Media, and Absolutism in Seventeenth-Century France*, Evanston, Northwestern UP, 2019.

Jacques-Chaquin, Nicole et Houdard, Sophie (éds), *Curiosité et Libido sciendi de la Renaissance aux Lumières*, Paris, ENS Éditions, 1998, 2 vol.

James, Susan, *Passion and Action. The Emotions in Seventeenth-Century Philosophy*, Oxford, Oxford UP, 1997.

Jasinski, René, *Vers le vrai Racine*, Paris, Armand Colin, 1958.

Jeanneret, Michel, *Éros rebelle. Littérature et dissidence à l'âge classique*, Paris, Seuil, 2003.

Kambouchner, Denis, *L'Homme des passions. Commentaires sur Descartes*, Paris, Albin Michel, 1995, 2 vol.

Kambouchner, Denis, « Racine et les passions cartésiennes », dans Gilles Declercq et Michèle Rosellini (éds), *Jean Racine 1699-1999. Actes du colloque du tricentenaire de Racine*, Paris, PUF, 2003, p. 531-541.

Kantorowicz, Ernst, *Les Deux Corps du Roi*, trad. Jean-Philippe et Nicole Genet, Paris, Gallimard, 1989.

Kenny, Neil, *The Uses of Curiosity in Early Modern France and Germany*, Oxford, Oxford UP, 2004.

Knight, Roy C., *Racine et la Grèce*, Paris, Boivin, 1950.

Kolakowski, Leszek, *Dieu ne nous doit rien. Brève remarque sur la religion de Pascal et l'esprit du jansénisme*, trad. Marie-Anne Lescourret, Paris, Albin Michel, 1997.

Krause, Virginia, *Witchcraft, Demonology, and Confession in Early Modern France*, New York, Cambridge UP, 2015.

Kuller Shuger, Debora, *The Renaissance Bible. Scholarship, Sacrifice, and Subjectivity*, Berkeley, University of California Press, 1994.

LaFountain, Pascale, *Theaters of Error. Problems of Performance in German and French Enlightenment Theater*, London, Palgrave Macmillan, 2018.

Le Brun, Jacques, *Le Pur Amour de Platon à Lacan*, Paris, Seuil, 2002.

Le Brun, Jacques, *La Jouissance et le trouble*, Genève, Droz, 2004.

Levitan, William, « Seneca in Racine », *Yale French Studies*, 76, 1989, p. 185-210.

Lovejoy, Arthur O., *Reflexions on human nature*, Baltimore, Johns Hopkins Press, 1961.

Lyons, John D., « Le Démon de l'inquiétude : la passion dans la théorie de la tragédie », *XVIIe siècle*, 1994, 4, p. 787-798.

Lyons, John D., *Kingdom of Disorder. The Theory of Tragedy in Classical France*, West Lafayette, Purdue UP, 1999.

Marin, Louis, *Le récit est un piège*, Paris, Minuit, 1978.

Marin, Louis, *Le Portrait du roi*, Paris, Minuit, 1981.

Marion, Jean-Luc, *Questions cartésiennes. Méthode et métaphysique*, Paris, PUF, 1991.

Maskell, David, *Racine. A Theatrical Reading*, Oxford, Clarendon Press, 1991.

Mauron, Charles, *L'Inconscient dans l'œuvre et la vie de Jean Racine*, Paris, Champion, 1957.

Mauron, Charles, *Phèdre*, Paris, Corti, 1968.

May, Simon, *Love. A History*, Yale, Yale UP, 2011.

Merlin, Hélène, *Public et littérature en France au XVIIe siècle*, Paris, Les Belles Lettres, 1994.

Merlin, Hélène, « Curiosité et espace particulier au XVIIe siècle », dans Nicole Jacques-Chaquin et Sophie Houdard (éds), *Curiosité et Libido sciendi de la Renaissance aux Lumières*, t. I, Paris, ENS Éditions, 1998, p. 109-135.

Merlin-Kajman, Hélène, *L'Absolutisme dans les lettres et la théorie des deux corps. Passions et politique*, Paris, Champion, 2000.

Merlin-Kajman, Hélène, « Les larmes au XVIIe siècle : entre *pathos* et *logos*, féminin et masculin, public et privé », *Littératures classiques*, 62, 2007, p. 205-221.

Merlin-Kajman, Hélène, « Détour par le XVIIe siècle : littérature et civilité, ou comment repenser la "généralité" de la "culture" », *Atala*, 14, 2011, p. 153-167.

Moreau, Pierre-François (éd.), *Le Retour des philosophies antiques à l'âge classique*, Paris, Albin Michel, 1999-2001, 2 vol.

Moreau, Pierre-François (éd.), *Les Passions à l'âge classique*, Paris, PUF, 2006.

Moriarty, Michael, *Roland Barthes*, Cambridge, Polity Press, 1991.

Moriarty, Michael, *Fallen Nature, Fallen Selves. Early Modern French Thought II*, Oxford, Oxford UP, 2006.

Moriarty, Michael, *Taste and Ideology in Seventeenth-Century France,* Cambridge, Cambridge UP, 2009.

Moriarty, Michael, *Disguised Vices. Theories of Virtue in Early Modern French Thought,* Oxford, Oxford UP, 2011.

Morier, Henri, *Dictionnaire de poétique et de rhétorique,* Paris, PUF, 1961.

Murray, Timothy, « Non-representation in *La Pratique du théâtre* », *Papers on French Seventeenth-Century Literature* IX, 16, 1982, p. 57-74.

Nussbaum, Martha, *La Connaissance de l'amour. Essais sur la philosophie et la littérature,* trad. Solange Chavel, Paris, Cerf, 2010.

Nussbaum, Martha, *La Fragilité du bien. Fortune et éthique dans la tragédie et la philosophie grecques,* trad. Gérard Colonna d'Istria, Roland Frapet *et al.*, Paris, Édition de l'éclat, 2016.

Orlando, Francesco, *Lecture freudienne de « Phèdre »,* trad. Danièle et Thomas Aron, Paris, Les Belles Lettres, 1986.

Parret, Herman, *Les Passions. Essai sur la mise en discours de la subjectivité,* Bruxelles, Pierre Mardaga, 1986.

Parish, Richard, *Racine. The Limits of Tragedy,* Tübingen, Gunter Narr, 1993.

Parmentier, Bérengère, *Le Siècle des moralistes. De Montaigne à La Bruyère,* Paris, Seuil, 2000.

Pelous, Jean-Michel, *Amour précieux, amour galant (1654-1675). Essai sur la représentation de l'amour dans la littérature et la société mondaines,* Paris, Klincksieck, 1980.

Planche, Marie-Claire, *De l'iconographie racinienne. Dessiner et peindre les passions,* Turnhout, Brepols, 2010.

Planche, Marie-Claire, « Ombre et lumière dans *Phèdre* de Jean Racine », *Textimage,* « Varia 3 », 2013.

Pommier, René, *Roland Barthes. Ras le bol !,* Paris, Roblot, 1987.

Pommier, René, *Le « Sur Racine » de Roland Barthes,* Paris, SEDES, 1988.

Reguig, Delphine, « Herméneutique contre dialectique : la rhétorique argumentative dans *La Thébaïde, Britannicus, Mithridate* », *Exercices de rhétorique,* 1, 2013.

Revaz, Gilles, *La Représentation de la monarchie absolue dans le théâtre racinien : analyses socio-discursives,* Paris, Kimé, 1998.

Rodis-Lewis, Geneviève, « Les trois concupiscences », *Chroniques de Port-Royal,* 11-14, 1963, p. 81-92.

Rohou, Jean, *Jean Racine. Entre sa carrière, son œuvre et son Dieu,* Paris, Fayard, 1992.

Rohou, Jean, *Avez-vous lu Racine ? Mise au point polémique,* Paris, L'Harmattan, 2000.

Rohou, Jean, *Le XVII<sup>e</sup> siècle, une révolution de la condition humaine,* Paris, Seuil, 2002.

Roubine, Jean-Jacques, « La stratégie des larmes au XVII<sup>e</sup> siècle », *Littérature,* 9, 1973, p. 56-73.

Rougemont, Denis de, *L'Amour et l'Occident,* Paris, Plon, 1939.

Saïd, Suzanne, *La Faute tragique*, Paris, Maspero, 1978.

Scherer, Jacques, *La Dramaturgie classique en France*, Paris, Nizet, 1950.

Scherer, Jacques, *Racine et/ou la cérémonie*, Paris, PUF, 1982.

Schröder, Volker, « Racine et l'éloge de la guerre de Hollande : de la campagne de Louis XIV au "dessein" de Mithridate », *XVIIe siècle*, 198, 1998, p. 113-136.

Schröder, Volker, « La place du roi : guerre et succession dans Mithridate », dans Claire Carlin (éd.), *La Rochefoucauld, Mithridate, Frères et sœurs, Les Muses sœurs*, Tübingen, Gunter Narr, 1998, p. 147-158.

Schröder, Volker, *La Tragédie du sang d'Auguste. Politique et intertextualité dans Britannicus*, Tübingen, Gunter Narr, 1999.

Sellier, Philippe, *Pascal et saint Augustin*, Paris, Armand Colin, 1970.

Sellier, Philippe, « Le jansénisme des tragédies de Racine : réalités ou illusion ? », *Cahiers de l'Association internationale des études françaises*, 31, 1979, p. 135-148.

Sellier, Philippe, « Les tragédies de Jean Racine et Port-Royal », *Carnet Giraudoux-Racine*, 3, 1997, p. 41-61.

Sellier, Philippe, *Port-Royal et la littérature II. Le siècle de saint Augustin, La Rochefoucauld, Mme de Lafayette, Mme de Sévigné, Sacy, Racine*, Paris, Champion, 2012.

Slaney, Helen, *The Senecan Aesthetic. A Performance History*, Oxford, Oxford UP, 2016.

Spillebout, Gabriel, *Le Vocabulaire biblique dans les tragédies sacrées de Racine*, Genève, Droz, 1968.

Spitzer, Leo, « L'effet de sourdine dans le style classique : Racine », dans *Études de style*, Paris, Gallimard, 1970, p. 208-335.

Starobinski, Jean, *L'Œil vivant. Corneille, Racine, Rousseau, Stendhal*, Paris, Gallimard, 1999, p. 71-92.

Stiker-Métral, Charles-Olivier, *Narcisse contrarié. L'amour propre dans le discours moral en France (1650-1715)*, Paris, Champion, 2007.

Stinton, Thomas C.W., « *Hamartia* in Aristotle and Greek Tragedy », *Classical Quarterly*, 25, 1975, p. 221-254.

Talon-Hugon, Carole, *Les Passions rêvées par la raison. Essai sur la théorie des passions de Descartes et de quelques-uns de ses contemporains*, Paris, Vrin, 2002.

Tamas, Jennifer, « La déclaration d'amour chez Racine : un discours emphatique entre épanchement et brièveté », dans Mathilde Levesque et Olivier Pédeflous (éds), *L'Emphase : copia ou brevitas ?*, Paris, Presses de l'Université Paris-Sorbonne, 2010, p. 85-98.

Tamas, Jennifer, « Cœur de renard : la politique incestueuse de Créon dans *La Thébaïde* », *Papers on French Seventeenth Century Literature*, 87, 2017, p. 231-245.

Tamas, Jennifer, *Le Silence trahi. Racine ou la déclaration tragique*, Genève, Droz, 2018.

Tamas, Jennifer, « L'art de défaillir : les effets pathétiques de la didascalie racinienne », *Europe*, 98, 1092, Tristan Alonge and Alain Génetiot (eds), « Racine », 2020, p. 106-117.

Tamas, Jennifer, « L'amour des monstres : Racine ou la pitié pervertie », *Revue d'Histoire du Théâtre*, 289, Gilles Declercq (éd.), « Bienséances et Poétique théâtrale au dix-septième siècle en France », 2020.

Tamas, Jennifer, « Le Silence ou la mort : la déclaration d'amour chez Racine », dans Delphine Calle et Astrid Van Assche, *L'Amour et l'amitié au Grand Siècle* (à paraître).

Terestchenko, Michel, *Amour et désespoir. De François de Sales à Fénelon*, Paris, Seuil, 2000.

Thirouin, Laurent, *L'Aveuglement salutaire. Le réquisitoire contre le théâtre dans la France classique*, Paris, Champion, 1997.

Thonnard, François-Joseph, « La notion de la concupiscence en philosophie augustinienne », *Recherches augustiniennes*, 3, 1965, p. 59-105.

Thouret, Clotilde, *Le Théâtre réinventé. Défense de la scène dans l'Europe de la première modernité*, Rennes, PU de Rennes, 2019.

Vallouit, Arnaud de, « Un portrait éclaté de Louis XIV : la représentation fragmentaire du souverain dans les *Mémoires* inédits de Philibert de La Mare », dans Mathieu Da Vinha, Alexandre Maral et Nicolas Milovanovic (éds), *Louis XIV, l'image et le mythe*, Rennes, PU de Rennes, 2014, p. 189-199.

Van Delft, Louis, *Le Moraliste classique. Essai de définition et de typologie*, Genève, Droz, 1982.

Van Delft, Louis, *Littérature et Anthropologie. Nature humaine et caractère à l'âge classique*, Paris, PUF, 1993.

Van Elslande, Jean-Pierre, *L'Imaginaire pastoral du XVIIᵉ siècle*, Paris, PUF, 1993.

Vanhaesebrouck, Karel, *Le Mythe de l'authenticité. Lectures, interprétations, dramaturgies de Britannicus de Jean Racine en France (1669-2004)*, Amsterdam, Rodopi, 2009.

Viala, Alain, *Racine. La Stratégie du Caméléon*, Paris, Seghers, 1990.

Viala, Alain, « Racine galant ou l'amour au pied de la lettre », dans *Les Cahiers de la Comédie française*, 17, 1995, p. 39-48.

Viala, Alain, « Le récit est un théâtre », dans Marie-Claude Canova et Alain Viala (éds), *Racine et l'histoire*, Tübingen, Gunter Narr, 2004, p. 225-236.

Viala, Alain, « Des conflits et des larmes », dans Nicholas Cronk et Alain Viala (éds), *La Réception de Racine à l'âge classique : de la scène au monument*, Oxford, Voltaire Foundation, 2005, p. 73-83.

Viala, Alain, *La France galante. Essai historique sur une catégorie culturelle, de ses origines jusqu'à la Révolution*, Paris, PUF, 2008.

Vossler, Karl, *Jean Racine*, München, Max Hueber, 1926.

Williams, Wes, *Monsters and their Meanings in Early Modern Culture*, Oxford, Oxford UP, 2011.

# Index des pièces et des personnages de Racine

# Index des noms propres (jusqu'à 1800)

R understands both profane & religious
contexts. But neither is a repudiation of
the other

presupposition of a heightened level of
consciousness or availability of consciousness

an aesthetic determined or paralleled by or in
moralist writing?

reception - tension between what might
be the case with what is the case.